WESTERNREITEN
Go west

WESTERNREITEN
Go west
ANTJE HOLTAPPEL

KOSMOS

Inhaltsverzeichnis

Der Einstieg

Was ist Western-reiten überhaupt?

Westernreiten ist eine Reitweise. Das heißt, sie funktioniert mit jedem Pferd, mit wirklich jedem. Sonst wäre es keine Reitweise, sondern etwas wie Mode – und damit letztendlich Pferdeärgerei. Westernreiten ist eine komplexe Reitweise mit vielen Stilrichtungen und Darstellungsmöglichkeiten, in denen sie alle anderen Reitweisen bei weitem übertrifft. Das allein reicht aus, um den deutschen Reiter reichlich zu verwirren. In den USA tut man sich hier viel leichter, indem man generell zwischen Western und English Style unterscheidet. Das entscheidende Kriterium ist dort die Ausrüstung. English Style ist »in«, weswegen dort viele Reiter überhaupt keine Scheu haben, während eines Turniers die Ausrüstung zu wechseln, um ihr Pferd mal Western, mal English vorzustellen. Dabei würden sich deutsche Reitausbilder die Haare raufen, wenn sie sehen müssten, was dort alles »English« ist.

Im Gegensatz dazu reagieren US-Westerntrainer auf deutsche Westernreiter erheblich positiver – auch auf Freizeitwesternreiter ohne Turnierambitionen.

D.h. natürlich nicht, dass sie keine Ausbildungsgrundsätze hätten, aber im Gegensatz zur deutschen Reitweise verfügt die Westernreitweise eben nicht über eine einheitliche Reitlehre, die auf alle Pferde und alle Reiter gleichermaßen angewendet wird.

Gerade die Vielfalt und Offenheit des Westernreitens erschwert sicherlich manchem deutschen Neueinsteiger in diese Reitweise den Zugang zum Grundsätzlichen, vor allem, wenn er von Trainer zu Trainer zieht und feststellen muss, dass die Trainingskonzepte recht unterschiedlich sind. Er nimmt von hier die eine und von dort eine andere Übung mit, die seine Reiterei verbessern sollen, versteift sich auf das, was er behalten hat, und strickt sich den Rest selbst zurecht. Darüber vergisst er allzu schnell, was Westernreiten eigentlich ist, nämlich eine Reitweise, und nicht die Erfüllung irgendwelcher Übungen.

Natürlich ist die steigende Beliebtheit der Westernreitweise auch den Fachzeitschriften und -verlagen nicht entgangen. Endlose Beiträge über Ausrüstung und Jungpferdeausbildung helfen dem Freizeitreiter, der mitten im Pferdealltag steht, gar nicht oder nur häppchenweise weiter.

Deswegen werde ich mich hüten, wieder einmal mit einem Ausbildungsplan für Jungpferde oder spaltenlangen Ausrüstungstipps zu beginnen. Ich fange mittendrin an – im Alltag des Reiters und seines Pferdes.

Wer sich für die Westernreitweise interessiert, hat dafür seine Gründe. Sei es, dass der erfahrene Reiter neue Wege sucht, um sich mit seinem Pferd zu verständigen, sei es, dass der Neueinsteiger von der Romantik der Werbeplakate einer hinlänglich bekannten Zigarettenmarke träumt.

Aber Westernreiter wird man nicht von heute auf morgen. Es braucht Jahre, ja sogar Jahrzehnte – nicht anders als in der deutschen Reitweise auch. Trotzdem spricht nichts dagegen, schon morgen damit zu beginnen, ein Westernreiter zu werden.

Ganz gleich, ob man eine Turnierkarriere anstrebt oder sich auf dem Rücken des Pferdes an Gottes schöner Natur (oder was davon übrig ist) erfreuen möchte – Westernreiten ist die selbstständige Arbeit des Pferdes auf nur angedeutete, gedachte Hilfen des Reiters. (Das erfordert selbstverständlich eine Perfektion, die nur im Laufe von Jahrzehnten vom Reiter entwickelt werden kann. Aber damit kann man morgen schon beginnen!)

Westernreiten ist eine Gebrauchsreitweise, eine Arbeitsreitweise, die in erster Linie das Pferd dazu ausbildet, dass es selbstständig arbeitet – damit der Reiter sich auf Rinder und Zäune konzentrieren kann.

Es ist eine Reitweise am losen Zügel, an einem Zügel, der nicht durch irgendeine Meterlänge, sondern durch das Vorhandensein der Null-Wirkung funktioniert.

Das gilt ebenso für die restlichen Einwirkungen, d.h. Gewicht und Schenkel, die dem Reiter zur Beeinflussung seines Pferdes zur Verfügung stehen: Er belohnt jede gewünschte Reaktion des Pferdes durch Null-Wirkung. So ist Westernreiten letztendlich eine faule Reitweise, indem das perfekt ausgebildete Pferd anscheinend auf Gedankenübertragung reagiert.

Das funktioniert nur, wenn der Reiter in der Lage ist, schon nach der kleinsten Reaktion des Pferdes mit seiner Einwirkung aufzuhören. Das betrifft vor allem das Loslassen des Zügels.

Und genau damit kann man sofort anfangen.

Deswegen beginne ich mit Otto-Normal-Reiter und seinem ebenso durchschnittlichen Pferd – und nicht mit irgendwelchen Problemfällen.

Die erste Übung: Zügel weg, Beine weg

Jeder Reiter kann für sich selbst entscheiden, ob er damit zu Beginn oder erst zum Ende des Ausritts anfängt, ob im Schritt oder in einer höheren Gangart. Im Schritt hat bestimmt auch schon der eine oder andere bislang getan, ohne dabei gleich ans Westernreiten gedacht zu haben.

▸ Zügel weg

Den Zügel soweit verlängern, dass er durchhängt und im Takt der Gangart leicht hin- und herschaukelt. (Reiter ganz großer Pferde werden hier feststellen, dass ihr deutscher Gurtzügel dafür zu kurz ist.) Das Pferd spürt im Maul jetzt nur noch das Eigengewicht der Zäumung und der Zügel.

▸ Beine weg

Kein Kontakt mehr zwischen Schenkel und Pferd, auch kein Knieschluss. Das

Ohne Schenkelkontakt!

Gewicht der Beine ruht nur noch ganz leicht in den Steigbügeln. Aber das Bein wird nicht künstlich weggestreckt, sondern ist völlig entspannt, wie es der restliche Körper des Reiters auch sein sollte, der im übrigen senkrecht, aber bequem sitzen bleibt.

Ich kenne Reiter, die im Anfang große Schwierigkeiten hatten, die Beine (die Schenkel) vom Pferdekörper zu lösen. Dabei wunderten sie sich, dass ihr Pferd immer schneller lief, als sie es eigentlich beabsichtigten. Denn sie waren der festen Überzeugung, dass sie ihr Pferd nicht vorwärts treiben. Das Pferd sah die Sache aber ganz anders. Unbewusst benutzen diese Reiter die Beine, um sich am Pferd festzuhalten, und sind deswegen nicht von gleich auf jetzt in der Lage, die Beine vom Pferd zu lösen. Solch einen Schenkelzwang kann man nur mit festem Willen überwinden, und oft muss man sich erst von einem anderen Reiter beweisen lassen, dass das Pferd ruhig und langsam geht, wenn die Beine weg sind.

Die Reaktion des Pferdes gibt Aufschluss darüber, was der Reiter bis heute zu viel getan hat:

1. *Verlangsamen bzw. Stehenbleiben* = Das Pferd ist daran gewöhnt, für jeden Tritt getrieben zu werden.

2. *Beschleunigen bzw. Weglaufen* = Das Pferd ist daran gewöhnt, durch Zügelzug daran gehindert zu werden.

3. *Keine Tempoveränderung* = Eine Einwirkung mit Zügel und Schenkel ist für die aktuelle Gangart und ihr Tempo nicht erforderlich (sollten diese Einwirkungen vor Beginn dieser Übung stattgefunden haben, waren sie offensichtlich überflüssig).

a) *Streckung des Halses nach vorwärts abwärts* = Das Pferd verschafft sich Erleichterung, indem es die Hals-Rückenmuskulatur streckt.

Vom Standpunkt des Westernreitens aus ist es für den Reiter viel zu mühsam, sein Pferd ständig zum Gehen antreiben oder vor dem Weglaufen zurückhalten zu müssen. Denn das Westernreiten ist eine Gebrauchsreitweise für mehr als acht Stunden täglich im Sattel. Kraftmeierei ist fehl am Platze, denn keiner wird in den Augen seiner Kollegen dadurch zu einem besseren Reiter, dass er ihnen vorführt, welch wilde Bestie er zu bändigen imstande ist.

Die Reaktion des Pferdes auf das Ausbleiben der Zügel- und Schenkeleinwirkung bestimmt, was der Reiter jetzt tun muss:

1. *Verlangsamen bzw. Stehenbleiben* = der Reiter treibt solange, bis das Pferd wieder in der geforderten Gangart, in dem geforderten Tempo ist, und zwar genauso, wie er es (hoffentlich!) gelernt hat, nämlich taktmäßig. (Und wer nicht weiß, was damit gemeint ist, liest unter »Gangarten« weiter.) Dann hört er damit wieder auf – Beine weg – bis das Pferd wieder verlangsamt, um es erneut zu treiben; diesmal zu Beginn etwas energischer, um dann umso deutlicher aufzuhören. Bleibt das Pferd im geforderten Tempo, wird es mit ruhiger Stimme gelobt. Verlangsamt es daraufhin, s.o. Das Pferd lernt auf diese Weise, dass es selbstständig ohne ständige Aufforderung gehen soll. Es wird zufriedener, weil es nicht ständig »getreten« wird, und aufmerksamer auf die treibenden Einwirkungen.

2. *Beschleunigen bzw. Weglaufen* – der Reiter nimmt den Zügel wieder auf und verlangsamt mit seiner Hilfe so, wie er es bislang getan hat, sein Pferd zurück in das geforderte Tempo. Dann lässt er den Zügel fallen – Zügel weg – bis das Pferd wieder beschleunigt usw.

So lernt das Pferd, ein gefordertes Tempo ohne Zügel beizubehalten. Es wird zufriedener, weil der Druck im Maul aufhört, und aufmerksamer gegenüber den Zügeleinwirkungen, weil es den lästigen Druck im Maul vermeiden möchte.

3. Wenn sich das Pferd nach *vorwärtsabwärts* streckt, lässt man es gewähren. Es wird sich nach kurzer Zeit wieder ein wenig aufrichten, um in seinem natürlichen Gleichgewicht zu gehen.

Locker am
hingegebenen Zügel
trabendes Pferd

finden ist. Dass er auf einmal fehlt, macht sie unsicher; sie wackeln mit den Ohren oder schauen sich zum Reiter um. Dann krault man ihnen den Hals und spricht ihnen lobend mit weicher Stimme zu, damit sie Zutrauen zu dieser »zügellosen« Reiterei bekommen. Das Ergebnis vermittelt gleichzeitig ein erstes Hochgefühl, ein Erfolgserlebnis für den Reiter: ein völlig verändertes Pferd, das seine Umwelt rechts und links anschaut, und das völlig wach und aufnahmebereit ist für die Einwirkungen seines Reiters.

Voraussetzung dafür ist allerdings, dass es der Reiter nicht mit der Angst zu tun bekommt, wenn sein Pferd auf einmal lange, schwingende Tritte macht und sich im Gehen umschaut. Denn solche Angst würde sich sofort auf das Pferd übertragen und es unsicher machen, so dass es im schlimmsten Falle sein Heil in der Flucht sucht. In diesem Fall eigener Unsicherheit nimmt man die Zügel wie bislang auf, um sie wieder wegzulassen, bis man es sich selbst zutraut. Es muss ja nicht alles am ersten Tag klappen.

Sicherlich gähnen erfahrene Wanderreiter über diese Ausführungen von Zügel weg/Beine weg, weil sie es schon immer auf ihren langen Ritten praktiziert haben. Anstelle dessen sollten sie sich freuen, dass sie diesen ersten Schritt in Richtung auf eine pferdefreundliche Reitweise bereits zur Selbstverständlichkeit gemacht haben. Sie sollten aber auch an die Reiter denken, für die diese erste Übung ein gewaltiger Schritt ist.

Manche Pferde brauchen allerdings einige Zeit, um ihr natürliches Gleichgewicht zu finden, vor allem, wenn sie bislang ständig mit Zügeleinwirkung geritten worden sind. Je größer und langliniger das Pferd ist, um so länger kann es dauern, einfach weil mehr Körpermasse und -länge ausbalanciert werden müssen.

Solange sie ihr natürliches Gleichgewicht noch nicht gefunden haben, testen sie aus, welches die bequemste Haltung für Kopf und Hals ist: Sie tragen ihn mal höher, mal tiefer, vergewissern sich, ob da nicht doch irgendwo der gewohnte Widerstand, genannt Anlehnung, zu

Die Angst des Reiters und das Wesen des Pferdes

Aus diesem Grunde möchte ich auch noch erst ein paar Worte über die Angst des Reiters sagen, bevor es in die nächste Übung geht. Wir Menschen sind es gewohnt, uns durch Worte zu verständigen. Seitdem wir Worte benutzen, ist unsere körpersprachliche

Verständigung verkümmert. Wir stellen wohl noch fest, dass manche Menschen ihre Rede durch Handbewegungen unterstützen. Aber um das so richtig deuten zu können, muss man schon ein Seminar für Körpersprache besuchen. Ebenso geht es uns im Ausdruck von Gefühlen – man zeigt sie gar nicht oder nur dann, wenn die gesellschaftlichen Spielregeln sie verlangen. Jeder kann an dieser Stelle für sich einmal überlegen, wann er zuletzt seinen Gefühlen freien Lauf gelassen hat, wann er ohne Rücksicht auf Publikum herzlich gelacht, geweint oder gewütet hat, als ihm danach war...

Pferde sind doof im Vergleich zum Hund oder gar zum Menschen – oder etwa nicht? Der Maßstab, der solchen Aussagen zugrunde liegt, ist ein menschlicher. Er urteilt nämlich danach, inwieweit Hunde oder Pferde in der Lage sind, menschliche Anweisungen zu verstehen. Dabei wird das Verstehen an der Ausführung, an dem erzielten Ergebnis der Verständigung gemessen. Nach diesem Maßstab sind Pferde wirklich doof.

Pferde haben keine Sprache, die aus einer unendlich kombinierbaren Lautfolge besteht wie die menschliche Sprache. Okay, sie wiehern – und das unterschiedlich: aufgeregt, erregt, ängstlich, freundlich, erfreut... Aber im normalen, alltäglichen Umgang mit anderen Pferden, mit Menschen wiehern sie nicht – es sei denn, sie sind erregt. Aber dennoch sind sie in der Lage, sich untereinander perfekt zu verständigen. Dazu kommt noch der Umstand, dass das Pferd ein Herdentier ist. D.h. es versteht sich selbst immer als Bestandteil von Herde, auch in der Beziehung zum Menschen. Erst wenn der Herdengedanke nicht mehr anwendbar ist, also wenn ein Pferd allein ist, denkt es als Einzelwesen. Und das ist mit Angst verbunden. Dies Gefühl völliger Einsamkeit kann sogar der Mensch nachempfinden: »... ganz allein auf der Welt, niemals mehr einen anderen Menschen sehen...,« das macht schon in der Vorstellung Angst. Da Pferde keine Vorstellung von so etwas wie Zukunft haben und ihnen deswegen das Gefühl der Hoffnung fehlt, wird die Gegenwart zur Ewigkeit: »Was jetzt ist, wird immer so sein... Einmal allein, ewig allein!«

Angesichts dieser Angst können einige andere Lebewesen zum Partner werden: Ziegen, Schafe, Hunde, Menschen – Hauptsache, dass sich etwas wie Herde herstellen lässt.

Herde bedeutet Sicherheit und Geborgenheit. Einer passt auf, und der Rest kann sich darauf verlassen. Ein Gesichtsausdruck, eine

Körperbewegung – und der Nachbar versteht. Eine Herde handelt immer als Einheit: grasen, wandern, ruhen, fliehen...
So überträgt sich auch jedes Gefühl des Einzelnen auf das Ganze. Auch die Beziehung zum Menschen ist für das Pferd eine Herde. Hieran stellt das Pferd die gleichen Ansprüche wie an eine Pferdeherde, nämlich Sicherheit und Geborgenheit. Und gleichermaßen überträgt sich jedes Gefühl des Menschen auf das Pferd – umgekehrt funktioniert das nicht ganz so gut, weil wir Menschen Gefühle anderer nicht so präzise wahrnehmen wie z.B. Worte.
Aber das Pferd empfängt die menschlichen Gefühle und Stimmungen wie wörtliche Mitteilungen – und reagiert darauf.
Angst, die Angst des Herdenpartners Mensch, wirkt auf das Fluchttier Pferd wie eine Alarmglocke: »Achtung! Es droht Gefahr!«, und es verhält sich wie ein alarmierter Mensch.
Pferde sind in ihrem Wesen so verschieden, wie es Menschen auch sind. Jedes Pferd wird nach seiner wesensmäßigen Veranlagung unterschiedlich auf Alarm reagieren. Aber eines gilt für alle: Anspannung. Und damit ist die Grundvoraussetzung für Wohlbefinden verschwunden, denn sie bedeutet für das Pferd Ruhe und Geborgenheit.
Auf das Reiten wirkt Angst wie ein Hemmschuh: Ein ruhiges, entspanntes und konzentriertes Arbeiten ist nicht mehr möglich. Und es nützt überhaupt nichts, auf das Pferd oder sich selbst beruhigend einreden zu wollen – das Pferd lässt sich da nichts vormachen.
Nur alte, erfahrene Pferde mit starkem, ruhigem Wesen reagieren gelassen auf die Angst des Reiters, übernehmen die Chef-Position und bringen ihren Reiter sicher nach Hause. Solche Pferde sind ein Segen für ängstliche Reiter, aber leider sind sie sehr selten.
Für alle anderen Pferde gilt: **Die Angst des Reiters muss weg!**
Wer hier keine Hilfe durch andere Reiter, Reitlehrer oder Spezialkurse hat, muss sich selbst helfen, so gut es geht: nur das machen, was keine Angst auslöst – und täglich ein klein wenig mehr.

Zurück zum Einstieg in die Westernreitweise!
Was hier an Neuem, Ungewohntem auf den Reiter zukommt, ist durchaus in der Lage, beim einen oder anderen Angst auszulösen – auch wenn es vielleicht nur die kleinen Ängste in Form von Unsicherheit oder Zweifel sind.

An solchen Stellen soll man ruhig zum bislang Gewohnten zurückkehren und das Neue, das Reiten ohne Zügel- und Schenkelkontakt, langsam, schrittweise einüben.
Jeder soviel, wie er sich zutraut. Das Pferd wird sich an diesem Zutrauen orientieren.

Die zweite Übung: Richtungsänderung

Funktioniert das Reiten ohne Zugel- und Schenkelkontakt beim Geradeausreiten, geht es jetzt um das Abbiegen nach rechts oder links, z.B. in einen abzweigenden Weg.

Begonnen wird damit auf dem Nachhauseweg: Bestimmt biegt das Pferd von ganz allein ab, wenn der Weg in Richtung Stall führt. Hier ist also überhaupt keine Einwirkung des Reiters nötig.

Als Nächstes auf dem Weg weg vom Stall: Etwa 5 bis 10 Meter vor der Abzweigung zeigt der Reiter einfach mit ausgestrecktem Arm auf den neuen Weg – führt der beispielsweise links ab, nimmt er dafür den linken Arm.

Keine Sorge: So wird nicht immer geritten! Es ist nur eine Vorübung. Aber es funktioniert: Das Pferd biegt ab (es sei denn, geradeaus geht's nach Hause).

Dass es funktioniert, liegt daran, dass sich die Körperhaltung des Reiters ändert, wenn er den Arm ausstreckt. Sein gesamter Körper verlagert sich in unserem Beispiel nach links – ohne dass der Reiter es bewusst wahrnimmt. Aber sehen kann man es: Man stellt sich seinem Ausrittpartner mit etwa 3 bis 4 Metern Abstand gegenüber, so dass sich die Pferde »anschauen«, und sagt ihm, er soll auf einen Baum, der etwa 5 Meter von ihm entfernt am Wegesrand steht, zeigen.

Diese Körperbewegung ist für das Pferd: »Geh nach links!«

Zurück zum Abbiegen in den Seitenweg links.

Nun stellt sich der Mitreiter im gleichen Abstand zum Seitenweg gegenüber auf; will er jetzt auch in den Weg einbiegen, geht es für ihn logischerweise rechts ab. Jetzt zeigt man seinem Mitreiter mit der gleichen Armbewegung, dass er (rechts) abbiegen soll – so, wie man einen Autofahrer einweist. Der Mitreiter tut allerdings so, als ob er nicht versteht und auch nichts hört. Man muss also die Zeichensprache verstärken, indem man mehrfach in den Weg zeigt oder

Dieser Reiter will nach rechts

Zum Abbiegen
genügt ein Blick

winkt. Mit Sicherheit reagiert das Pferd auf diese »Turnerei«, indem es nach links abwendet, auch wenn es deswegen nicht gleich in den Weg einbiegt, weil ja kein Hinweis zum Weitergehen erfolgt ist.

Wozu diese Vorübungen, wenn man doch nur ganz einfach abbiegen will? Es reicht doch, wenn man am linken Zügel zieht?!

Und genau das reicht eben nicht, wenn man auf längere Sicht auf den Zügel als Abbiegehilfe verzichten will. Denn beim Ziehen am Zügel biegt sich der Körper des Reiters in die falsche Richtung (dazu später mehr). Das liegt daran, dass der Zügel nach rückwärts gezogen wird. Das Pferd versteht zwar den Zügelzug und geht auf Veranlassung einer treibenden Hilfe auch dahin, wohin es soll – aber ohne Zügel geht auf diese Weise gar nichts mehr.

Deswegen wird ab heute der Zügel anders benutzt (wenn man ihn überhaupt braucht), wenn das Pferd abbiegen, d.h. in einer Kurve gehen soll, nämlich genauso, wie man dem Pferd bzw. seinem Mitreiter in der Vorübung gezeigt hat, dass abgebogen werden soll. Beim Abbiegen nach links nimmt man den linken Zügel auf und zeigt (mit dem Zügel in der Hand) nach links auf den Seitenweg. So wirkt der Zügel nicht mehr rückwärts, sondern seitwärts auf das Pferdemaul. Daraufhin hebt das Pferd den Kopf und schaut, wohin die Zügelhand zeigt. Ein treibender Impuls mit dem rechten Schenkel dazu – und das Pferd biegt ab. (Mehr zur Zügelführung findet sich im Anhang.)

Je schneller das Pferd läuft, desto kürzer und höher nimmt man den Zügel auf; im gestreckten Galopp ist er dann etwa noch halb so lang wie der Pferdehals und in Höhe der Pferdeohren. Diese Einwirkung wird von jedem Pferd verstanden, ganz gleich, wie gut oder schlecht, wie deutsch oder western es geritten worden ist.

Ab heute kann man an jeder Abzweigung, die der geplante Ausritt beinhaltet, trainieren, wie viel, besser gesagt, wie wenig Zügel-, Schenkel- und Körpereinwirkung nötig ist, damit das Pferd abbiegt. Es dauert gar nicht lange, und ein Blick genügt.

Wie das Pferd lernt

Aber bevor es damit losgeht, möchte ich erst etwas darüber sagen, wie ein Pferd lernt.

Eigentlich ist das gar nichts Besonderes, denn ich behaupte, dass ein Pferd aus den gleichen Gründen und auf die gleiche Art und Weise lernt wie der Mensch. Aber wer erinnert sich noch daran, wie er als Kind mit dem Lernen begonnen hat?

Damit wären wir wieder einmal bei einer Vorübung: Jeder Reiter versucht, sich an erste Lernerlebnisse zu erinnern, schreibt sie auf und tauscht sie im Idealfall mit anderen Menschen/Reitern aus.

Sicherlich ist es noch vergleichsweise einfach, die menschliche Lernerfahrung, dass eine Flamme schmerzhaft heiß ist, auf das Lernen des Pferdes zu übertragen. Aber auch das menschliche Lernen geht über das Entwickeln eines Vermeidungsverhaltens weit hinaus. Wie war das, als das Schreiben, das Einmaleins gelernt werden sollte?

Mit Sicherheit ist die Liste der schlechten Erfahrungen viel länger als die der guten. Also sind die schlechten Erfahrungen besser im Gedächtnis haften geblieben als die guten. Entsprechend ist die Anzahl der Menschen größer, die die Schule und die Lehrer gehasst haben, größer als die derjenigen, die gern zur Schule gegangen sind.

Erstens lässt sich die Tatsache, dass schlechte Erfahrungen besser im Gedächtnis haften bleiben als gute, in gleicher Weise auf die Pferde übertragen – wobei man sich zusätzlich vor Augen führen muss, dass die Gedächtnisleistungen des Pferdes offensichtlich die des Menschen bei weitem übersteigen.

Zweitens neigt der Mensch dazu, seine Erfahrungen mit einer Bewertung weiterzugeben. D.h. dass Menschen, die schlechte Erfahrungen mit dem Lernen gemacht haben, davon ausgehen, dass Lernen immer mit schlechten Erfahrungen verbunden ist.

Als Beispiel: Wer beim Lernen des Einmaleins geschlagen worden ist, weil er es nicht sofort konnte, wird auch sein Kind, sein Pferd schlagen, wenn es etwas nicht sofort begreift. Erst wenn man erkannt hat, dass Lernen durch Lob beschleunigt und durch Strafe blockiert wird, kommt man aus dieser Zwangsläufigkeit heraus. Da diese wenigen Sätze einen Erfahrungsschatz nicht aufheben können, müssen jetzt alle Reiter, die Lernen als etwas Schreckliches ansehen, versuchen, sich an positive Lernerfahrungen zu erinnern: an Lob, Anerkennung, Bewunderung... an das damit verbundene Glücksgefühl!

Was unter Druck (in Form von Schlägen = physisch; in Form von Beschimpfungen = psychisch) gelernt werden muss, verursacht Angst; was durch Lob bestärkt gelernt wird, löst Freude aus.

Knallhart: Wer dieses Glücksgefühl, diese Freude über etwas Gelerntes nicht in sich finden kann, kann es auch nicht weitervermitteln. Der schafft nur unglückliche Pferde – Problempferde. Dem hilft nur Therapie – oder ein Reitlehrer, der in der Lage ist, Erfolgserlebnisse in der Arbeit mit dem Pferd (nicht an dem Pferd) zu verschaffen.

Das Pferd möchte lernen. Darauf hat es der Mensch seit über 4000 Jahren ausgewählt, domestiziert. Das Pferd ist so viel stärker als der Mensch. Wenn es wollte, könnte es spielend leicht den Menschen loswerden. Aber selbst wenn es der Mensch dem Pferd noch so schwer macht, es passt sich an; nicht aus Angst oder Erfurcht vor der Intelligenz des Menschen, sondern, weil es sich anpassen will.

So lernwütige Schüler kann sich kein Schullehrer vorstellen.

Dann ist mein Pferd ein Sonderfall! werden jetzt viele Reiter sagen. Das Pferd weiß nichts von unseren Bewertungen von gut oder schlecht, weil sie sich von seinen unterscheiden. So lernt es in menschlichen Augen wild drauf los, unterscheidet für sich selbst aber sehr wohl: nämlich in Lust oder Unlust. Und die werden durch seinen Reiter gesteuert. Wer also selbst keine Lust am Lernen hat, wird auch unlustige Pferde reiten. Wer sich an den Leistungen seines Pferdes erfreut, wird entsprechend freudige Pferde reiten.

Aus der eigenen Erfahrung weiß jeder, dass man nur von dem Lehre annimmt, dem man glaubt, den man respektiert. So wird der Hochschulprofessor die Anweisung des Automechanikers befolgen, wenn es um das Auto geht. So wird das Pferd die Anweisungen des Reiters befolgen, wenn es um das Reiten geht. Voraussetzung ist allerdings, dass der eine dem anderen glaubt, dass der seine Sache versteht – dass er ihn respektiert. Das Pferd muss den Reiter also ernst nehmen können, um Lehre anzunehmen. Es wird demnach auch lernen, wenn es vor seinem Reiter vor Angst zittert. Aber es wird nichts lernen, wenn es seinen Reiter für eine Art »Lekkerli-Tüte« hält, die man nur richtig knuffen muss, damit die Lekkerlis kommen.

Sicherlich möchte kein Freizeitreiter, dass Freund Pferd vor ihm angstschlotternd zittert. Entsprechend sind die meisten Freizeitpferde viel zu frech, nehmen ihren Menschen nicht so richtig ernst, sind eben respektlos. Je frecher sie sind, desto mehr Härte braucht es, damit sie lernen, ihren Reiter zu respektieren.

Härte ist nicht gleichbedeutend mit Strafe. Härte wird eingesetzt,

*um den reiterlichen Willen während einer Leistung durchzusetzen,
Strafe direkt im Anschluss an eine unerwünschte Leistung.
Aber in jedem Fall wird das Pferd sofort im Anschluss gelobt, weil es
dem Reiterwillen folgt. Einfaches Beispiel: Das Pferd tritt dem Reiter auf den Fuß. Als Strafe tritt der Reiter dem Pferd auf den Kronrand oder kneift es in den Hals. Das Pferd zieht seinen Huf zurück
und wird dafür gelobt: »Brav!« Das Pferd merkt sich: »Nicht drauf-
treten« ist brav!*

Vom Loben, Strafen und Korrigieren

*Pferde lernen wie Kinder.
Im folgenden Beispiel krakelt die kleine Susi voller Eifer mit einer
dicken Wachsmalkreide Kopffüßler auf ein Stück Papier. Der Vater
kommt dazu und fragt: »Was malst du denn da Schönes?« »Papa!«
antwortet Susi und schaut erwartungsvoll in sein Gesicht. »Das ist
dir aber gut gelungen! Schenkst du mir das Bild?« – Susi wird ihm
noch viele weitere Bilder malen.
Jetzt lassen wir dies Gespräch eine andere Richtung einschlagen:
»Was machst du denn da?« fragt der Vater mit kritischem Unter-
ton. »Papa!« »Das ist ja ganz fürchterlich!« Susi wird nie wieder
malen.
Manchen Reitern scheint es sehr schwer zu fallen, ihr Pferd zu
loben. Ich vermute, weil sie selbst kaum gelobt werden. Traditions-
betonte Westernreiter tun sich damit besonders schwer. Sie sehen im
Loslassen der Zügel und im Stehen- und Ausruhenlassen des
Pferdes Belohnung genug.
Der moderne Western-Hochleistungssport hat jedoch längst
erkannt, dass Klopfen, Kraulen oder ein gutes Wort die Pferde
schneller lernen und besser arbeiten lässt: »Das Pferd weiß vielleicht
gar nicht, was ich von ihm will. Durch Lob erfährt es, dass es etwas
richtig gemacht hat.«
Loben schafft Freude. Das kann jeder am eigenen Leib erfahren. Der
Gelobte öffnet sich, weil er mehr davon haben möchte. Gleichzeitig öff-
nen sich alle Lernkanäle. Angst dagegen verschließt und verkrampft.
Zuviel Lob kann es nicht geben, höchstens Lob an der falschen Stelle:
Das Pferd sollte eigentlich stehen bleiben, und man lobt es, während
es weiterläuft.
Lobende Einwirkungen auf das Pferd sind alle Maßnahmen, die
ihm eine angenehme Stimmung verschaffen: Klopfen, Kraulen, gute
Worte, positive Gedanken des Reiters.*

Der Einsatz von Lekkerlis ist nicht ganz ungefährlich. Schnell sieht das Pferd im Menschen eine wandelnde Lekkerli-Tüte. Besonders verfressene Typen wundern sich erst hinterher über den ungewohnten Beigeschmack: »Oh, war da ein Kind an dem Eis?!« Das schafft manchen Fall für die Haftpflichtversicherung des Pferdes. Ich kenne Westernreiter, die es deswegen grundsätzlich ablehnen, ihr Pferd aus der Hand zu füttern. Andererseits kann ein Lekkerli über manche Unannehmlichkeit hinweghelfen. Wenn sich eines meiner Pferde beispielsweise verletzt hat, ist die Wundbehandlung überhaupt kein Problem. Für ein Lekkerli ertragen sie dabei selbst große Schmerzen ganz gelassen.

Im vorangegangenen Abschnitt habe ich den Begriff der Strafe gebraucht (Man tritt das Pferd auf den Kronrand des Hufes, den es einem auf den Fuß gestellt hat.) Eine solche Reaktion stellt für mich allerdings keine Strafe dar, sondern eine Korrektur. Das Pferd zieht den Huf zurück und wird dafür gelobt – auch wenn´s einem schmerzgeplagt schwerfällt. Eine Strafe wäre hier beispielsweise ein Schlag gegen den Pferdekopf. So einen Unsinn sollte man sich tunlichst verkneifen, denn man treibt den Teufel mit Belzebub aus. Das Pferd kann daraus nichts Positives lernen und wird zudem noch kopfscheu.

Ich möchte das Wort »Strafe« aus dem Wortschatz aller Erzieher streichen, ganz gleich, ob sie mit Menschen oder Tieren zu tun haben. Ich möchte es durch »Korrektur« (berichtigen = etwas richtig machen) ersetzen. Das fördert die Nachdenklichkeit der Reiter: Was muss ich tun, damit mein Pferd versteht, was es falsch gemacht hat? Dass ein Pferd dem Menschen auf den Fuß tritt, ist immer falsch; dass ein Pferd in die falsche Richtung läuft, ist immer ein Fehler des Reiters.

Ein Beispiel einer sinnvollen Korrektur findet sich auf S. 24: Wie man dafür sorgt, dass ein Pferd stillsteht. Den Befürwortern der Prügelstrafe für Pferde wünsche ich, dass sie möglichst bald an ein Pferd geraten, das sie, nachdem sie sich den Arm lahm geprügelt haben, gelassen fragt: »Bist du endlich fertig damit? Dann mach ich jetzt da weiter, wo ich vorhin von dir unterbrochen worden bin.« So coole Typen gibt es, vor allem unter den Ponys. Denn leider geht kaum ein Pferd mit Hufen und Zähnen auf seinen Peiniger los. Und leider sind die Pferde der brutalen Reiter artiger und handlicher als die Frechlinge der freundschaftsuchenden, sanften Reiter. Das Pferd soll den Menschen respektieren, aber nicht fürchten.

Mit diesem Wissen geht's jetzt an die Arbeit an der Hand.

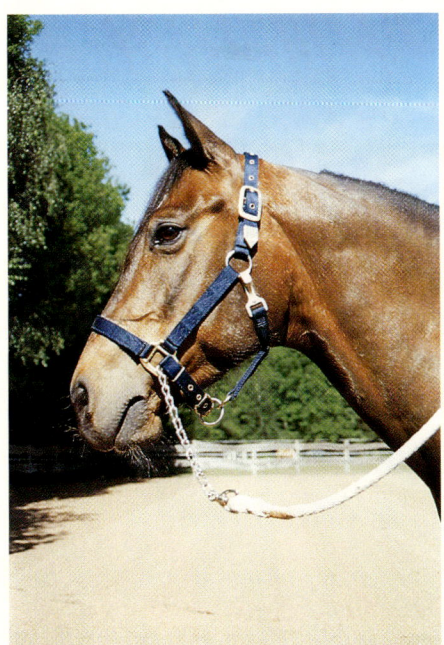

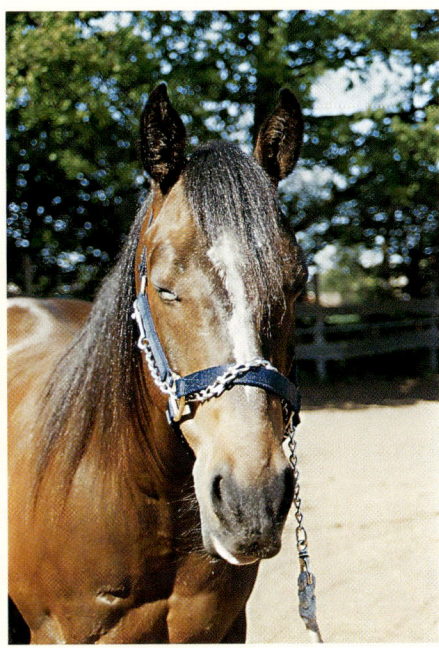

Halfter, Kette unter
dem Kinn (links);
Halfter, Kette über
der Nase (rechts)

Die dritte Übung:
Das Anhalten

Diese Übung erfordert, dass wir vorerst
das Gelände verlassen, oder zumindest
den Sattel. Denn jetzt soll das Pferd
nicht nur auf eine veränderte, aus
Pferdesicht verbesserte Einwirkung das
tun, was es bislang schon für den Reiter getan hat (nämlich vorwärtsgehen
und abwenden). Jetzt soll es eine ganz
neue Sache lernen, die es in die Lage
versetzt, aus jeder Geschwindigkeit,
weich und problemlos anzuhalten –
und das am Ende sogar ohne Zügeleinwirkung!
Das beginnt zu Fuß mit sogenannter
Arbeit an der Hand.
An dieser Stelle kehren wir auch zum
erstenmal von der bisherigen Ausrüstung ab: Sinnvoll ist ein Halfter mit
Kette (ich verwende sie unter dem Kinn
des Pferdes; über die Nase ist aber auch
möglich) oder ein Knotenhalfter. Die
Wahl der Ausrüstung richtet sich nach
dem Pferd: Für einen gut mitarbeiten-
den Araber reicht vielleicht schon ein
schmales Lederhalfter ohne Kette; ein
rotzfrecher Haflinger kann sogar das
Halfter mit Kette über der Nase als Witz
auffassen.(Womit ich nicht gesagt haben will, dass alle Araber gut mitarbei-
ten und alle Haflinger rotzfrech sind!)

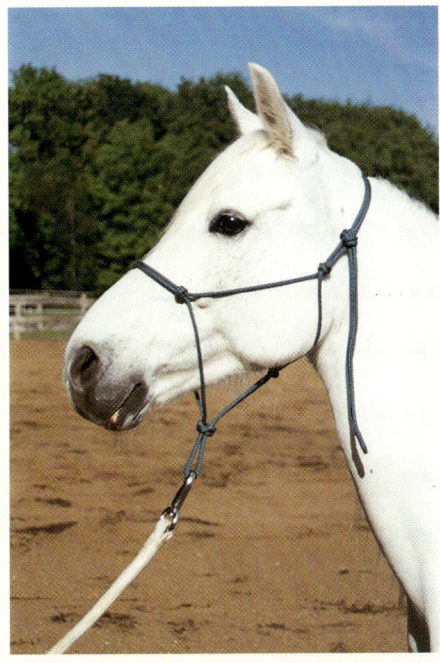

Knotenhalfter

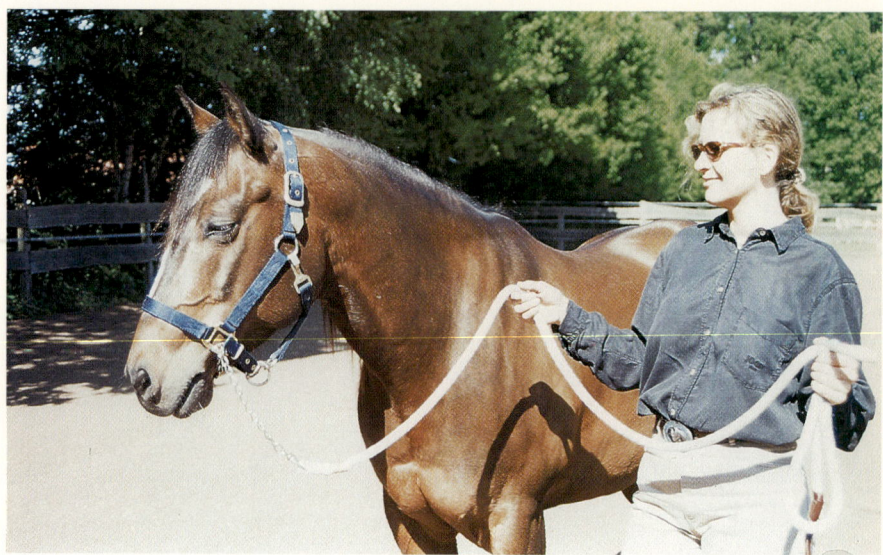

So hält man
die Führkette

Auf jeden Fall reichen das alltägliche Stallhalfter und die bislang verwendete Reitzäumung nicht aus, weil das Pferd darauf nicht genügend sensibel reagiert. Jetzt wird gearbeitet. Das Pferd lernt das Anhalten.
Doch bevor es anhalten kann, muss es sich erstmal bewegen.

▶ Das richtige Führen

Wer mit Kette arbeitet, fasst den dicken, dreieckigen Wirbel so, dass Daumen und Zeigefinger in Richtung Pferdekopf zeigen. Auf keinen Fall einen

Gute Kontrolle
beim Führen

Finger in den Wirbel stecken! Verletzungsgefahr!! Das lose Ende wird in die linke Hand genommen.
Man stellt sich etwa auf Halsmitte des Pferdes neben ihm auf, schaut in seine Richtung, streckt den Führarm leicht nach vorn und fordert das Pferd durch ein Schnalzen oder »Komm!« zum Gehen auf, zählt im Geiste »eins, zwei« (so lange braucht das Pferd, um die Aufforderung zu verarbeiten) und geht mit immer noch leicht ausgestrecktem Arm los. Wenn das Pferd mitgeht, lobt man es mit einem tief gesprochenen »Ja!«. Wenn das Pferd stehen bleibt, spürt es einen Ruck und wird beim zweiten Versuch folgen, um den Ruck zu vermeiden.
Nun soll das Pferd am losen Führzügel neben dem Reiter gehen, ohne zu drängen, zu ziehen und ohne den Reiter zu knuffen oder zu schubsen. Das hat es sehr schnell heraus, da es für jede Abweichung sich selbst bestraft, indem die Kette drückt. (Ausnahme stellt nur das Schubsen oder Knuffen des Reiters dar, der so etwas mit einem kneifenden Drehen der Halshaut beantwortet. Denn diese Reaktion kennt das Pferd von seinen Artgenossen, die es ebenso beißen, wenn es ihnen zu nahe kommt. Das Schlagen sollte sich der Reiter

zumindest im Bereich Pferdekopf/-hals völlig abgewöhnen. Das Pferd versteht zwar die Bedeutung, antwortet allerdings mit jähem Hoch- oder Beiseitereißen des Kopfes – so erzieht man sich zwangsläufig ein gefährlich kopfscheues Pferd.)

So lange das Pferd neben dem Reiter geht, lobt der es mit tiefer Stimme; das Vermeiden des Kettendrucks tut ein Übriges.

Jetzt ist das Pferd gut vorbereitet, um anzuhalten. Sicher, es würde ausreichen, wenn man so lange an der Kette ruckt, bis das Pferd stehenbleibt. Davon lernt es aber nicht, auf die Dauer nur auf den körpersprachlichen Hinweis seines Reiters anzuhalten.

Da wir aber auf die Dauer anstreben, dass das Pferd auf einen Hinweis, später sogar auf einen Gedanken reagiert, müssen wir es jetzt darauf entsprechend vorbereiten:

Zum Anhalten sagt der Reiter ein »magisches« Wort. Das kann »Halt«, »Whoa« oder sonstwie lauten; entscheidend ist jedoch, dass es sich um ein Wort handelt, das man bislang noch nicht verwendet hat, das man gut ausatmend sprechen kann und das man ab jetzt immer zum Anhalten gebraucht.

Es ist für das Pferd sehr wichtig, dass dieses neue Wort folgende Botschaft enthält:
1. keinen Schritt weiter
2. weich anhalten
3. Anhalten bedeutet Pause, Ausruhen, Entspannung.

Deswegen ist das Wort als solches unbedeutend; entscheidend sind seine ruhigen Laute und die Art des Aussprechens. Dort empfängt das Pferd die Botschaft, die der Reiter ihm vermitteln will. Wenn man also ein solches Wort ausatmend langgezogen spricht, vermittelt es dem Pferd Ruhe, im Gegensatz zu einem kurz gesprochenen Befehl. Für besonders nervöse oder unaufmerksame Pferde empfiehlt es sich deswegen, eine »Vorwarnung« zu äußern, damit sie besser vorbereitet sind: »Und...haaaalt!«, »Watch it...whoaa!« oder ähnlich. Sobald das Wort zu Ende gesprochen ist, muss das Pferd stehen; zur Not hilft die Kette als Unterstützung. Gleichzeitig macht der Reiter dem Pferd die Bewegung des Anhaltens vor, indem er selbst deutlich in die Bremse geht. Die richtige Bewegung dazu übt man am besten erst ohne Pferd: in vollem Tempo loslaufen und plötzlich anhalten; denn genau das ist es ja, was

Der Stop, das größte Geschenk des Reiters an sein Pferd

Man beobachte ein Pferd auf der Weide, das sich erschrickt, beispielsweise vor einem Hund. Es reißt den Kopf hoch und gewinnt in einem kurzen, abgehackten Galopp Abstand. Es reißt den Kopf hoch, um sich während der Flucht umschauen zu können. Es wechselt den Galopp, wenn es den Hals in die andere Richtung dreht. Es läuft weg und schaut sich gleichzeitig um, weil es feststellen will, wovor es wegläuft, weil es überlegen muss, ob es wirklich weglaufen muss oder ob es dafür keinen Grund gibt – oder ob es besser zum Angriff übergeht (das Pferd ist nämlich kein absolutes Fluchttier). Wenn es sich zur Flucht entschließt, läuft es zunächst in der beschriebenen Weise weiter. Die hoch aufgerichtete Haltung ermöglicht es ihm, jederzeit Richtung und Geschwindigkeit zu ändern. Erst wenn es sich wirklich bedroht fühlt, legt es an Tempo zu. Dafür muss es seinen Körper strecken: Kopf und Hals in die Waagerechte, die Vorderbeine greifen weit vor und die Hinterbeine arbeiten wie ein Schwungrad. Sie holen weit aus, um ebenso weit unter den Körper untersetzen zu können, um ihn förmlich vorwärts zu schleudern. Dabei verlagert sich der Schwerpunkt des Pferdekörpers jedesmal extrem nach vorn, wenn die Hinterbeine Schwung holen. Ist erstmal Renngeschwindigkeit erreicht, wird es durch den vorverlagerten Schwerpunkt fast unmöglich anzuhalten. Die Flucht wird zur Panik; aus dem Gefühl, nicht mehr anhalten zu können, entwickelt sich Todesangst – denn, wer stürzt, wird gefressen. Das ist ein Überlebensinstinkt aus einer Zeit, als das Pferd noch nicht domestiziert war

Nun sind unsere Pferde durchaus in der Lage, aus einem Renngalopp auf der Weide anzuhalten. Beobachten Sie Ihr Pferd dabei! Wenn es beim Anhalten die Beine nach vorne wirft, ca. 30 cm kleiner wird und rutschend anhält, verfügt es über ein gutes natürliches Gleichgewicht. Stoppt es dagegen mit steifen Vorderbeinen und aufgerichtetem Hals, fehlt ihm diese natürliche Voraussetzung.

Das ist weiter kein Drama, und Ihr Pferd ist deswegen nicht weniger wert. Aber beim Kauf sollte man schon auf ein gutes natürliches Gleichgewicht achten; es äußert sich auch in der Beherrschung eines flüssigen, fliegenden Galoppwechsels ohne Kreuzgalopp. Solche Pferde haben auch unterm Sattel kaum Gleichgewichtsprobleme.

Beim Reiten ändert sich vieles für das Pferd. Nicht nur, dass es sich dem Reiterwillen fügen soll, sondern vor allen Dingen, dass der Reiter als schwankendes (physikalisch ausgedrückt: labiles) Gewicht auf dem Pferderücken ausbalanciert werden muss. Dieses Schwanken verstärkt im Galopp die Schwerpunktverlagerung des Pferdes nach vorne, vor allem dann, wenn der Reiter noch nicht in der Lage ist, die Galoppbewegung des Pferdes auszubalancieren.

Auf diese Weise stellt sich schnell die Urangst vor dem Nicht-Anhalten-Können ein, und das Pferd geht durch.

Aber selbst, wenn es nicht so weit kommt, entstehen immer wieder unschöne Situationen mit holprigen, harten Bremsbewegungen, wenn das Pferd aus dem Galopp anhalten soll. Im weichen Stop der Westernreitweise erfährt das Pferd die Überwindung dieser instinktiven Todesangst, weil es in der Beherrschung dieses Stops weiß, dass es allein aus jeder Geschwindigkeit problemlos anhalten kann – **das größte Geschenk eines Reiters an sein Pferd!**

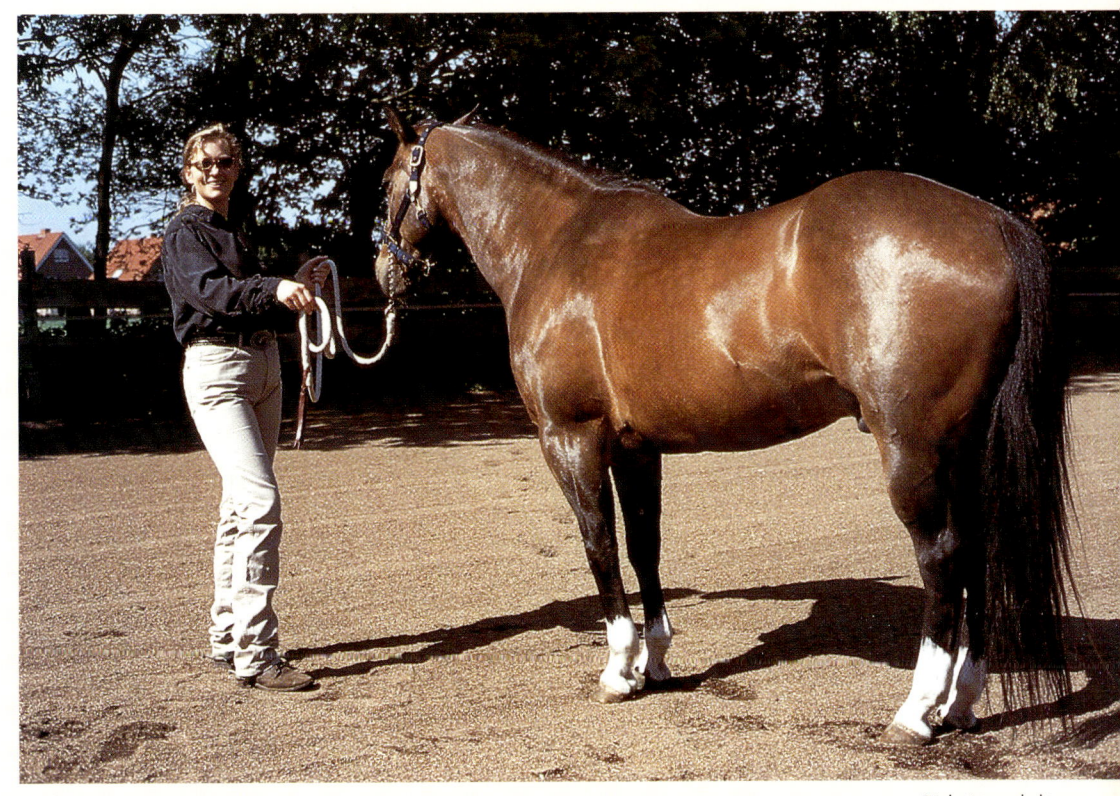

Rückwärts gedrehte
Position des Führers
zum Pferd

das Pferd lernen soll, nämlich, dass es in die Lage versetzt wird, aus jeder Geschwindigkeit spielend anzuhalten. Das ist übrigens das größte Geschenk, das ein Reiter seinem Pferd machen kann. Warum das so ist, erklärt der folgende Ausflug in Psychologie und Physiologie des Pferdes.

Zurück zur Praxis: Wenn das Pferd auf Kommando und die Körperbewegung des Reiters neben ihm anhält, verlangt man von ihm, dass es das Anhalten mit einem Tritt rückwärts beendet. Dafür hält man den Zug des Führseils so lange aufrecht, bis das Pferd rückwärts ausweicht.

So erreicht man, dass das Pferd mit seinem ganzen Körper und nicht nur mit der Vorhand anhält, dass es mehr und mehr die Hinterhand dazu einsetzt. Denn die Hinterhand lässt sich durch die Lendenwirbel, Hüft-, Knie-, Sprung- und Fesselgelenk wie eine Ziehharmonika zusammendrücken. Die Vor-

hand ist dazu kaum in der Lage. Das Zusammenziehen und Strecken der Hinterhand wird durch Muskeln und Sehnen erreicht. Sie kann man dafür trainieren, d.h. kräftigen. Eine gleiche Leistung von der Vorhand zu verlangen, würde ihren frühzeitigen Verschleiß bedeuten.

Als Nächstes verzögert man die Einwirkung der Kette, indem man zunächst nur das Kommando sagt und selbst die haltende Körperbewegung macht (im Geiste »eins, zwei, drei« zählt) und erst dann am Führseil zieht. Damit hat das Pferd die Chance, ohne den unangenehmen Zug der Kette anzuhalten. Und da die Pferde ja lernen möchten, werden sie diese sofort nutzen, wenn sie sie erkannt haben. Das dauert je nach Lerngeschwindigkeit des Pferdes unterschiedlich lange. Die einen halten sofort ohne Kette, wenn sie den Zeitabstand zwischen Kommando/ Körperbewegung des Reiters und dem

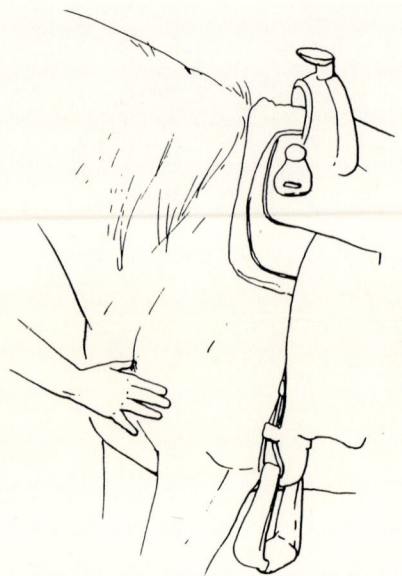

Daumendruck gegen das Buggelenk erleichtert das Rückwärtsgehen des Pferdes

Soll das Pferd vorwärts gehen, dreht der Reiter sich um und schaut in die gleiche Richtung wie das Pferd, nämlich vorwärts. Kommando, Körperbewegung – und das Pferd geht mit.

Zum Schluss kann man diese Übung mit Tempo machen, d.h. vorwärts und rückwärts werden schneller **(Pausen nicht vergessen! Sonst wird das Pferd sauer!).**

In der richtigen Dosierung aus Anfordern, Lob und Pause entwickelt das Pferd schnell Lerneifer und Reaktionsgeschwindigkeit – ohne dass man noch am Führseil ziehen muss.

Diese Übung des Anhaltens ist übrigens auch ein hervorragendes Mittel, um Pferde in aufregender Umgebung (beispielsweise bei Veranstaltungen) zu konzentrieren und auf diese Weise zu beruhigen. Voraussetzung ist allerdings, dass die Pferde sie vom Training daheim bereits kennen, um innere Ruhe in einem gewohnten Bewegungsablauf zu finden, der Anpassung an die Bewegungen (und damit an das Vorhaben des Reiters – hier: ein manierliches, wohlerzogenes Benehmen) verlangt.

Wenn das Pferd nicht stillstehen will, macht man ihm das Nicht-Stillstehen unangenehm: Man longiert es in kleinen Kreisen am Führseil um sich herum. Dabei ist es besonders wichtig, dass man immer hinter der Schulter des Pferdes bleibt. Sonst longiert das Pferd

Kettendruck bemerkt haben; andere brauchen etwas länger.

Damit das Pferd Zeit zum Nachdenken hat, macht man nach jedem Haltemanöver (Tritt rückwärts nicht vergessen!) eine kleine Pause und wartet, bis das Pferd tief durchgeatmet hat.

Nun dehnt man den Tritt rückwärts zu einem richtigen Rückwärtsgehen aus und lässt das Pferd entweder pausieren oder lässt es gleich aus dem Rückwärtsgehen wieder vorwärtsgehen – im Schritt oder im Trab.

Das Rückwärtsgehen erreicht man, indem man sich umdreht (und zur Hinterhand des Pferdes schaut), dazu ein Kommando gibt (Zuuuurück oder Back up oder...) und so lange an der Kette zieht, bis das Pferd mit der Rückwärtsbewegung beginnt. In dem Moment muss der Kettendruck sofort aufhören, damit das Pferd weiß, dass es sich richtig bewegt hat, nämlich rückwärts. Das Pferd erfährt auf diese Weise, dass es von dem lästigen Druck weggehen kann, nämlich rückwärts. Hört es damit auf und bleibt stehen, setzen Kommando und Kette wieder ein, um aufzuhören, wenn es sich weiterbewegt, nämlich rückwärts.

Position beim Longieren auf kleinem Kreis

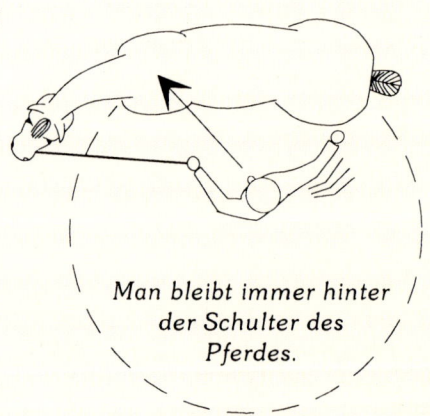

Man bleibt immer hinter der Schulter des Pferdes.

Tritt man einen
Schritt nach vorn,
hält das Pferd an.

sehr schnell seinen Menschen oder entzieht sich nach rückwärts.

Antreiben kann man es mit einem
Klaps mit der flachen Hand oder mit
dem Ende des Führseils auf die Kruppe,
dabei beobachtet man sein Ohrenspiel.
Nur wenn es daraufhin die Ohren
anlegt, muss man damit rechnen, dass
es versuchen wird, nach dem Menschen zu schlagen, sonst nicht. Pferde
können nicht lügen; sie zeigen alles mit
den Ohren an.

Man lässt das Pferd so lange in kleinen
Kreisen um sich herumtraben, bis es
dieses anstrengenden Spieles müde
wird und signalisiert, dass es viel lieber
stehen bleiben würde. Dann lässt man
es anhalten, indem man mit einem
deutlichen Schritt vor seine Schulter
tritt. Bleibt es ruhig stehen, lobt man
es. Nutzt es die Pause, um weiter herum-
zuzappeln, beginnt die Übung von vorn.
Ganz gleich, wie lange die Zappelei
dauert, der Reiter bleibt ruhig, noch
besser: fröhlich!

Sonst merken schlaue Pferde, dass sie
ihren Reiter damit ärgern können –
und hören erst recht nicht auf.

Auf dieselbe Weise lernt das Pferd auch
beim Aufsteigen stillzustehen und ab-
zuwarten.

**Wenn das Pferd gelernt hat, an der Hand
anzuhalten, steigt der Reiter wieder in
den Sattel.**

▸ Anhalten vom Sattel aus

Hier tut er nun genau dasselbe wie
zuvor bei der Arbeit an der Hand, nur
dass er nicht mehr selber läuft. Ansonsten bleibt der gesamte Einwirkungs-
ablauf gleich:

Im Schritt nimmt der Reiter die Zügel
auf, ohne dass Zug auf das Maul ausgeübt wird. Dazu nimmt er die Hände
etwa bis zur Mitte des Pferdehalses vor,
um hier den Zügel zu verkürzen, aber
immer noch nicht wirken zu lassen.
Dann setzt er sich schwer in den Sattel,
gibt ein paar Meter weiter das Stimm-
kommando (dasselbe wie bei der Arbeit
an der Hand) und nimmt den Zügel
langsam an, so dass Druck im Pferde-

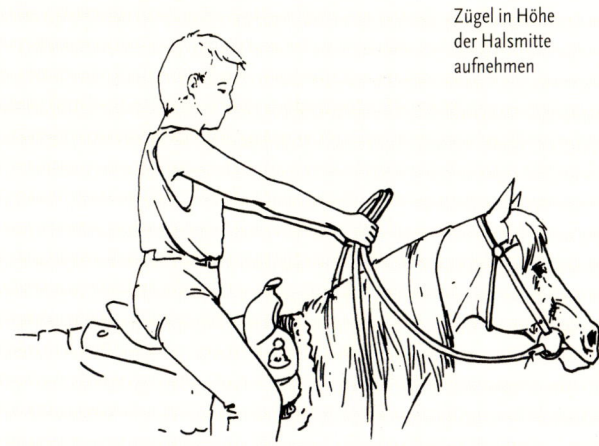

Zügel in Höhe
der Halsmitte
aufnehmen

Schwer hinsetzen

maul entsteht. Dieser Druck wird so lange verstärkt, bis das Pferd mit einem Tritt rückwärts anhält. Im selben Moment lässt der Reiter die Zügel aus den Händen fallen, als hätte er sich daran verbrannt, und lobt das Pferd mit tiefem »Jaaa« (oder ähnlich).

Dann erhält das Pferd eine Denkpause, bis es tief durchatmet. Läuft das Pferd danach einfach los, wiederholt man den Vorgang so lange, bis es stillsteht.

Der Zügeldruck wird deswegen bis zu einer Bewegung des Pferdes nach rückwärts aufrecht erhalten, damit das Pferd ihn bis in die Hinterhufe durchlässt. Denn es soll ja lernen, kraftschonend auf der Hinterhand anzuhalten.

Diese Bewegung nach rückwärts wird ab jetzt immer vom Pferd verlangt, beim Reiten und an der Hand, eben bei jedem Anhalten.

Damit lernt das Pferd, dass es jede Zügeleinwirkung – auch die in der Fortbewegung – sofort bis in die Hinterhand durchlässt und dass es fortan keine Anlehnung am Gebiss mehr erhält. Das funktioniert natürlich nur, wenn der Reiter das sofortige Loslassen nicht vergisst. Ansonsten ist die alte Gewohnheit des Pferdes, gegen das Gebiss zu drücken, sofort wieder da. (Wer ein wirklich gut Western ausgebildetes Pferd erwirbt oder sich selbst in der

Zukunft ausbildet, kann auf die Bewegung nach rückwärts in jedem Anhaltevorgang verzichten, weil solche Pferde der Zügeleinwirkung ohnehin sofort ausweichen – tun sie es nicht, liegt unter Umständen ein anderes Ausbildungs-Interesse vor. Diese Pferde nehmen als Antwort auf den Zügeldruck die Nase in die Senkrechte. Das kann bei Pleasure- und Trailpferden der Fall sein. Aber auch bei solchen Pferden sollte man von Zeit zu Zeit das Anhalten mit dieser Bewegung nach rückwärts beenden, damit die Feinheit der Reaktion erhalten bleibt.)

Nun gibt es Pferde, die sich bereits gegen diese zarte Form des Anhaltens wehren. Entweder haben sie sehr schlechte Erfahrungen mit der Reiterhand gemacht und haben jetzt Angst vor dem Schmerz oder sie sind aufgrund von Steifheiten überhaupt nicht in der Lage, den Druck im Maul bis in den Hinterhuf durchzulassen. Ihre Reiter finden Hilfe im Abschnitt »Direkte Biegung«. Erste Abhilfe kann bereits die Wahl eines anderen, besser passenden Gebisses schaffen.

▶ **Wie stark soll der Zügeldruck sein?**
Diese Frage erwischt den Reiter bei seiner bisherigen Benutzung des Zügels: blitzschnell und knallhart ran, um

Pferdekopf mit durchhängendem Zügel

Pferdekopf mit nicht mehr durch-hängendem Zügel = Druckpunkt

Pferdekopf mit voll anstehendem Zügel

Das Pferd weicht
dem Zügeldruck
nach rückwärts aus

dann zu spät loszulassen. Ab jetzt wird das anders:

Der Zügeldruck wird langsam aufgebaut; zunächst fühlt sich der Reiter ganz vorsichtig an das Pferdemaul heran. Dazu nimmt man den Zügel so langsam auf, dass man förmlich die Zunge des Pferdes unter dem Trensengebiss spürt. Hier liegt der Beginn des Druckes.

Diesen Punkt muss der Reiter so lange erfühlen, bis er ihm in Fleisch und Blut übergegangen ist, bis er selbst den Schmerz spürt, den er auf das Pferdemaul ausübt – und das auch bei fremden Pferden!

Fassen Sie sich mit dem Finger selbst auf das geschlossene Augenlid – diese Druckstärke ist gemeint!

Nun ist das Pferd, mit dem man hier den Einstieg in die Westernreitweise unternimmt, ja kein bereits ausgebildetes Westernpferd, das auf diesen Druck hin bereits rückwärts saust. Das eigene Pferd, bislang anders geritten, ist ganz andere Druckgewichte im Maul gewöhnt. Man kann es also nicht von heute auf morgen auf eine derartig

feine Zügeleinwirkung umstellen, weil es sie aus der anerzogenen Gewohnheit heraus nicht verstehen wird.

Dennoch hat auch dieses Pferd ein Recht darauf, dass der Reiter den Zügeldruck entsprechend langsam aufbaut, damit es die Gelegenheit erhält, zu reagieren, wenn die Schmerzgrenze überschritten wird.

In Zukunft wird man das Pferd also nicht mehr mit der Aufforderung zum Anhalten überfallen, sondern dies Manöver bereits mehrere Meter davor vorbereiten (siehe oben).

Dabei wird man im Anfang eine Menge Kraft aufwenden müssen, bis das Pferd auf die Einwirkung zum Anhalten mit einem Tritt rückwärts antwortet. Diese Kraftmenge verdeutlicht dem Reiter, auf wieviel Druck er sein Pferd bislang eingestellt hat.

▶ Wieviel Kraft ist nötig?

Soviel, dass das Pferd einen Tritt rückwärts ausweicht.

Um überhaupt herausfinden zu können, wieviel Kraft notwendig ist, muss man den Druck ganz langsam aufbauen.

Das erfordert vor allem Geduld und Langmut und Sensibilität vom Reiter. Vor allem empfindliche und intelligente Pferde reagieren auf zuviel Druck mit massivem Gegendruck. Könnte der Reiter seinem Pferd dabei ins Gesicht sehen, würde er sich erschrecken: Das Auge des Pferdes ist leer... Pferde verfügen über eine Eigenschaft, von der die meisten von uns beim Zahnarzt träumen: Sie können »den Kopp zumachen«, ihr Bewusstsein und damit das Empfinden des Schmerzes abschalten. Das bringt den Reiter hier jedoch in eine fatale Situation! Er zieht sich die Seele aus dem Leib – und nichts passiert.

Man muss also genau die Druckmenge herausfinden, die dem Pferd lästig ist, die es aber nicht dazu veranlasst, geistig zu verschwinden. Das ist eine Forderung an die Sensibilität des Reiters. Den lästigen Druck auch solange aufrechtzuerhalten, bis das Pferd nach rückwärts weicht, fordert die Geduld und die Hartnäckigkeit des Reiters heraus.

Es ist das Gefühl, das die Pferde aufgeben lässt, das Gefühl, dass der Reiter hartnäckiger ist als es selbst. Deswegen trägt die innere Einstellung des Reiters ganz entscheidend zu seinem Erfolg bei: ein fröhliches »Du kannst machen, was du willst, liebes Pferdchen, ich lass' nicht locker, bis ich meinen Willen habe!«

Das darauf folgende Nachgeben des Pferdes würde ein Mensch in gleicher Situation so zum Ausdruck bringen: »Okay, du hast Recht, und ich hab meine Ruhe!« Eine innere Unsicherheit oder gar Verzweiflung wird das Pferd in seinem Widerstand bestärken. Darin liegt das Geheimnis, warum manche Menschen mit keinem Pferd Probleme haben und andere auf jedem Pferd scheitern.

▶ Zurück zum Zügeldruck

Der Reiter muss seinem Pferd jetzt ein Angebot machen, das es bislang noch nicht gekannt hat:

> ▶ 1. **Es muss an dem Punkt anhalten, den der Reiter ihm vorschreibt.**
> 2. **Es hat die Gelegenheit, selbst zu entscheiden, wann ihm der Zügeldruck zu viel wird, indem es nach rückwärts ausweicht.**
> 3. **Im selben Moment lässt der Reiter die Zügel aus den Händen fallen, als hätte er sich daran verbrannt.**

Wer bei dieser Umstellung bereits mit wenig Druck auskommt, kann sich selbst ein dickes Lob für weiche Zügelführung aussprechen.

Ein Trost für alle, die mehr Druck brauchen: So geht es fast allen Reitern. Auf diese Weise wird der Zügel ab jetzt immer eingesetzt, ganz gleich ob man anhalten oder – demnächst – sein Pferd biegen will.

▶ Wie soll der Reiter zum Anhalten einsitzen?

Die einen werden es mit angespannt durchgedrücktem Kreuz versuchen, die anderen in Anlehnung an Westernfilme, indem sie den Oberkörper möglichst weit zurückwerfen. Beides funktioniert nicht, weil es das Pferd nicht auffasst. Der zurückgeworfene Oberkörper verursacht unter Umständen sogar Schmerzen im hinteren Bereich der Wirbelsäule des Pferdes, so dass es entweder mit Weglaufen oder mit in den Boden gestemmten Vorderbeinen reagiert.

Der Reiter muss dem Pferd die richtige Bewegung des Anhaltens vormachen: mit rundem Rücken das Gesäß im Sattel vorwärts schieben **(Aber Achtung! Nicht die Schultern, sondern das Becken rundmachen!)**. Die Beine hängen locker herunter, berühren das Pferd nicht, halten sich nicht mit dem Knie oder dem Schenkel fest. Dabei ist es gar nicht so entscheidend, dass der Reiter voll im Sattel einsitzt. Entscheidend ist das Vormachen des runden

Rückens. Denn das Pferd soll lernen, den Rücken zum Anhalten aufzuwölben, damit es mit der Hinterhand weit unter seinen Schwerpunkt treten kann, um so weich und ohne Kraftaufwand anhalten zu können (siehe Abbildung Seite 26).

Das muss man üben; es braucht erfahrungsgemäß etwa ein halbes Jahr, bis man diesen Bewegungsablauf beherrscht, weitere drei Jahre, bis man in der Lage ist, einen perfekten, weichen Sliding Stop ohne Zügeleinwirkung zu reiten. Man sollte sich also durch anfängliche Misserfolge nicht entmutigen lassen.

▸ Welche Zäumung ist richtig?

Diese Frage stellt sich spätestens dann dem Reiter, wenn er feststellen muss, dass sein Pferd all seine Anhalte-Bemühungen ignoriert und anhält, wann es will. Aber auch derjenige, der ordentlich Kraft aufwenden muss, um sein Pferd von dieser neuen Art des Anhaltens zu überzeugen, denkt schnell an ein schärferes Gebiss.

Bevor ich jetzt Zäumungen empfehle, möchte ich doch jedem Reiter noch einmal ganz klar vor Augen führen, dass es nicht »der blöde Bock« ist, der einfach nicht anhalten will. Es ist der Reiter, der sein Pferd durch seine bisherige Reitpraxis daran gewöhnt hat, einen derartig massiven Druck im Maul als normal aufzufassen. Das sollte zu denken geben! Eigentlich gibt es gar keine hartmäuligen Pferde! Je schwerer sie gegen das Gebiss drücken, desto mehr Gewicht haben sie auf die Vorhand verlagert. Ein gut die Hinterhand untersetzendes Pferd ist immer ganz weich im Maul. Es ist klar, dass Pferde, die anhalten, wann sie wollen, eine erhebliche Gefahr für sich selbst, den Reiter und die Umwelt darstellen. So muss man bei Pferden, die in der Trense nicht anhalten wollen, zwangsläufig zu mächtigeren Zäumungen greifen, um sie davon zu überzeugen, dass der Reiter es ernst meint.

In solchen Fällen ist eine Kandare angebracht und zwar eine Westernkandare mit gebogenen Anzügen (das ist der untere Teil der Kandare) (siehe Anhang Seite 175).

> ▸ Eine neue Zäumung ist immer auch ein neuer Anfang. Wer also mit der Anwendung einer neuen Zäumung nicht auch seine Reiterhand verbessert, wird sehr schnell beim alten Zustand wieder angelangt sein.

Das heißt, eine neue, schärfere Zäumung funktioniert nur durch Loslassen, wie überhaupt jede Zäumung; also den Druck langsam aufbauen und blitzartig loslassen!

▸ Halten am durchhängenden Zügel

Nachdem das Pferd gelernt hat, jedes Anhalten mit einer Bewegung nach rückwärts zu beantworten, lässt der Reiter den zeitlichen Abstand zwischen dem Einsitzen, dem gleichzeitigen Aussprechen seines Haltewortes und dem Anziehen der Zügel größer werden. Er sitzt ein, sagt sein »Zauberwort« und wartet, während er die Zügel mit einer Hand auf den Widerrist des Pferdes drückt. Während des Einsitzens zählt er »21, 22, 23«. Hat das Pferd dann immer noch nicht angehalten, zieht er es mit Zügeldruck genau zwei Tritte rückwärts, lobt es, lässt es ein wenig stehen und beginnt von vorn. Solange, bis das Pferd auf sein Einsitzen und sein »Zauberwort« anhält und nicht mehr wartet, bis der Reiter die Zügel benutzt. Das bis heute anders gerittene Pferd besteht nur allzu gern auf der Einwirkung des Zügels. Solange es nichts an Druck im Maul spürt, meint es nämlich, nicht aufpassen zu müssen: »Mein Reiter zieht am Zügel, wenn ich anhalten soll. Solange kann ich getrost meinen eigenen Gedanken nachgehen!«

Junge Pferde lernen beim Anreiten innerhalb von Minuten, auf das Einsitzen des Reiters als Hinweis zum Anhalten hin zu stoppen. Ältere Pferde bestehen manchmal hartnäckig auf dem Zügelzug und halten ohne ihn nicht an. Als Reiter, der gewohnt ist, dass sein Pferd auf sein Einsitzen hin anhält, hat man dann das Gefühl, diese Pferde zeigen einem einen Vogel. Sie wissen genau, was man von ihnen erwartet, aber sie denken überhaupt nicht daran, von ihren Gewohnheiten abzuweichen. Da helfen nur Geduld und Hartnäckigkeit: Man lässt das Pferd immer wieder dem Zügeldruck zwei Tritte nach rückwärts ausweichen. Dazu nimmt man den Oberkörper mit rundem Rücken gut zurück, damit das Pferd dabei die Hinterhand unter den Körper setzen muss. Das ist körperlich anstrengend für das Pferd, anstrengender als auf das Einsitzen des Reiters zu achten, also anstrengender als endlich aufzupassen.

> **Man macht dem Pferd das Nicht-Anhalten-Wollen unbequem. Bequemer ist es aufzupassen.**

Auf diese Weise wird auch das hartnäckigste Pferd Einsicht gewinnen –

und sich freuen, wenn es für sein Anhalten ohne Zügel belohnt wird. Sobald dieser hartnäckige Vertreter seiner Art einmal ohne Zügel angehalten ist, hat er für diesen Tag Feierabend – und damit genügend Zeit, bis zum nächsten Tag über das Erfahrene nachzudenken. Am nächsten Tag kann er´s garantiert – wenn nur sein Reiter davon überzeugt ist und den Zügel auf dem Hals lässt. Warum soll der Zügel auf dem Hals liegen bleiben?

Erstens verstehen die Pferde von der Zügeleinwirkung weit mehr als ihre Reiter: Sie reagieren bereits auf ein noch so leichtes Anheben der Zügel, während der Reiter glaubt, den Zügel überhaupt nicht benutzt zu haben. Zweitens neigt der Mensch sehr stark zu unbewussten Körperbewegungen. Dazu gehört, dass er die Zügelhand zum Anhalten gebraucht, auch wenn er selbst der festen Überzeugung ist, es nicht getan zu haben.

Erst das bewusste Fixieren der Zügelhand auf dem Pferdehals kann ihn vom Gegenteil überzeugen, indem er bemerkt, dass er den Hautkontakt zum Pferd verloren hat. Den Zügel zum Anhalten nicht zu bewegen – dazu muss man sich ernsthaft zwingen! Das Fixieren der Zügelhand auf dem Pferdehals ist eine gute Hilfe dabei.

Gymnastik fürs Pferd –
Western Basics

Reining-Philosophie: Trainieren und Genießen

Reiningpferde müssen heutzutage am deutlich losen Zügel geshowt werden, um sich vorn platzieren zu können. Wer es sich erlauben kann, zeigt deswegen sein Pferd heute mit Zügeln, die so lang durchhängen, dass auch beim Aufnehmen des Zügels kein Druck auf das Maul des Pferdes ausgeübt werden kann. Diese Pferde sind so fein abgestimmt, dass sie schon auf die Bewegung des Zügelleders am Hals reagieren. Zuhause werden sie zwischendurch ganz ohne Kopfstück geritten,

um die Tatsächlichkeit dieser zügellosen Reiterei überprüfen zu können.
Das bedeutet für das tägliche Reiten eine Unterscheidung zwischen Reiten = Genießen und Trainieren = Gymnastizieren.

> ▶ **Anm.: Einige Reiter werden hier sicherlich stutzen. »Trainieren« bedeutet im amerikanischen Sprachgebrauch, der vom Westernreiter gern einfach so übernommen wird, nicht »Konditions-Aufbau«, sondern Ausbildung, Schulung. Das wird am Ausdruck »Manager-Training« besonders anschaulich: Dort üben die Manager alles andere als Dauerlauf!**

Das Pferd wird in den vorgeschriebenen Elementen des Reining völlig in Ruhe gelassen. Die Qualität des jeweils gerit-

Sliding Stop

tenen Elements gibt dann dem Reiter Aufschluss darüber, was geübt, d.h. trainiert werden muss.

Als Beispiel: Der Reiter lässt das Pferd aus dem Galopp stoppen, ohne die Zügelhand vom Mähnenkamm des Pferdes zu nehmen. Im Stop ist das Pferd in der Vorhand steif und steckt sie mehrfach hart in den Boden, anstatt mit den Vorderbeinen weich weiterzulaufen.

Anstatt jetzt weitere Stops zu versuchen, arbeitet der Reiter an der fehlenden Flexibilität des Pferdes; er biegt es, macht es weich und nachgiebig – und erst wenn er dieses Ziel erreicht hat, versucht er einen erneuten Stop – ohne Zügel.

Grundsatz dieser Philosophie ist es, das Pferd so zu trainieren, dass es nicht nur körperlich in der Lage ist, ein Manöver auszuführen, sondern dass es auch Lust dazu bekommt, dass es nie sauer wird.

Ein Pferd muss stoppen wollen, wenn man es stoppen lassen will.

Ein Pferd muss unter das Gewicht des Reiters treten wollen, wenn es auf dem Zirkel galoppieren soll.

Solange es lieber die Reitbahn verlassen möchte, hat der Reiter ein Problem – und das muss trainiert werden.

Im Training wird der Zügel benutzt, immer nur einer, auch wenn beide angenommen werden.

Beim Reiten = Genießen hängt der Zügel unbenutzt durch – so lange, bis wieder trainiert werden muss.

Trainiert wird nicht das gewünschte Manöver, sondern der Weg dahin.

Der besteht aus den gymnastizierenden Übungen, die das Pferd körperlich und geistig vorbereiten.

Das Manöver ist und bleibt der Prüfstein erfolgreichen Trainings.

Das macht die Pferde niemals sauer, ein gewünschtes Manöver auszuführen.

Trainieren – das ist Gymnastik, immer und immer wieder ein ganzes Pferdeleben lang!

Rasanter Spin

Warum das Pferd das mitmacht

Pferde sind Bewegungsfanatiker. Körperbeherrschung bis zur Perfektion garantiert das Überleben.

Denn erstens drückt sich das Pferd durch Bewegung aus – das ist vergleichbar mit einem Sprachtraining für Menschen – zweitens ist das Pferd immer noch ein Gefangener seiner Urängste: Wer seine Bewegungen nicht beherrscht, wird ein Opfer des Wolfes.

Deswegen lassen sich Pferde genauso willig und arbeitswütig auf ein Training ein wie Balletttänzer oder Hochleistungsathleten, auch wenn sicherlich mancher Reiter dabei die Grenzen des Tierschutzes überschreitet.

Das Pferd wehrt sich nicht, weil es zu doof ist, sondern weil es die Perfektion sucht.

Es wehrt sich erst dann, wenn die geforderten Übungen seine Körperkräfte übersteigen, wenn es nicht tun kann, was es tun soll.

Für mich ist es immer wieder spannend zu beobachten, wie ein Pferd versucht, seinen Reiter zu verbessern.

Einige wenige Pferde sind darin gnadenlos, indem sie jeden Fehler des Reiters quittieren. Solche Pferde gelten dann entweder als dickschädelig oder als übersensibel.

Auf jeden Fall ist es eine gewaltige reiterliche Herausforderung, es diesen Pferden recht zu machen.

Wer als Reiter einem solchen Pferd machtlos gegenübersteht, ist auf die Hilfe eines Pferdemenschen angewiesen.

Ich sage absichtlich »Pferdemenschen« und nicht Berufsreiter, Profi oder Reitlehrer, was nicht heißen soll, dass all diese keine »Pferdemenschen« sind. Wer hier nur Prügel anzubieten hat, eignet sich nicht, sondern nur derjenige, der in der Lage ist, das betreffende Pferd ordentlich zu reiten.

Sicherlich besteht die Gefahr der Erkenntnis, dass der Reiter den Anforderungen seines Pferdes nicht genügt.

Entweder ist ihm zu helfen oder die Wege von Pferd und Mensch müssen sich trennen.

Zum Glück sind solche Pferde erfahrungsgemäß sehr selten.

Direkte Biegung:
Von der Seite...

Die direkte Biegung

Pferde, die aufgrund schlechter Erfahrungen oder Steifheiten nicht in der Lage sind, den Druck im Maul bis in den Hinterhuf durchzulassen, brauchen eine vorbereitende Übung: die direkte Biegung.

Das ist die Basisübung der Westernreitweise überhaupt, nicht nur für das Pferd, sondern auch für den Reiter. Deswegen sollten auch die Reiter »braver« Pferde diesen Abschnitt lesen und anwenden.

Das Pferd übt hierbei, dem seitlichen Zügelzug nachzugeben und dabei den inneren Hinterhuf unter seinen Schwerpunkt zu setzen; es wird elastisch in der Wirbelsäule und so wird sein Gleichgewicht unter dem Reiter immer besser. Es lernt, einem Hauch von Zügel nachzugeben und konzentriert sich auf den Reiter statt auf die Umgebung.

Der Reiter lernt gleichzeitig, dass er sein Pferd richtig lenkt, indem er es endlich nicht mehr irgendwohin zieht. Er lernt, den Zügel nach dem Ziehen auch wieder loszulassen, passend zur Pferdebewegung zu sitzen und hauchfeinen Zügeldruck auszuüben.

Außerdem lassen sich nur aus der direkten Biegung viele Bewegungsabläufe des Westernpferdes entwickeln, wenn man sie pferdegerecht aufbauen will.

▸ Direkte Biegung – Was ist das und wie geht das?

In der direkten Biegung lernt das Pferd, dem einseitigen, seitlichen Zügelzug nachzugeben und seiner Nase nachzulaufen. Und so wird's gemacht: Im Schritt zieht der Reiter an einem Zügel seitwärts-vorwärts, während der innere Schenkel immer dann treibt, wenn das äußere Vorderbein vorschwingt. Das Pferd folgt, indem es mit der Nase dem Gebissdruck auf der Außenseite des Maules nachgibt und so der Reiterhand folgt. In diesem Moment gibt der Reiter die Zügelhand vor, so dass der Zügel

Deutlich seitwärts weisende Hand des Reiters

...von vorn...

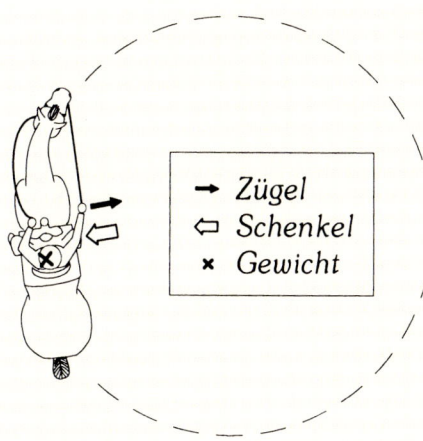

→ Zügel
⇦ Schenkel
× Gewicht

... von oben mit Voltenlinie

durchhängt und das Pferd sich wieder strecken kann. Kurz bevor der Pferdehals wieder ganz gerade ist, zieht man den Zügel wieder an, das Pferd weicht dem Gebissdruck auf der Außenseite des Maules aus usw.

Das wäre alles völlig einfach, wenn der Reiter seitwärts und rückwärts unterscheiden könnte. Aber die Erfahrung zeigt, dass fast alle Reiter dazu neigen, die Hand nach hinten zu ziehen, wenn sie zum erstenmal mit dieser Übung konfrontiert werden. Überprüfen Sie sich selbst: Die Reiterhand gehört grundsätzlich vor das Sattelhorn – sie ist doch wohl nicht hinter Ihrem Knie?! Und seitwärts bedeutet auch: weg vom Pferdehals, also etwa 50 cm Abstand davon. Das geht am einfachsten, wenn man den Ellenbogen nach oben nimmt. Dann weist die Handkante auf eine gedachte Kreismitte, um die man sich mit seinem Pferd in dieser Übung bewegt. Weil es diesem Druck mit einer seitlichen Kopfbewegung nach einwärts nachgeben kann, wird es willig folgen.

Fehler bei direkter Biegung: rückwärts ziehen! Das Pferd verwirft sich

Was passiert, wenn der Reiter den Zügel zwar richtig seitwärts führt, aber nicht sofort loslässt, sobald das Pferd den Kopf herumnimmt? Es wird sich lustlos auf den Zügel legen, mit schräg gelegtem Kopf, einer Haltung, die man als Verlehnen oder Verwerfen bezeichnet und die ebenso unerwünscht ist, weil das Pferd dabei nur den Kopf herumnimmt, im Hals aber steif bleibt. In dieser Haltung lernt es, sich der reiterlichen Einwirkung zu entziehen, indem es nur den Kopf schief legt, ansonsten aber stur geradeaus weiterläuft – oder aber mit der Hinterhand aus der Wendung heraus dreht, so dass daraus eine Drehung um die Mitte oder die Vorhand des Pferdes wird.

Wenn der Reiter aber jedesmal den Zügel durchhängen lässt, wenn das Pferd auf den Seitwärtszug des Zügels nachgibt, wird es immer elastischer im Hals und auf immer weniger Zügeldruck nachgeben. Denn das Durchhängen des Zügels, die Nullwirkung der Zäumung, ist seine Belohnung und Bestätigung, alles richtig gemacht zu haben. Das zusätzliche Lob des Reiters wird diese Erkenntnis unterstützen.

► Wie soll der Reiter in der direkten Biegung sitzen?

Wenn er die Zügelhand richtig führt (Ellenbogen aufwärts, Handrücken nach außen weisend), wird sich sein Körper dadurch automatisch in die Bewegungsrichtung des Pferdes ziehen. (Denken Sie an die Abbiegeübung ohne Zügel im Gelände!) Zieht er dagegen die Hand rückwärts, veranlasst er das Pferd, mit der Hinterhand auszuweichen, so dass es sich wie eine Flasche um die Mittelachse dreht. Das ist jedoch nicht erwünscht, da ein Westernpferd sich immer um die Hinterhand drehen soll.

Um jedes Ausfallen der Hinterhand zu vermeiden, nimmt der Reiter den inneren Schenkel direkt an den Sattelgurt. Liegt er weiter hinten, wird ihn das noch steife Pferd gern als Hinweis, die Hinterhand nach außen wegzudrehen, verstehen. Ansonsten sitzt er senkrecht und verlagert seinen Oberkörper auf keinen Fall seitlich. Nicht lehnen!

Rückwärtsziehen: Das Pferd verwirft sich und weicht mit der Hinterhand aus.

Sollte das Pferd in dieser Übung lostraben, lässt man es gewähren und hebt den (inneren) Zügel an: je schneller, desto höher. Das verhindert, dass das Pferd in der höheren Gangart auf die innere Schulter fällt (dass es »so unheimlich schräg« wird). Gleichzeitig wirkt dieser hohe Zügel auf den Maulwinkel des Pferdes, so dass es keine Gelegenheit hat, mit dem Unterkiefer gegen die Hand zu drücken und dadurch wieder sein Gewicht auf die innere Schulter zu bringen. Es wird merken, dass es im Schritt einfacher geht, und von selbst aufhören.

Die direkte Biegung wird besser nur im Schritt geritten. Für die höheren Gangarten und weiter fortgeschrittene Pferde verwendet man die Einwärtsstellung auf der Volte (siehe Seite 76).

Fehler bei direkter Biegung: Seitwärts ziehend ohne innen treibenden Schenkel. Das Pferd fällt auf die innere Schulter

▶ Direkte Biegung und Klassische Hackamore

Für die Gewöhnung des Pferdes an die ganz eigenartig wirkende, faszinierende Zäumung auf Klassischer Hackamore ist die direkte Biegung die erste Übung schlechthin.

Denn die Klassische Hackamore ist eine Zupf- und keine Ziehzäumung, die erstens durch leichte Anschläge gegen die Wangen des Pferdes und zweitens durch Bewegungen des Nasenteils auf den Nasenrücken des Pferdes wirkt. Dem soll das Pferd ausweichen. Während sich auch ein untrainiertes Pferd leicht mit der Trense seitwärts lenken lässt, ist ihm das Ausweichen (= Nachgeben) vor den leichten Anschlägen auf seiner äußeren Wange noch lange nicht verständlich. Andererseits ist das Pferd in dieser Region seines Kopfes besonders empfindsam, wodurch es sich bei richtiger Anwendung der Klassischen Hackamore (zupfend, nie ziehend!) auf ganz feine Einwirkungen abstimmen lässt. Das macht für mich die Faszination dieser Zäumung aus.

Das seitliche Nachgeben auf die Hackamore lernt das Pferd am leichtesten in der direkten Biegung – und in den Wendungen gegen den Zaun (siehe Seite 43).

Dabei kann der Reiter den Lernprozess des Pferdes noch durch Kraulen mit der freien äußeren Hand auf der Innenseite des Halses vor dem Widerrist unterstützen. Das haben die Pferde nämlich sehr gern und entspannen sich wohlig.

Auch alle weiteren biegenden Übungen werden in der Klassischen Hackamore zunächst immer mit ein paar Tritten in der direkten Biegung eingeleitet – bis das Pferd bereits auf das Anheben eines Zügels den Kopf in Richtung dieses Zügels stellt.

Für das Hackamore-Pferd folgen alle weiteren Übungen erst, wenn die direkte Biegung perfekt sitzt.

Noch ein Wort zum Abschluss der direkten Biegung:

Körperliches und geistiges Nachgeben

Geistiges Nachgeben ist für das Pferd mit körperlichem Nachgeben gleichbedeutend, da es sich unter Pferden mit Körpersprache verständigt. Das Gehen in der direkten Biegung entspricht einer Untergebenheitsgebärde gegenüber dem Ranghöheren. Denn das Darbieten des Genicks durch seitliches Abwenden des Kopfes signalisiert im Hengstkampf das Unterliegen, das Anerkennen der ranghöheren Position des Gegners.

Diese Gebärde ist mit dem Darbieten der Kehle im Wolfskampf vergleichbar. Es signalisiert dem Stärkeren nicht nur seinen Sieg, sondern auch den Gegner nicht weiter zu bekämpfen. Unter Pferden wird danach der Verlierer mit grimmiger Mimik und einigen Bissen von der Herde vertrieben. Aber das Pferd kennt keine Tötungsabsicht im Kampf. Der Verlierer soll nur verschwinden, danach ist der Kampf zu Ende.

Für den Reiter bedeutet dies: Man kann einem Boss-Pferd, also einem, das in jeder Herde sofort die Führung übernimmt, und deswegen auch die reiterliche Überlegenheit in Frage stellt, mit der direkten Biegung jederzeit seine Überlegenheit beweisen. Es bedeutet aber auch, dass er es auf keinen Fall weiter drangsalieren darf, wenn es durch Abwenden des Kopfes seine Untergebenheit gegenüber dem Reiter signalisiert, da er sonst das Verhaltensmuster des Pferdes nicht einhalten würde und um so schlimmere Abwehrreaktionen befürchten müsste.

Wer hier wütend überreagiert, erzieht unter Umständen einen Verbrecher.

Ich bin davon überzeugt, dass sich das uns kräftemäßig bei weitem überlegene Pferd nur deshalb von uns reiten lässt, weil es sich auf unsere Überlegenheit verlassen möchte.

In der Herde ordnet es sich gern unter, weil es sich damit auf die Wachsamkeit und Aggressivität des Boss-Pferdes gegenüber Pferdefressern verlassen kann. Boss-Pferde, sowohl Leithengste als auch Leitstuten, stehen dauernd unter Wachsamkeitsstress, weil sie für die ganze Herde verantwortlich sind, während der Rest geruhsam schlafen oder fressen kann. Und diesen Stress gibt das Pferd nur zu gern an einen Ranghöheren ab – es muss ihn aber zuvor davon überzeugt haben.

In der Beziehung Mensch – Pferd erwartet das Pferd die Übernahme der Boss-Position durch den Menschen. Es trägt ihn willig auf seinem Rücken überallhin, wenn es nur weiß, dass es sich auf seine Weitsicht, Wachsamkeit und Aggressivität gegenüber Pferdefressern verlassen kann.

Boss-Pferde werden diese Position des Menschen schon mal in Frage stellen, allerdings nur in der Absicht, dass der Mensch ihnen den Beweis für tatsächliche Überlegenheit liefert. Denn selbst diese Pferde fasziniert etwas am Menschen, sonst würden sie ihn wie einen unterlegenen Rivalen vertreiben. Und so stellen sie ihn auf die Probe, warten ab, wie er reagiert, und stellen daran fest, ob dieser Mensch sich als Boss eignet oder nicht.

Ihre Reaktion ist ganz einfach: Entweder sie unterziehen sich und signalisieren dies durch seitliches Abwenden des Kopfes – oder sie werfen ihn ab.

Deswegen sollte man es sich als Reiter vorher ganz genau überlegen, ob man sich mit solch einem Boss-Pferd einlässt oder nicht.

Übrigens löscht auch eine Kastration ein derartiges Verhalten nicht. Solche Wallache setzen sich auch in der Herde problemlos gegen jeden Hengst durch. Sie erwarten allerdings auch vom Menschen, dass er ihnen totale Überlegenheit zeigt – nicht nur körperlich, sondern vor allem geistig.

Dann sind sie jedoch im wahren Sinne des Wortes treu, weil sie sich fremden Menschen gegenüber nur dann gefügig zeigen, wenn diese noch »besser« sind als ihr eigener Mensch. Das bedeutet für den Menschen allerdings auch eine ungeheure Verantwortung für ein solches Pferd, die man sich als Reiter genau überlegen sollte, bevor man sich mit ihm einlässt.

Während die Masse der Herde andere Reiter ebenso akzeptiert, ist die Beziehung zu einem Boss-Pferd einem Eheversprechen gleichzusetzen.

Dies möchte ich allen Reitern nahe legen, die von einem »feurigen Hengst«, der ebenso ein Wallach sein kann, träumen. Solch ein Pferd kann man nur an ganz wenige Reiter weiterverkaufen, sei es, weil man selbst nicht mit ihm fertig wird oder weil äußere Umstände dazu zwingen.

Wendung gegen den Zaun, Teil I

Pferde mit schlechtem Gleichgewicht torkeln beim Versuch, sie in der direkten Biegung zu reiten, drohen zu fallen oder versuchen ihr Heil in der Flucht. Bei ihnen beginnt man mit Wendungen gegen den Zaun des Reitplatzes oder gegen die Bande der Reithalle.

Dabei ist der Effekt dieser Übung wieder einmal in erster Linie ein psychischer: das Pferd muss in die Richtung zurücklaufen, aus der es gerade »geflohen« ist. Es merkt, dass es sich zwar bewegen, aber nicht entkommen kann.

> ▶ **Deswegen ist es von großer Bedeutung, dass der Reiter rechtzeitig den Zügel lockert.**

Wenn er jedoch den Zügeldruck zu lange beibehält, gibt er dem Pferd einen abwehrenden Gedanken. Anstatt verblüfft festzustellen, dass der Reiter all seine Fluchtgedanken zunichte macht, konzentriert er das Pferd auf den lästigen Zügeldruck, der dringend bekämpft werden muss – und oftmals erneut einen Fluchtreflex auslöst.

▶ Wie sieht die Wendung gegen den Zaun aus?

Das in die Wenderichtung gestellte Pferd tritt mit den Vorderbeinen halbkreisförmig um die Hinterhand auf den Zaun zu und an ihm vorbei, so dass es in der entgegengesetzten Richtung weiterläuft.

Dabei wirken auf den Reiter enorme Fliehkräfte, die er in seinem Sitz berücksichtigen muss, wenn er nicht hinter der Bewegung des Pferdes hinterherschwanken will.

Während das noch so unerfahrene oder ungeschickte Pferd die Wendung gegen den Zaun bereitwillig ausführt, weil sie einen durchaus praktischen Nutzen für seine Freizeitgestaltung in der Weide darstellt, fallen dem Reiter die ersten Wendungen aufgrund der Fliehkraft außerordentlich schwer.

Mit außen herunterhängendem Gewicht (also auf der Bahnseite) und daraus resultierendem rückwärts ziehendem Zügel stört er das Pferd, so dass geduldige Kreaturen stattdessen eine Kehrtvolte laufen und andere energisch geradeaus stürmen, wenn ihr Reiter nach ein paar ungeschickten Versuchen auch nur an den äußeren Zügel fasst.

Unterschreiten der Fluchtdistanz

Wenn wir vom Pferd als Fluchttier sprechen, darf man sich darunter kein Wesen vorstellen, das vor allem und jedem panisch und hysterisch die totale Flucht ergreift.

Sicherlich flüchtet das Pferd vor Dingen, die ihm nicht geheuer sind, aber nur ein paar Meter, um Abstand zu gewinnen und sich dann umzuschauen, um festzustellen, was es da eigentlich so erschreckt hat. Deswegen rasen Pferde auch nicht blind geradeaus los, sondern schauen sich bereits im Laufen nach dem Grund des Schreckens um. Dann entscheiden sie, ob sie weiterlaufen, angreifen oder so tun sollen, als ob nichts gewesen wäre.

Pferde versuchen demnach Situationen, die ihnen nicht gefallen, durch geplante Flucht zu verlassen. Das entscheiden sie grundsätzlich nach dem Lustprinzip: Wozu sie keine Lust haben, versuchen sie durch Verduften zu vermeiden.

Unter dem Sattel sind davon vor allem Zustände mangelhaften Gleichgewichts und Schmerzen betroffen, denen die Pferde entfliehen wollen. Hier sind die Ursachen zu finden, die die Pferde unter dem Sattel schnell werden oder sogar durchgehen lassen.

Das kann sich im Pferd so weit festsetzen, dass es nur noch auf der Flucht ist, sobald der Reiter in den Sattel steigt.

Neben einer Ursachenforschung findet der Reiter in der direkten Biegung und in der Wendung gegen den Zaun zwei einfache Möglichkeiten, die Fluchtdistanz des Pferdes zu unterschreiten (»Fluchtdistanz« meint genau den Abstand, den das Pferd mit ein paar Galoppsprüngen einnimmt, um Abstand vor dem Schrecken zu bekommen).

Beides, die enge Wendung gegen den Zaun und das Bewegen des Pferdes auf einem kleinen Kreis, machen diese Form des Entziehens unmöglich. Die Wendung lässt das Pferd immer wieder dahin zurückkehren, wovor es eigentlich weglaufen wollte. Die direkte Biegung auf dem engen Kreis lässt es mit gebogenem Hals auf den Boden schauen, also das Gegenteil von dem tun, was es eigentlich wollte: mit hocherhobenem und gegen die Bewegungsrichtung gestelltem Hals Abstand gewinnen.

In beiden Übungen ist es vor allem das rechtzeitige Loslassen des Zügels, was die Pferde »zahm« macht, was sie ihren Fluchtgedanken vergessen lässt. Vergisst der Reiter dies, gibt er den Pferden einen erneuten Anlass zur Flucht, nämlich vor dem andauernden Schmerz des angezogenen Zügels. Weitere Aspekte der körperlichen Nachgiebigkeit finden sich auf Seite 40.

▶ »Kuh und Cowboy«-Spiel als Vorübung für den Reiter

Erinnern Sie sich noch an das Fangenspiel Ihrer Kindheit? Suchen Sie sich einen Menschen zum Mitmachen, am besten ein Kind! Das wird Ihnen schon zeigen, wie Sie sich bewegen sollen. Laufen Sie dabei oft auf gerader Strecke mit plötzlichem Richtungswechsel hin und her.

So wie Sie sich im Richtungswechsel bewegen, so sollen Sie in der Wendung gegen den Zaun auf dem Pferd sitzen. Sie können das Spiel auch »Kuh und Cowboy« nennen, dann eignet es sich besser für angehende Westernreiter.

Wendung gegen den Zaun: Kein Kontakt des inneren Schenkels (links). Der äußere Schenkel treibt das letzte Drittel der Wendung (rechts).

▶ **Technik**

Man sucht sich eine Stelle in der Bahn, an der der Weg des Pferdes im spitzen Winkel (ca. 45 Grad) auf den Zaun treffen könnte, z.B. nach einer Ecke oder an einem Zirkelpunkt. Die ersten Wendungen reitet man aus dem Stand oder aus dem Schritt. Ist man sicher geworden, kann man sie auch aus dem Trab und später auch aus dem Galopp reiten.

1. Der Reiter weist mit der »Zaunhand« vorwärts-seitwärts zum Zaun, so dass das Pferd den Zaun anschaut.
2. Er verlagert sein Gewicht in Zaunrichtung, indem er den »Zaun-Steigbügel« ordentlich austritt und sein »Zaunbein« dann wieder in die Senkrechte bringt. Er rückt seine »Zaunhüfte« im Sattel nach vorn, zieht seine »Bahnschulter« rückwärts abwärts und macht sich im Sattel klein (dann schwankt der Oberkörper in der Wendung kaum noch).
3. Wenn das Pferd die Wendung beginnt, führt er es mit dem »Bahn-

zügel« herum und treibt es gegebenenfalls mit dem zurückgelegten »Bahnschenkel« an. Dabei achtet er darauf, dass der »Zaunschenkel« sich nicht vorne wegstreckt, sondern die senkrechte Verbindung zum Erdmittelpunkt aufrechterhält.

Sobald das Pferd mit der Nase am Zaun vorbei ist, lässt man die Zügel locker, so dass es frei aus der Wendung herauslaufen kann.

Ebenso wie in der direkten Biegung funktioniert diese Übung nur durch das rechtzeitige Loslassen des Zügels und die dadurch entstehende Nullwirkung.

Dann bringt diese Übung das Pferd in jeder Wendung auf die Hinterhand; es lernt, seine Hinterbeine unter den Körperschwerpunkt zu setzen und seine Bewegungen auszubalancieren – wenn der Reiter richtig sitzt...

Der »praktische Nährwert« dieser Übung für das Pferd wird auf Seite 83 dargestellt.

Wendung gegen den Zaun für Fortgeschrittene – Teil II

Nachdem Reiter und Pferd sich mit der Wendung gegen den Zaun vertraut gemacht haben, geht es jetzt mehr ins Detail:

Sicherlich hat das Pferd die Wendung gegen den Zaun so gut akzeptiert, dass es bereits loswendet, wenn der Reiter seine Nase zum Zaun weist. Das hat es dem Reiter nicht leichter gemacht, in der Wendung sein Gleichgewicht zu halten. Jetzt soll es lernen, auf seinen Reiter zu warten. Das verbinden wir gleich mit folgender Übung:

▶ Übung: Volten und Wendungen gegen den Zaun in Kombination

Man beginnt mit Volten in der direkten Biegung, die an einem Punkt den Zaun treffen. Hier wird das Pferd im spitzen Winkel von ca.45-Grad mit der Nase zum Zaun angehalten. Anhalten wie gewohnt: tiefes Einsitzen, »Whoa« sagen und eventuell ein bisschen Zügelunterstützung. Dann folgt eine Wendung

gegen den Zaun, wobei das Pferd in die Wende-Richtung schaut. Weiter geht´s auf der Volte, direkt gebogen, bis wieder die Pferdenase im 45 Grad Winkel zum Zaun ist. In dieser Position wird das Pferd erneut angehalten, um danach gegen den Zaun zu wenden.

An dieser Stelle kommt das Warten ins Spiel: Das Pferd lernt die Einwärtsstellung im Stand kennen, von der später noch im Gange die Rede sein wird.

1. Dazu führt der Reiter seine »Zaunhand« am Hals des Pferdes entlang weich rückwärts, so dass sie etwas unterhalb des Widerristes zu liegen kommt. Damit das Pferd nicht gleich loswendet, legt er den »Zaunschenkel« am Gurt an den Pferdeleib. So können Reiter und Pferd in Ruhe erstmal den Zaun betrachten. (Für Pferde, die dabei nicht stillstehen können, folgt am Ende dieser Übung eine zum Vorschalten. Betroffene Reiter werden also gebeten, unten weiterzulesen.)

2. Die Wendung wird dadurch eingeleitet, dass der Reiter sein Gewicht in die Wenderichtung rückt, die »Zaunhand« ein wenig vorwärts-seitwärts führt und gleichzeitig die »Zaunwade« vom Pferd wegdreht.

3. Der »Bahnzügel« wird an den Pferdehals gelegt und gegebenenfalls treibt der »Bahnschenkel«.

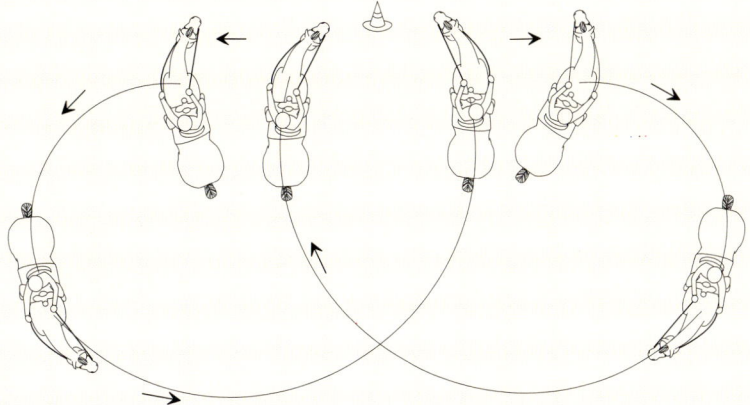

Volten und Wendungen gegen den Zaun

Anhalten mit nur
einem Zügel

das Pferd. Das energischere Treiben lässt das Pferd mehr vorwärts gehen. Deswegen hat in den vorangegangenen Wendungen der »Bahnschenkel« auch immer nur so viel getrieben wie es der Reiter für notwendig hielt, um die Wendung überhaupt in Bewegung halten zu können. Hier kann das Pferd durchaus fleißiger werden. Der Reiter wird sich entsprechend überlegen, ob er sein Pferd zu diesem Zeitpunkt schon flotter machen möchte. Ansonsten wird er diese Variante der Wendung gegen den Zaun noch etwas zurückstellen.

Damit wir uns richtig verstehen: Es kann durchaus vorkommen, dass einige Pferde bei den Tritten über die Schulter nicht parallel zum Zaun, sondern eher im Innern der Bahn herauskommen. Das spricht für die Beweglichkeit der Vorhand und sollte den Reiter erfreuen. Hier kommt die Übung für die Pferde, die nicht warten können:

Mit dem Loslassen der Zügel ist die Wendung fertig, und man geht auf die Volte – unterwegs zur nächsten Wendung.

Man kann allerdings im letzten Drittel der Wendung das Pferd dazu auffordern, **erste Tritte über die Schulter** zu machen. Wir arbeiten ab hier besser wieder mit »rechts« und »links« – und einigen uns auf eine Rechtswendung: Dann ist die »Zaunseite« rechts und die »Bahnseite » links. Die Wendung beginnt wie gerade besprochen. Ab hier geht es um das letzte Drittel:

Für ein paar Tritte über die Schulter wird man den linken Zügel am Hals (»Bahnzügel«) und den leicht zurückgelegten linken Schenkel (»Bahnschenkel«) etwas energischer einsetzen. Dazu rutscht der linke Schenkel in die Gurtlage und beide Hände führen das Pferd weiter nach rechts in die Wenderichtung, wobei der rechte Schenkel (»Zaunschenkel«) leicht zurückgenommen wird, um das Reitergewicht besser abstützen zu können. Der linke Schenkel treibt, und der linke Zügel wird am Hals entlang etwas deutlicher eingesetzt. Dadurch wechselt das Pferd die Blickrichtung: Hat es vorher in der Rechtswendung nach rechts geschaut, blickt es jetzt nach links, während seine Vorderbeine weiter nach rechts treten. Das sind nur zwei, drei Tritte, dann lässt man den Zügel locker und lobt

▶ Das Anhalten mit nur einem Zügel

Mitten in der Reitbahn, wo viel Raum ist, nimmt der Reiter einen von beiden Zügeln so weit auf, dass das Pferd zur Seite schauen muss und den Zügel lästig findet. Dabei achtet man darauf, dass der andere Zügel wirkungslos durchhängt. Dann fixiert er seine Zügelhand am Sattel und wartet.

Kann das Pferd noch geradeaus laufen, ist der Zügel zu lang, dreht es sich wie eine Flasche um die eigene Achse (und droht mit Umfallen), ist er zu kurz. Je nach Temperamentslage des Pferdes wird es eine kürzere oder längere Zeit im Kreis laufen. Mit ausgedrehten Waden und am Sattel festgehaltenem Zügel wartet der Reiter, bis das Pferd stillsteht. Dann lässt er augenblicklich los. Läuft das Pferd wieder los, wiederholt er den Vorgang mit unerschütterlicher Ruhe und Geduld, bis das Pferd herausgefunden hat, dass es bequemer ist stillzustehen. Damit dürfte es sich von selbst verstehen, dass man diese

Übung erst ansetzt, wenn das Pferd seinen ersten Bewegungsdrang unter dem Sattel ausgelebt hat.

Diese Übung lehrt das Pferd, auf seinen Reiter zu warten. Sie bietet sich auch für Pferde an, die gelernt haben, auf beidseitigen Zügelzug mit heftigem Zerren oder Kopfschlagen zu reagieren. Andererseits sollte man solchen Pferden vielleicht ein anders geformtes Snaffle anbieten oder es übergangsweise mit einem Sidepull versuchen.

Gehen über die äußere Schulter – das Gegenteil der direkten Biegung

Warum geht das Pferd in der Bahn nicht immer an der Wand lang, sondern »kürzt ab«? Warum ist das Pferd draußen im Gelände nicht dazu zu bewegen, auf dem Grasstreifen neben der asphaltierten Straße zu laufen? Warum geht das Pferd manchmal nicht in die Richtung, in die der Reiter es lenkt?

Es kürzt die Reitbahn ab, weil es vielleicht denkt, dann mit der Arbeit schneller fertig zu sein. Es will nicht auf den Grasstreifen, weil der Asphalt überschaubarer ist. Es geht nicht dahin, wohin der Reiter will, weil es eigensinnig ist.

Alles richtig und dennoch falsch. Sicherlich liegen dem Unwillen des Pferdes solche oder ähnliche Stimmungen zugrunde. Aber es handelt nicht nach dem Willen seines Reiters, weil der nicht genügend Kontrolle über den Körper des Pferdes hat.

Die Körperbewegungen des Pferdes sind aber seine Sprache, d.h. dass der Reiter nicht die richtige Antwort auf eine körpersprachliche Frage weiß. Sie heißt in diesem Fall wieder einmal:

»Darf ich das?« und sie drückt sich in immer derselben Körperbewegung aus: der Belastung der inneren Schulter. Bleiben wir beim anschaulichen Gelände-Beispiel, in dem das Pferd nicht auf dem weichen Grasstreifen rechts neben der Straße laufen will.

Der Reiter, der es nicht besser weiß, versucht, sein Pferd durch Ziehen am rechten Zügel auf den Grasstreifen zu kriegen. Resultat: das Pferd biegt den Kopf nach rechts, schaut auf den Grasstreifen und läuft weiter auf dem Asphalt. Das kann den armen Reiter ganz schön in Schwierigkeiten bringen, wenn in dem Moment auch noch ein Auto angerauscht kommt.

Konsequente Pferde erwarten auf ihre körpersprachliche Frage: »Darf ich das?«, nämlich Belasten der inneren Schulter, eine körpersprachliche Antwort, die »nein« sagt, d.h. sie veranlasst, ihr Gewicht auf die äußere Schulter zu verlagern.

Wo ist innen, wo ist außen? Innen ist die Fahrbahn, außen ist der Grasstreifen. Da sich das Pferd ohne Reiter immer über die äußere Schulter bewegt, erwartet es von seinem Reiter an dieser Stelle eine Aufforderung dazu. Mit der direkten Biegung ist das Pferd nicht auf den Grastreifen zu bewegen, es antwortet mit einer Biegung des Körpers. Man muss also genau das Gegenteil tun.

Das Pferd schaut auf den Grasstreifen und läuft weiter auf den Asphalt

Wie bewegt sich das Pferd ohne Reiter?

Am liebsten nur von Grasbüschel zu Grasbüschel, im lässigen Schritt zur Wasserstelle oder im vollen Galopp in den Stall, weil dort Hafer zu erwarten ist. Aber je nach Temperament und Gemütslage laufen Pferde auch nur um des Laufens willen, als Ausdruck reiner Lebensfreude. Und dann laufen sie immer über die äußere Schulter, d.h. sie laufen im Rechtsgalopp und schauen nach links oder umgekehrt. Die Augen des Pferdes sind im Gegensatz zum Menschen und zum Raubtier (Tiger, Wolf) seitlich am Kopf, was ihm eine eher panoramaartige Sicht ermöglicht. Dreht es den Kopf zur Seite, kann es im Laufen sowohl vorwärts als auch rückwärts schauen. Dabei behindert die Muskulatur des Halses die freie Vorwärtsbewegung, daher geht es im Linksgalopp und schaut gleichzeitig nach rechts. So ist die linke Schulter frei zum weiten Vorgreifen, und das Pferd kann sich trotzdem ohne Behinderung nach hinten umschauen, indem es den Hals nach rechts biegt – oder umgekehrt.

Die Basisübung »**Gehen über die äußere Schulter**« fällt dem Pferd also sehr leicht, da sie seinem natürlichen Bewegungsablauf entspricht. Sie fällt auch allen Pferden sehr leicht, die dieses Manöver bereits in ihrer Grundausbildung in den allerersten Tagen als selbstverständlichen Bestandteil erfahren haben.

Alle anderen Pferde – und darunter fallen sämtliche sog. Umsteiger – weigern sich anfangs heftig, weil sie sofort erkennen, dass sie mit der Nachgiebigkeit über die äußere Schulter das wichtigste Mittel des Widerstandes gegen ihren Reiter aufgeben sollen. Denn sie haben in ihrer Karriere als Reitpferd immer wieder festgestellt, dass es ganz einfach ist, den Reiter auszuschalten, indem sie ihr Gewicht auf die innere Schulter legen und damit genau in die andere als die gewünschte Richtung gehen. Verzweifelte Reiter und stur auf dem Gebiss liegende, um die Mitte drehende Pferde, die in engen Situationen kaum zu kontrollieren sind – das

Gamaschen und Hufglocken

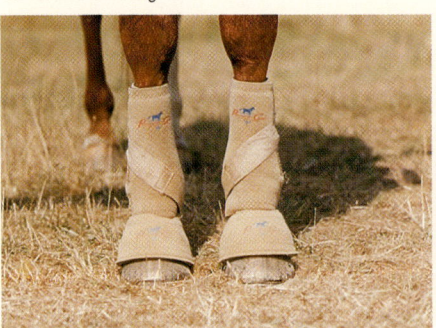

Combination Boots

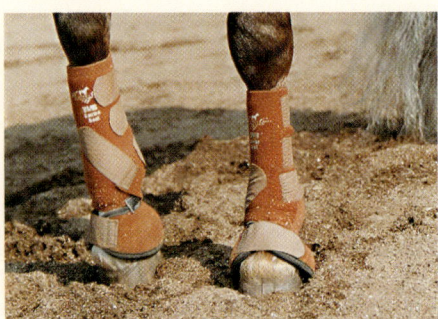

Ergebnis eines Ausbildungsfehlers –, auf jeder öffentlichen Reitveranstaltung beliebig oft zu beobachten!

Da sich »alle anderen Pferde« beim Gehen über die Schulter nicht gerade geschickt anstellen und sich unter Umständen selbst auf die Füße treten, rüstet man vorsorglich alle Pferde von jetzt an mit Gamaschen und Hufglocken oder so genannten Combination Boots aus. Denn Pferde werden dadurch nicht vorsichtiger, dass sie sich selbst verletzen. Sie denken hier eher wie kleine Kinder: »Schadet meinem Vater gar nichts, wenn ich mir die Finger erfriere! Soll er mir doch Handschuhe kaufen!« Sie bekommen höchstens Angst vor Bewegungsabläufen, in denen sie Gefahr laufen, sich selbst zu verletzen. Deswegen rüstet sie der verantwortungsvolle Reiter für alle Manöver, in denen sie sich selbst treten können, schützend aus. Damit sind alle Übungen gemeint, in denen das Pferd einen Vorderhuf vor den anderen oder sogar über den anderen setzen soll.

Die texanische Reitweise biegt ihre Pferde überhaupt nicht, sondern reitet sie nur über die Schulter und hält ihre Pferde dabei in jeder Situation spielend leicht unter Kontrolle.

Darauf folgt, dass die gelände- und freizeitbezogene Westernreiterei auch ohne Biegung des Pferdes auskommen kann, vorausgesetzt die Pferde gehen über die äußere Schulter!

Gehen über die Schulter von der Seite

Gehen über die Schulter von vorne

▶ Wie sieht das aus – »Gehen über die äußere Schulter«?

Vereinfacht könnte man sagen: Das Pferd schaut in die eine Richtung und geht in die andere.

Das Pferd läuft auf einer Diagonalen von links nach rechts und ist dabei rechts gestellt (es schaut nach rechts, so viel, dass der Reiter das rechte Pferdeauge sehen kann) und geht über die linke Schulter nach links. Dabei tritt das linke Vorderbein vorwärts-seitwärts, während die Hinterhand geradeaus hinterherläuft. Auf der Diagonalen von rechts nach links schaut es nach links und geht nach rechts. Wenn der Reiter in dieser Bewegung auf den Körper des Pferdes schaut, sieht er, dass das äußere Buggelenk des Pferdes hervorsteht, und dass sich das Pferd in Richtung dieses Buggelenkes bewegt. Es läuft also nicht mehr seiner Nase, sondern seinem Buggelenk nach. Das wird ab jetzt hier »Gehen über die Schulter« genannt.

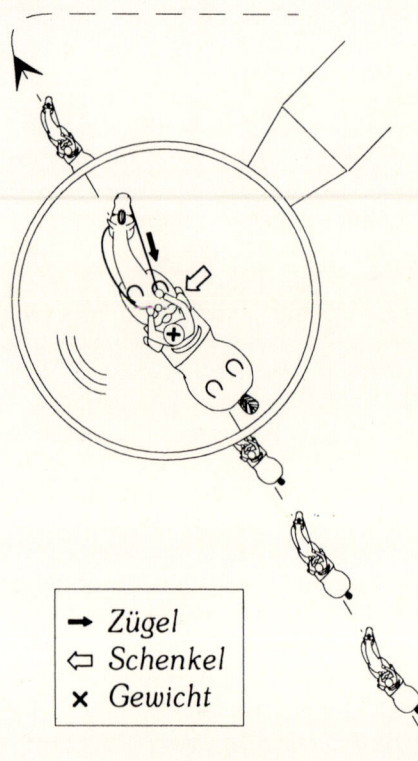

Gehen über die
äußere Schulter
von oben

→	Zügel
⇦	Schenkel
✗	Gewicht

Schenkelweichen

Dieses Manöver ist nicht mit dem »Schenkelweichen« der deutschen Reiterei zu verwechseln, welches in der Westernreitweise »Two Track« heißt. Beim Schenkelweichen/Two Track überkreuzen Vorder- und Hinterbeine. Beim Gehen über die äußere Schulter überkreuzen eventuell die Vorderbeine.

▶ **Was muss der Reiter tun, damit sein Pferd über die äußere Schulter geht?**

Das Pferd soll auf der Diagonalen von links nach rechts über die linke Schulter gehen. Dazu belastet der Reiter die linke Seite des Pferdes, indem er sich auf den linken Sitzbeinknochen verlagert, dazu in der rechten Hüfte einknickt, den rechten Schenkel an den Gurt und den linken etwas zurücklegt. So sitzt er richtig »krumm«. Das rechte Bein nach vorn zu nehmen, bereitet anfangs ziemliche Schwierigkeiten: Manche ziehen das Knie hoch, so dass die Fußspitze auf einmal nach unten zeigt, andere strecken den Unter-

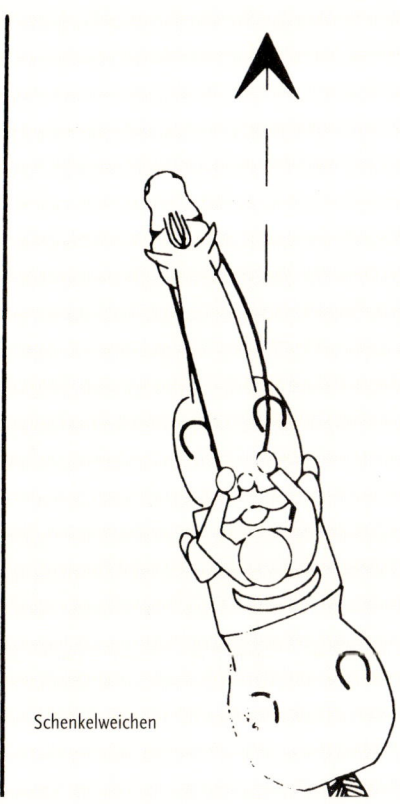

Schenkelweichen

man sich in der gleichen Position, die man zu Fuß einnimmt, in den Sattel setzen.

Dazu zieht der Reiter weich am rechten Zügel, am Pferdehals entlang auf den Bauchnabel zu. Niemals über den Pferdehals!

Der linke entfernt sich vorwärts-seitwärts in Bewegungsrichtung vom Pferdehals.

Möchte er auch noch treiben, geschieht dies immer mit dem inneren Schenkel (hier der rechte) direkt am Gurt.

Entwickelt wird das Gehen über die äußere Schulter immer aus dem Gang.

Die folgende Übung bietet sich bereits für ganz junge Pferde an, da sie wenige Tritte über die Schulter mit direkter Biegung kombiniert.

Man beginnt mit Volten in der direkten Biegung, die man so positioniert, dass sie immer wieder einen Punkt am Zaun berühren. Kreis und Tangente = Volte und Zaun... Geometrie für Reiter! Sind die Volten schön rund und treffen sie immer den gleichen Punkt am Zaun,

Pferd an der Bande, den äußeren Vorderfuß weit raussetzend

schenkel vor, so dass das Knie steif wird. Beides ist falsch und behindert einen lockeren, ausbalancierten Sitz. Deutlicher wird es, wenn man sich schräg in den Sattel setzt: den rechten Beckenknochen vorne, den linken hinten. Mit seinem gesamten Körper gibt der Reiter so dem Pferd zu verstehen, wohin es gehen soll (siehe Abbildung Seite 49).

Noch unklar? Da hilft nur eines zu Fuß selbst ausprobieren:

Links ist das Standbein, rechts das Spielbein. Das rechte Bein vorwärts vor das linke setzen und so eine Diagonale laufen, beispielsweise das deutsche Reitkommando »Durch die ganze Bahn wechseln«. Und dann auf dieser Diagonalen einen Kreis laufen, indem das rechte Bein vor das linke tritt.

Aha! Daraus wird nur ein Kreis, wenn auch das linke Bein nach links tritt! Und das ist hier die entscheidende Bewegung! Damit das Pferd genauso geht, muss

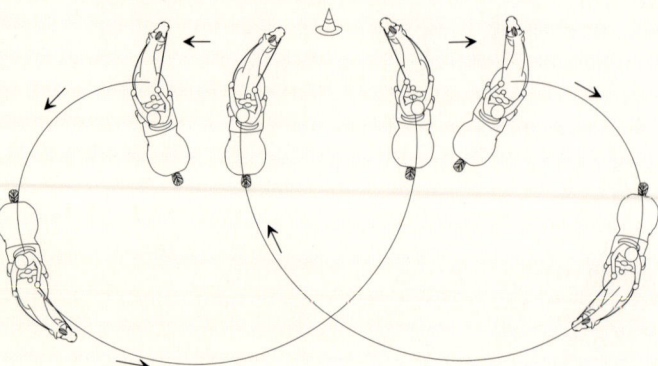

Direkte Biegung und Gehen über die äußere Schulter in Kombination

geht man dort für ein, zwei Tritte über die äußere Schulter in die andere Richtung, um danach in Volten auf der anderen Hand bei direkter Biegung herauszukommen. Sind auch die schön rund und treffen den Punkt am Zaun, geht es dort immer wieder für ein, zwei Tritte über die äußere Schulter, um in einer Volte auf der anderen Hand weiterzugehen.

Das Ganze nochmal mit rechts und links: Beginnend auf der Linksvolte geht man an der Wand ein, zwei Tritte über die äußere (hier rechte) Schulter nach rechts, stellt das Pferd nach rechts, reitet in der Rechtsvolte bis zur Wand und geht dort ein, zwei Tritte rechtsgestellt über die linke Schulter nach links, stellt das Pferd nach links usw. Das wird also eine Acht, die jeweils vor der Wand ein, zwei Tritte über die Schulter geht.

Das ist für das Pferd sehr einfach, weil ihm die Wand hilft. Dagegen bekommt der Reiter jetzt eine ganze Menge zu tun, wenn er erreichen will, dass seine Volten schön rund und gut gebogen sind und das Pferd beim Gehen über die äußere Schulter große, weite Tritte mit dem äußeren Vorderbein zeigt. Das soll es nämlich in dieser Übung lernen: einen oder zwei große Tritte mit dem äußeren Vorderbein beim Gehen über die Schulter zu machen. Hier soll mit dem inneren Schenkel das Ausgreifen des äußeren Vorderbeines gefördert

werden – eine wichtige Vorübung für den Spin. Denn dort braucht das Pferd die Schulterfreiheit im äußeren Vorderbein, um gut übertreten zu können. Hier wird also der innere Schenkel immer dann treiben, wenn das äußere Vorderbein vorschwingt. Da das innere Vorderbein beim Auffußen die Körperlast stützt, kann es nicht angetrieben werden, da man ja kein Bein antreiben kann, das sich auf der Erde befindet (Standbein – Spielbein). Aber das gleichzeitig vorfußende äußere Vorderbein wird durch den inneren Schenkel förmlich herausgetrieben. In der direkten Biegung der Volte unterstützt der Reiter dies durch einen rhythmisch vorwärtsseitwärts weisenden Zügel.

Anschaulicher kann man auch sagen, dass die innere Hand des Reiters neben das innere Ohr des Pferdes zeigt – und zwar immer dann, wenn der innere Schenkel treibt. Das biegt das Pferd kolossal!

Die rhythmische Einwirkung im Schritttakt des Pferdes wird auch beim Gehen über die Schulter vor der Wand fortgesetzt, nur dass hier die innere Hand an den Hals geht und der Reiter etwas mehr nach außen sitzt. Die äußere Hand kann dabei unterstützend mitmachen, indem sie auch nach außen weist. Das gewährleistet, dass sie den Zügel bereits in der Hand hat, um das Pferd nach den ein, zwei Tritten über die Schulter zu übernehmen, um es am inneren Ohr vorbeizeigend in die neue Richtung umzustellen. Dann erst wechselt der treibende Schenkel.

Man kann also sagen, dass das Pferd immer nur auf der inneren Seite angetrieben wird. **Denn innen ist ja immer da, wo das Pferd hinschaut.** So lernt das Pferd, dem inneren Schenkel biegend auszuweichen, sowohl in der direkten Biegung auf der Volte als auch bei den ein, zwei Tritten über die äußere Schulter.

Nun haben die Pferde bereits nach wenigen Achten herausgefunden, wie diese Übung abläuft, und werden entsprechend versuchen, nach der dehnbareren Seite über die Schulter auszuweichen, während sie es in der anderen Richtung zu vermeiden suchen, überhaupt über die Schulter zu gehen. Das ist ganz normal. Deswegen wird der Reiter sehr darauf achten, immer im gleichen Winkel (etwa 45 Grad) vor die Wand zu kommen und gleichzeitig sein Pferd beobachten, um festzustellen, über welche Schulter es lieber weicht. Bei ganz jungen Pferden kann es durchaus sein, dass dies von einem zum anderen Tag verschieden ist. Das

sollte den Reiter freuen, denn es zeigt ihm, dass sich sein junges Pferd noch zu beiden Seiten entwickelt, dass es sich noch nicht endgültig für eine starke und eine schwache Seite entschieden hat. Je älter das Pferd ist, je mehr Erfahrung es unter dem Sattel hat, desto hartnäckiger wird es versuchen, sich in Richtung seiner starken Seite zu biegen. Und desto mehr wird sein Reiter Wert darauf legen, beide Seiten gleich stark zu machen.

Als nächstes kann der Reiter jetzt auch das Gehen über die Schulter auf einer Acht mit zwei Diagonalen – gern um zwei Pylonen – üben. Dies Grundmuster wird später beim Kruppeherein und im Spin-Training wieder auftauchen. Geht das Pferd im Schritt diagonal über die äußere Schulter durch die Bahn, kann der Reiter ohne Änderung der Bewegungsrichtung und des Sitzes auch eine Kreislinie in Außenstellung erreichen. Dazu begrenzt er die Vorwärtsbewegung mit dem am Hals anliegenden Zügel, und das Pferd tritt in Außenstellung mehr um sich herum als es vorwärtsgeht. Das kann bis in eine Wendung um die Hinterhand in Außen-

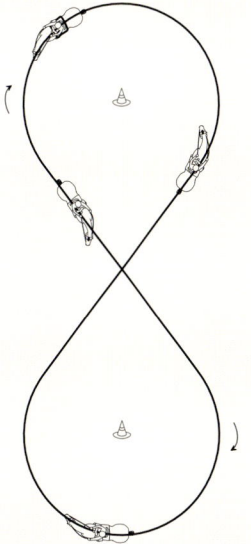
Direkte Biegung und Gehen über die Schulter auf der Acht

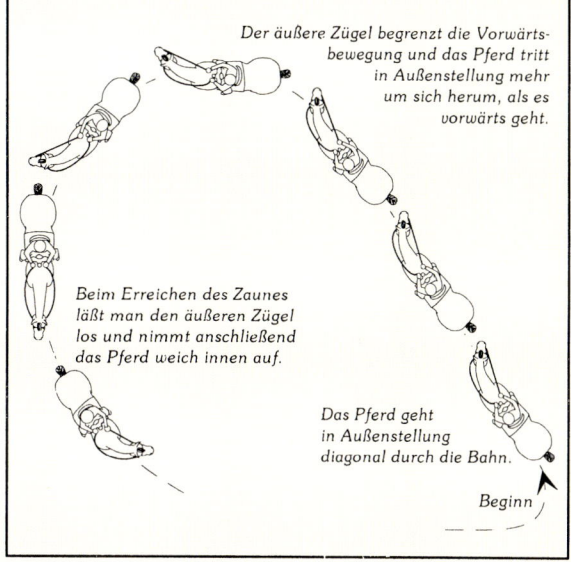
Entwicklung einer Zirkellinie mit auswärts gestelltem Pferd

Der äußere Zügel begrenzt die Vorwärtsbewegung und das Pferd tritt in Außenstellung mehr um sich herum, als es vorwärts geht.

Beim Erreichen des Zaunes läßt man den äußeren Zügel los und nimmt anschließend das Pferd weich innen auf.

Das Pferd geht in Außenstellung diagonal durch die Bahn.

Beginn

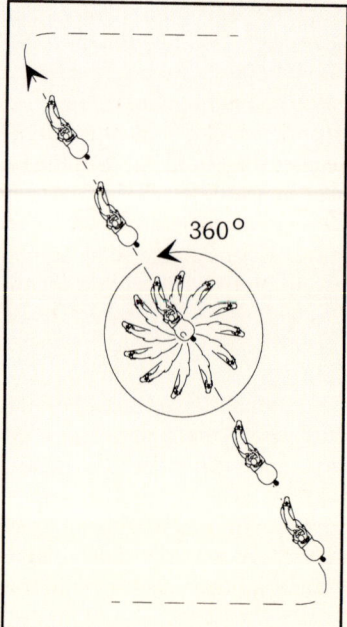

360°

Entwicklung einer Hinterhandwendung mit auswärts gestelltem Pferd

▶ **Warum steht diese Übung nicht am Anfang dieses Buches?**

Dort hätte kein umsteigender Reiter ihren Sinn so recht begriffen, da sich bislang anders gerittene Pferde – wie bereits erwähnt – anfangs heftig wehren können. Der Reiter hätte nach dem ersten Frust diese Lektüre in die Ecke geworfen, niemandem weiterempfohlen und nichts würde sich ändern. Westernreiten erfordert jedoch auch ein Umdenken des Reiters, und das lässt sich nur langsam vollziehen.

Tatsache ist jedenfalls, dass der ausschließliche Draußenreiter mit dem Reiten über die äußere Schulter völlig auskommt, um sein Pferd zu lenken – auch im Galopp um Ecken. Erfahrene Jagdreiter wissen, dass man enge Kurven im Galopp besser in Außenstellung bewältigen kann, um einen Sturz des Pferdes zu verhindern.

Anschauliches Beispiel für das Reiten in Außenstellung ist die texanische Reitweise. Hier läuft das Pferd ungebogen über die jeweils äußere Schulter: Es schaut in die eine Richtung und läuft in die andere.

Sämtliche biegenden Übungen weisen in Richtung Weiterbildung: Bahnarbeit, Dressur, Turnier ... sind aber auch eine Art Krankengymnastik für steife und verspannte Pferde.

stellung fortgesetzt werden. Bei allen Bewegungen über die äußere Schulter lässt der Reiter den Zügel los, sobald das Pferd folgt. Ziel ist es dabei, dass das Pferd nur durch Verlagern des Gewichtes völlig ohne Zügeleinwirkung über die äußere Schulter geht.

Es macht großen Spaß, ein Pferd nur durch Vorschieben der inneren Hüfte bei auf dem Hals liegenden Zügel oder sogar ohne Kopfstück im Galopp durch die Reitbahn zu lenken.

Nimmt man den äußeren Schenkel vor, weicht das Pferd von der Bande auf eine Zirkellinie ab, nimmt man den inneren Schenkel vor, geht es nach außen an die Bande usw.

Schon nach den ersten Übungen im Schritt wird der Reiter im Gelände verblüfft feststellen, dass er sein Pferd ohne Probleme vom Asphalt auf den rechten Grasstreifen bewegen kann, indem er den linken Zügel an den Hals legt, sein Gewicht nach rechts verlagert und das linke Bein an den Gurt nimmt. Mit dem Beherrschen des Reitens über die äußere Schulter ist der Geländereiter in der Lage, sein Pferd in jeder Situation dahin zu lenken, wohin er reiten möchte.

Innerer Schenkel am Gurt

Kreisrunde Zirkel am durchhängenden Zügel – Reiten ohne Kopfstück

Wenn ein Pferd auf der gebogenen Linie des Zirkels in der Lage ist, ohne Zügeleinwirkung den Zirkel zu halten, weiß der Reiter, dass er zum Lenken die Zügel nicht mehr benutzen muss. Wenn er möchte, kann er sogar das Kopfstück abnehmen, und das Pferd geht dennoch willig und folgsam, wohin der Reiter will. Angesichts der herrschenden Rechtslage sollte der Reiter diese Übung auf die Reitbahn beschränken und sein Pferd im Gelände grundsätzlich mit Kopfstück reiten. Mit manchen Haftpflichtversicherungen muss sogar ein Reiten auf gebissloser Zäumung gesondert abgesprochen werden. Es hilft, wenn man sich den Zirkel als Schienen vorstellt, auf denen das Pferd wie eine Lok mit Tender immer im Kreis fährt. Die Lok ist die Vorhand, der Tender die Hinterhand. (Siehe dazu auch im Anhang »Wie man treibt«) Wenn die Zügelhilfe als Lenkeinrichtung wegfällt, verbleiben dem Reiter noch Gewicht und Schenkel, um sein Pferd zu steuern.

Man beginnt diese Übung im Schritt auf dem Zirkel und legt die innere Hand mit beiden Zügeln auf den Pferdehals, so dass ein Hautkontakt entsteht. Dort bleibt die Hand so lange liegen, bis das Pferd die Zirkellinie verlassen will. Dieser Hautkontakt hilft dem Reiter, sich darüber bewusst zu werden, dass er seinen Zügel zum Lenken wirklich nicht benutzt. Denn das Pferd verarbeitet auch die leisesten Signale, die ihm durch ein Anheben oder seitliches Bewegen der Zügelhand vermittelt werden. In dieser Übung geht es jedoch darum, zu erreichen, dass die Zügelhand als Lenkhilfe völlig ausgeschlossen wird.

Erst wenn dieses Ziel erreicht ist, weiß der Reiter, dass sein Pferd wirklich zügelunabhängig arbeitet, und dass er den Zügel von jetzt ab nur noch zum biegenden oder stellenden Einsatz benötigt.

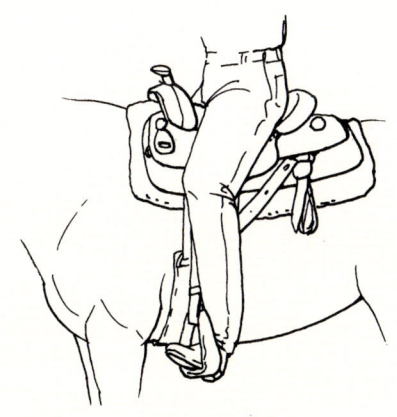

Position des Schenkels direkt hinter dem Gurt (= am Gurt)

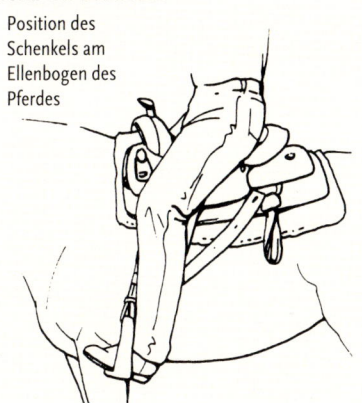

Position des Schenkels am Ellenbogen des Pferdes

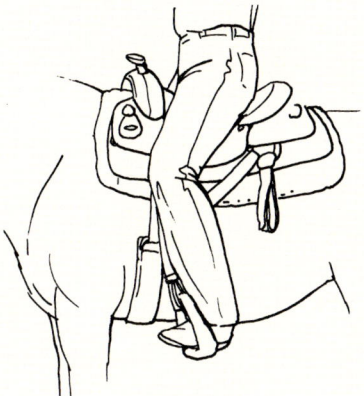

Position des Schenkels zwei Handbreit hinter dem Gurt

Gewicht nach links verlagert

ruhig auf die Schulter des Pferdes herunterschauen. Wenn man allerdings die äußere Schulter in der Vorwärtsbewegung beobachtet – das ist derselbe Bewegungsmoment – sitzt man außerdem korrekt mit dem Gewicht innen! Ignoriert das Pferd den treibenden Einsatz der Wade, darf man es auch mal mit dem Steigbügel am Ellenbogen stupsen. Bewegt man seine Beine ganz locker, folgt das Körpergewicht ohne weiteres Zutun in der richtigen Richtung: Stupst man das Pferd am äußeren Ellenbogen, verlagert sich das Gewicht des aufrecht gehaltenen Reiteroberkörpers automatisch nach innen. Das Pferd wird veranlasst, unter das Gewicht seines Reiters zu treten. Das kann man auch zu Fuß üben: ein Bein vorschwingen lassen – automatisch befindet sich das Körpergewicht auf der entgegengesetzten Seite.

▶ Wie soll der Reiter auf gebogenen Linien sitzen?

So, dass das Pferd ihn balancieren kann. Das klingt so einfach, aber wieder einmal sträuben sich die instinktiven Bewegungsabläufe des Reiters dagegen – genauso, wie er zum Halten und Rückwärtsgehen immer die Hände zurückziehen möchte.

Instinktiv legt sich der Reiter in die Kurve: Wenn er nach links reiten möchte, lässt er die linke Schulter sinken und nimmt sie zurück. Das kann jetzt jeder beim Lesen im Sessel schon mal ausprobieren. Leider wird die Sache dabei noch verhexter: Je nachdem, wie und wieviel man sich dergestalt in die Kurve legt, belastet man entweder den rechten oder den linken Sitzbeinknochen.

Auf dem Pferd bewirkt jedoch beides, dass es nach rechts ausweicht; es geht auf jeden Fall nicht in die gewünschte Richtung.

Also wird weiter auf dem Stuhl probiert: Man kann sein Gewicht nämlich auch nach links verlagern, indem man die rechte Schulter nach hinten unten dreht. Dadurch wird der innere Sitz-

Der Zügel und die Reiterhand sind auf dem Mähnenkamm fixiert. Der Reiter begrenzt den Versuch des Pferdes, die Zirkellinie zu verlassen mit seinen Beinen, indem er das Pferd mit der Wade in Gurtlage anstupst, wenn es versucht, von der gedachten Zirkellinie abzuweichen. Er stupst es mit der inneren Wade, wenn es versucht, nach innen abzuweichen, und er stupst es mit der äußeren, wenn es versucht, nach außen abzuweichen. Idealerweise trifft man das Pferd jeweils dann am Rippenbogen, wenn sich die innere Schulter zurückbewegt. Dazu darf man beinknochen belastet – und der Oberkörper bleibt aufrecht!!!

Was das für die Balance des Pferdes bedeutet, kann man selbst erfahren, wenn man ein Kind auf den Schultern trägt (und »Hoppe, hoppe Reiter« spielt). Oder wenn man eine Weinflasche auf einem Tablett transportiert (sie ist vergleichsweise hoch und schlank und steht auf verhältnismäßig kleiner Fläche). Die Weinflasche auf dem Tablett ist ein labiles Gewicht. Gerät sie ins Schwanken, fällt sie bestimmt um. Noch deutlicher wird dies physikalische Phänomen, wenn man eine Reitgerte mit dem Griff nach unten auf der flachen Hand balancieren will. Die Reitgerte ist noch höher als die Weinflasche und steht auf noch kleinerer Fläche.

Fasst man die Gerte mit den Fingern am Knauf und lässt sie herunterhängen, ist sie ein stabiles Gewicht; sie fällt nur um, wenn man selbst umfällt. Versetzt man sie in Schwingung, pendelt sie sich immer wieder senkrecht zum Erdmittelpunkt aus.

Der Reiter auf dem Pferd ist beides: labil und stabil. Labil ist der Oberkörper bis zum Gesäß, stabil sind die Beine. Verbindungspunkt zwischen beiden Verhältnissen sind die Sitzbeinknochen. Nun liegt der Schwerpunkt des Menschen etwas höher, etwa in Höhe des Bauchnabels. Das ermöglicht dem Reiter überhaupt erst, sein Gewicht auf dem Pferd zu verlagern, indem er seinen Schwerpunkt durch Muskelanspannung nach vorn, nach hinten und zu beiden Seiten verändern kann. Ohne diese Muskelanspannung wäre der Reiter ein unförmiger Sack, der bei der kleinsten Erschütterung ebenso umfiele wie die Weinflasche.

Weitere Beispiele für die richtige Haltung des Oberkörpers finden sich zu Beginn des Kapitels »Spin Training«.

▶ **Das Pferd tritt immer unter das Gewicht des Reiters**

Wenn der Reiter die Bewegungsrichtung des Pferdes verändern möchte, muss er sich demnach dahin setzen, wohin das Pferd gehen soll. **Setzen, nicht lehnen!!!** Setzen bedeutet die Verlagerung des eigenen Gewichtes auf einen Sitzbeinknochen bei aufrechtem, aber nicht steifem Oberkörper. Da dies den menschlichen Instinkten widerstrebt, hilft nur eines: üben!!!

Hier darf sich niemand durch sich selbst frustrieren lassen; das braucht wirklich viel Zeit. Umso mehr, je länger man vorher anders geritten und klargekommen ist. Altlasten...

Die Bestätigung, es richtig gemacht zu haben, bekommt man prompt vom Pferd. Endlich macht es alles richtig – weil sich sein Reiter richtig ausdrücken kann. Bewegungen sind Körpersprache, und deren uraltes Vokabular muss sich der moderne Mensch erst mühsam erarbeiten. Aber irgendwo tief drunten im Unterbewusstsein schlummert es in jedem Menschen. Einmal geweckt, kann man sich kaum noch vorstellen, wie man vorher geritten ist.

Zurück zu den kreisrunden Zirkeln!

Das Pferd wird ständig versuchen, von der vorgegebenen Linie abzuweichen. Das ist die immerwährende Frage des Pferdes an seinen Reiter: Wohin soll ich gehen? Dazu kommen noch die Magneten und Anti-Magneten. Das Pferd tendiert ständig zum Ausgang der Reitbahn, im Gelände nach Hause

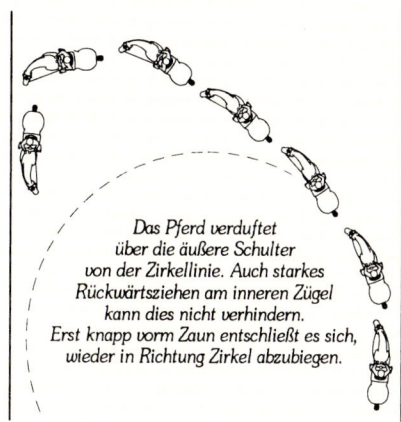

Das Pferd verduftet über die äußere Schulter von der Zirkellinie. Auch starkes Rückwärtsziehen am inneren Zügel kann dies nicht verhindern. Erst knapp vorm Zaun entschließt es sich, wieder in Richtung Zirkel abzubiegen.

Das Pferd bricht aus dem Zirkel aus

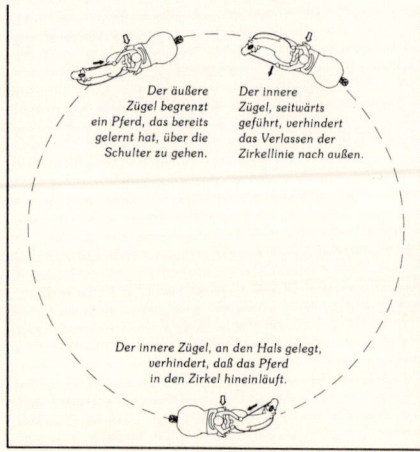

Der äußere Zügel begrenzt ein Pferd, das bereits gelernt hat, über die Schulter zu gehen.

Der innere Zügel, seitwärts geführt, verhindert das Verlassen der Zirkellinie nach außen.

Der innere Zügel, an den Hals gelegt, verhindert, daß das Pferd in den Zirkel hineinläuft.

Zügelführung auf der Zirkellinie: drei Möglichkeiten

Der äußere Zügel begrenzt das fortgeschrittene Pferd

Zirkellinie zu halten, greift weich und gefühlvoll der Zügel als Lenkhilfe ein. Im Anfang wird dies immer der innere Zügel sein. Seitwärts geführt, verhindert er das Verlassen der Zirkellinie nach außen. An den Hals angelegt, verhindert er, dass das Pferd in den Zirkel hineinläuft. Dabei kann ihn der äußere Zügel unterstützen, indem er seitwärts vom Pferdehals weg geführt wird.

Wenn das Pferd auf den Diagonalen gelernt hat, über die äußere Schulter zu gehen, begrenzt der äußere Zügel das Abdriften des Pferdes nach außen. Er stellt das Pferd gegen die Bewegungsrichtung, während der gleichseitige Schenkel das Pferd dahin treibt, wo es hin soll: zurück auf die Zirkellinie. Wie beim Gehen über die Schulter (siehe Seite 47)!

Um das Abweichen des Pferdes zu korrigieren, treibt man es etwas weiter in den Zirkel hinein. Man »übertreibt« also, um dem Pferd deutlich klarzumachen, was man von ihm möchte: dass es nicht nach außen von der Zirkellinie abweicht. Weil man aber das »nicht« körpersprachlich nicht ausdrücken kann, muss man das, was man haben möchte, übertrieben ausdrücken. (Noch ein paar Tipps gegen das Fallen auf die innere Schulter stehen auf Seite 109.)

..., und es kürzt die Ecken der Reitbahn ab, weicht vor irgendwelchen Gegebenheiten aus. Diese anziehenden und abstoßenden Punkte muss der Reiter kennen; er darf sie nie vergessen, wenn er die Bewegungen seines Pferdes verstehen und beeinflussen will.

Zunächst übt man das Reiten ohne Zügel auf der Zirkellinie im Schritt, dann im Trab, dann im Galopp. Immer wenn Sitz und Schenkel des Reiters nicht ausreichen, um das Pferd auf der

Der innere Zügel führt das Pferd auf die Zirkellinie

»Im Gelände läuft mein Pferd viel besser ...

...aber in der Bahn, da hat es echt keinen Bock!«
Ich weiß nicht, wie oft ich diesen Satz schon in der Reitstunde zu
hören bekommen habe.
Ist doch völlig klar: im Gelände wissen beide, wo´s langgeht. Das
Pferd freut sich über die Gelegenheit, nachsehen zu können, ob alles
da draußen noch da ist. Sein Blick wird nicht durch die langweili-
gen Wände der Reithalle begrenzt, das Laufen macht Sinn, denn es
geht von A nach B und nicht von einem Bahnpunkt zum andern.
Es gibt etwas zu sehen, zu üben »Was wäre, wenn hinter diesem
Holzstoß ein Wolf sitzt« usw. Das Pferd holt tief Luft, denn die ist
frisch und nicht muffig.
Der Reiter erfreut sich an den freien Bewegungen seines Pferdes, an
seinem fröhlichen Vorwärtsdrang. Das Pferd spürt die Freude des
Reiters und freut sich selbst noch mehr.
Kein Wunder, dass da draußen alles besser klappt!
Also frage ich mich erstens und meine Schüler zweitens, warum
sie das tägliche Training nicht ins Gelände verlegen – und ernte
staunende Gesichter: »Das Gelände ist doch zur Erholung da!«
Bei so viel Abneigung gegen Training und Reitbahn wundere ich
mich dann, warum sie denn immer wieder brav in die Reitstunde
kommen. »Wir wollen doch lernen und weiterkommen!«
Aber man kann doch das Angenehme mit dem Nützlichen verbinden. Das Gelände bietet so viele Möglichkeiten, wenn man nur ein
Auge dafür hat: Halten ohne Zügel am Ende eines Weges, Stillstehen an einer Straße am durchhängenden Zügel, Gehen auf dem
Grasstreifen, ein ruhiger Galopp über ein Stoppelfeld, vorsichtiges,
aufmerksames Gehen durch das Unterholz eines Waldes...
Hoffentlich liest kein engstirniger Landschafts- oder Forstbeamter
dieses Buch, denn all diese herrlichen Sachen sind Reiter und Pferd
eigentlich verboten.
Das Gelände ist doch der Prüfstein für das in der Reitbahn Gelernte!
Denn Westernreiter werden doch hoffentlich keine sturen Bahn-
Bimser, die nur noch ihre Turnierklassen im Kopf haben! Top-
Trainer von heute haben längst erkannt, dass Ausritte den Lern-
erfolg jeden Pferdes steigern.
Andererseits beinhaltet der Ausruf »Im Gelände geht mein Pferd
viel besser!«, dass der Reiter es bislang noch nicht verstanden hat,

die Bahnarbeit für sein Pferd spannend und interessant zu gestalten, d.h. das Trainingsprogramm so aufzubauen, dass das Pferd einen »praktischen Nährwert« im Erlernen und Verbessern seiner Bewegungsabläufe erkennen kann.

Wenn der Bauer nicht schwimmen kann, liegt´s an der Badehose!

»Wenn so viele Pferde in der Bahn sind, kann sich mein Pferd nicht konzentrieren!«

»Mein Pferd läuft nicht auf schlammigem Boden, hasst Regen, geht bei Wind durch, kann keine Regenschirme leiden, hat in der Bahn einfach keinen Bock...«

Diese Liste der Entschuldigungen lässt sich endlos fortführen. Es gibt für alles einen Grund und für alles eine Rechtfertigung. Nur, damit kommt man ja nie zum Reiten! Und das Pferd wird zum Sündenbock und für die eigenen Unfähigkeiten und Unleidlichkeiten verantwortlich gemacht.

Da kommt man nur raus, indem man aus der Situation eine Übung macht. Viele Pferde in der Bahn? Heute üben wir »konzentriertes Warmreiten auf mit fünfzig anderen Reitern überfülltem Abreiteplatz!«. Da kommt man sich mit den paar Figuren auf dem heimatlichen Reitplatz auf einmal richtig verlassen vor. Mein Pferd hasst Regenschirme? Heute üben wir ruhige Wendungen mit Gesicht zum Regenschirm! Mein Pferd geht bei Wind durch? Heute üben wir das gesamte Biegeprogramm (siehe Seite 36) in besonders ruhigem Schritt!

Plötzlich wird aus jeder Situation eine Übung. Man freut sich auf die Gelegenheit, das Pferd trainieren zu können: Wie schön! Ich hatte schon befürchtet, dass es nichts mehr zu üben gibt! Es wird nie mehr langweilig, kein Frust mehr, keine Entschuldigungen! Dafür ein lebenslanges, lustvolles Reitprogramm! Und das Pferd wird immer besser.

Stell dir vor, dass die Welt untergeht und langsam abbröckelt. Nur deine Reitbahn bleibt übrig, und du und dein Pferd, ihr habt vor lauter Konzentration nichts davon mitgekriegt.

Rückwärtsgehen am durchhängen- den Zügel

Das klingt beim ersten Lesen völlig un- erreichbar, aber wirklich jedes Pferd kann das lernen.

Als erstes möchte ich zwischen »Dem Zügeldruck ausweichen« und dem Rückwärtsgehen unterscheiden. Ich verwende dabei mit Absicht den Aus- druck »Rückwärtsgehen«, damit keine Verwirrung in Bezug auf das konven- tionelle Rückwärtsrichten entsteht. Das gut gerittene Westernpferd geht bereits auf das Einsitzen seines Reiters ganz gelassen so lange rückwärts, wie dieser es möchte. Das konventionell gerittene Pferd wird unter Einsatz von Kreuz und Schenkel durch die Anwendung halber Paraden rückwärts gerichtet. »Dem Zügeldruck ausweichen« be- deutet, dass das Pferd auf das Aufbauen eines Zügeldrucks im Maul mit einer Ausweichbewegung nach rückwärts antwortet. Es lässt den im Maul ent- standenen Druck bis in die Bewegung der Hinterbeine durchlaufen. Diese Reaktion belohnt der Reiter anfänglich bereits nach nur einem Tritt rückwärts, später nach zwei Tritten der Hinter- hand. Das bedeutet für das in seiner Ausbildung fortgeschrittene und ent- sprechend verständige Pferd eine Kritik in Form eines körpersprachlichen Hin- weises: »Hey, für dieses Manöver be- nutzt man die Hinterhand!«

Sie wird also immer dann eingesetzt, wenn das Pferd zu wenig Hinterhand eingesetzt hat.

Dagegen ist das Rückwärtsgehen für das richtig ausgebildete Westernpferd eine ganz normale Gangart, so wie die Gänge der Vorwärtsbewegung auch. Ich spreche vom richtig ausgebildeten Westernpferd, weil es immer noch Reiter geben soll, die das Rückwärts- gehen als Strafe einsetzen. Solche Pferde zeigen Angst vor dem Rückwärtsgehen und versuchen, diese Bewegung zu ver- weigern, indem sie gegen das Gebiss drücken, seitwärts ausweichen oder im schlimmsten Fall sogar steigen.

Vor dem Training für das Rückwärts- gehen ohne Zügel hat das Pferd sinn- vollerweise gelernt, ohne Zügelzug aus dem Schritt anzuhalten. Geübt wird zuerst einmal immer an einer geschlossenen Seite, also an der Bande oder an einem Zaun (ohne Strom und Stacheldraht!!!)

Dazu setzt man sich schwer in den Sattel und verlagert das Gewicht auf die Jeanstaschen. Man schließt die Beine am Gurt um den Pferdeleib, wobei man die Knie leicht öffnet, die Oberschenkel gehörig zurückzieht, die Gesäßbacken zusammendrückt und die Bauchmus- keln spannt und sagt dazu leise ein rückwärts weisendes Wort oder zieht langsam, aber hörbar die Luft durch die Zähne. All das macht man sehr lang- sam und abwartend, denn das Pferd braucht Zeit, um sich auf diese Ein- wirkung seines Reiters einstellen zu können. Junge Pferde, die bereits in der

Rückwärtsgehen am losen Zügel

Anreitephase mit dieser Einwirkung vertraut gemacht werden, gehen ohne Zögern sofort rückwärts.

Das bedeutet für alle älteren Umstellpferde, die nicht sofort rückwärts reagieren, dass sie verwirrt sind und versuchen, mit Vorwärtsgehen auf das Verlangen ihres Reiters zu antworten. Diesen Pferden muss der Reiter helfen, indem er jeden Versuch einer Bewegung nach vorwärts weich mit leicht angehobenen Zügeln auffängt, die er so lange wirken lässt, bis das Pferd nach rückwärts ausweicht. Dazu bleibt die treibende Einwirkung der Schenkel und der Stimme bestehen. Bis hierhin können alle Neueinsteiger in die Westernreitweise leicht folgen. Was offensichtlich Schwierigkeiten bereitet, ist ein Aufrechterhalten der treibenden Einwirkungen, nachdem der Zügel für die erste Reaktion des Pferdes nach rückwärts losgelassen worden ist.

Der Reiter muss also zuerst einmal mühsam lernen, trotz loslassenden Zügels weiter zu treiben. Diese Programmierung liegt im normalen menschlichen Gehirn von Natur aus nicht vor. Die gleichzeitige Bewegung von Armen und Beinen in ziehender (Arme) und schließender (Schenkel) Form bereitet überhaupt keine Probleme. Aber weiterzutreiben, während man den Zügel loslässt.... Üben!!!

Als nächstes sind fast alle Reiter zu ungeduldig; sie treiben in einem zu schnellen Takt. Dabei reagiert das Pferd nicht schneller, nur weil man schneller treibt. Erfahrungsgemäß reagieren die Pferde am ehesten, wenn man etwa im Sekundentakt einwirkt. Das kann jeder Reiter ganz leicht überprüfen, indem er beim Treiben bei 21 zu zählen beginnt. (Um das Wort »einundzwanzig« zu sagen, braucht man etwa eine Sekunde.)

Wenn der Reiter zu dieser Bewegung seiner Arme und Beine in der Lage ist, wird sein Pferd sehr schnell herausfinden können, dass das Weitertreiben nach dem Loslassen des Zügels bedeutet, dass es weiter rückwärts gehen soll.

Folgendes Manöver klappt dann innerhalb weniger Minuten: Das Pferd setzt sich aufgrund der treibenden Einwirkung vorwärts in Bewegung. Der erste Vorwärtstritt wird vom Reiter weich mit dem Zügel aufgefangen. Das Pferd bewegt sich am durchhängenden Zügel weiter rückwärts, weil es in der Gurtlage getrieben wird. An dieser Stelle hat der Reiter die beste Einwirkung, um sein Pferd zu veranlassen, beim Rückwärtsgehen durch ein Zusammenziehen der Bauchmuskeln den Rücken anzuheben, was wiederum die Hinterbeine besser unter den Körper bringt.

Bleibt man dabei immer gefühlvoll und geduldig, lernt sogar das hartnäckigste Pferd innerhalb weniger Tage das Rückwärtsgehen ohne Zügeleinwirkung. Das sei nur zur Ermunterung gesagt, falls es nicht gleich beim ersten Mal klappt.

▶ Geradeaus rückwärts gehen

Nun ist das Pferd in der Lage, ohne Widerstand rückwärts zu gehen, aber irgendwie wird das Ganze immer schief. Das ist beim untrainierten Pferd völlig normal, und selbst fortgeschrittene Pferde versuchen ganz gern mal seitlich auszuweichen. Dabei bevorzugen die Pferde immer dieselbe Seite. Um diese Ausweichmanöver nicht von Anfang an zu kultivieren, übt man das Rückwärtsgehen zu Beginn ja auch immer an einer geschlossenen Seite. Trotzdem werden die Pferde auf einer Hand – und immer auf derselben – mit der Hinterhand in die Bahn hinein ausweichen, so dass eine schiefe Linie entsteht.

Wie gesagt: völlig normal. Aber trotzdem nicht schön.

Woran liegt das?

Rechts- oder Linkshänder?

Pferde sind – genauso wie Menschen – einseitig: entweder Rechts-
oder Linkshänder. Davon wird in der Besprechung des Galopps
noch ausführlich die Rede sein. Genau wie die Menschen versuchen
die Pferde, schwere Arbeiten mit der stärkeren Seite zu erledigen.
Rückwärts gehen ist schwere Arbeit für die Hinterhand, weil sie von
Natur aus eher für den Schub als für das Tragen vorgesehen ist. Zur
Entlastung der verschleißanfälligen Vorhand des Pferdes bemüht
sich jede Reitweise, die tragenden Kräfte der Hinterhand zu trainieren. Training ist anstrengend. Das kann man in jedem Kraftstudio
für Menschen anschaulich beobachten; ohne harte Arbeit wächst
kein Muskel.
Während der Mensch im Kraftstudio genau weiß, warum er sich
diese Plackerei zumutet, weiß das Pferd noch lange nicht, wozu ein
Training seiner Hinterhand gut ist. Es freut sich erst seiner neuen
Kräfte, wenn sie endlich da sind – ohne zu wissen, woher sie eigentlich kommen, oder doch?... Jedenfalls wird es ständig versuchen,
das schwächere Hinterbein zu entlasten, genau wie wir Menschen
es tun, wenn wir länger stehen müssen.
Zur Entlastung des schwächeren Hinterbeines belastet das Pferd das
kräftigere Hinterbein mehr oder
versucht sogar, das Gewicht auf
das diagonale Vorderbein zu
bringen.
Als Beispiel: Das Pferd weicht im
Rückwärtsgehen mit der Hinterhand nach links aus. Damit
bringt es sein linkes Hinterbein
aus der Schwerlinie heraus.
Das Gewicht wird auf das rechte
Hinterbein verlagert, das
schwache, linke Bein wird
entlastet. Tritt es jetzt auch noch
mit den Hinterbeinen nicht mehr
unter den Körper, sondern nach
hinten heraus, verlagert es sein
Gewicht auf die Vorderbeine,
insbesondere auf das diagonale,
also das rechte Vorderbein.

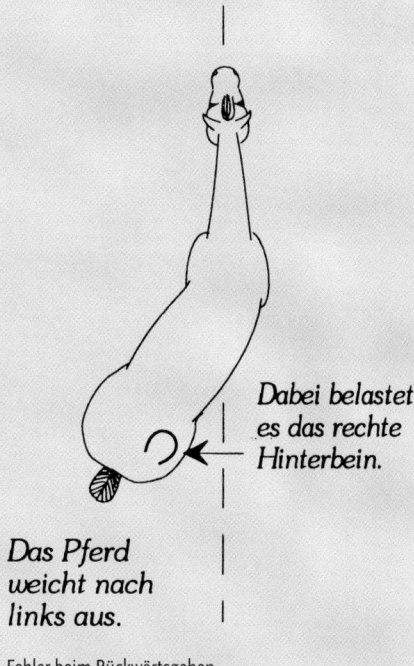

Dabei belastet
es das rechte
Hinterbein.

Das Pferd
weicht nach
links aus.

Fehler beim Rückwärtsgehen

Diesen Absatz muss man vielleicht zweimal lesen.

Was kann der Reiter dagegen tun? Die meisten Reiter werden versuchen, ihr Pferd vom rückwärtigen Ausweichen dadurch abzubringen, dass sie auf der ausweichenden Seite, in unserem Beispiel also links, den Schenkel zurücklegen, um die ausgewichene Hinterhand wieder in die Schwerlinie zurückzubringen. Damit folgen sie dem Prinzip: Das was ausweicht, wird dahin zurückgetrieben, wo es hingehört.

Korrektur des Rückwärtsgehens mit zurückgelegtem Schenkel

Denn das Westernpferd soll jeder begrenzenden = treibenden Einwirkung ausweichen. Das ist ja auch so weit logisch und mit dem gesunden Menschenverstand zu vereinbaren. Und das wohlerzogene Pferd weicht brav in die Schwerlinie zurück. Für Trailpferde ist das eine ganz wichtige Sache.

Aber alle anderen Reitpferde lernen dabei gleichzeitig, wie sie die Hinterhand entlasten können.

Man muss sich das so vorstellen: Bewegt das Pferd die Vorhand zur Seite, wird die Hinterhand belastet; bewegt das Pferd die Hinterhand zur Seite, wird die Vorhand belastet. Knapp gesagt, was bewegt wird, kann nicht belastet werden.

Das bedeutet: jedesmal, wenn der zurückgelegte Schenkel die Hinterhand in die Schwerlinie zurücktreibt, wird die Hinterhand bewegt und die Vorhand belastet. Das Pferd lernt daraus ganz schnell, wie es seine Hinterhand im Rückwärtsgehen entlasten kann. Die Folge ist ein scheußliches Rückwärtsgehen auf der Vorhand.

Wenn also die Hinterhand des Pferdes die Schwerlinie verlässt und in unserem Beispiel nach links ausweicht, wird der Reiter sinnvollerweise nicht die Hinter- sondern die Vorhand zur Korrektur bewegen, indem er sie vor die ausgewichene Hinterhand stellt. Er treibt also nicht hinten links, sondern vorne rechts! So lange, bis das Pferd der treibenden Einwirkung ausweicht: mit der Vorhand nach links ausweicht.

Nochmal: Die Hinterhand war nach links ausgewichen; der Reiter treibt die Vorhand nach links, in eine Linie mit der ausgewichenen Hinterhand.

Natürlich wird das Pferd mit dieser Lösung weitaus weniger einverstanden sein und sich je nach Temperament und Kraft entsprechend wehren. Je dickfelliger das Temperament und je geringer die Kraft in der Hinterhand, desto größer der Widerstand des Pferdes. Wehe dem Reiter, der sein Pferd nicht ohne Zügel rückwärts

Das Pferd tritt nach hinten heraus

Dies Pferd setzt die Hufe gut unter den Körper

reiten kann! Jeder unbeherrschte Zug am Zügel wird die Bereitschaft des Pferdes zu steigen verstärken! Widerstand bedeutet immer einen Schritt zurück für das Training. Hier bedeutet er: Zurück zu den Übungen, die die tragenden Kräfte der Hinterhand fördern: Wendungen gegen den Zaun, Gehen über die Schulter und überhaupt reiten, reiten, ausreiten... Je mehr man ein Pferd reitet, desto kräftiger wird es. Regelmäßiges Reiten, nicht regelmäßig einmal die Woche, sondern jeden Tag und jeden Tag ein kleines bisschen mehr.

▶ Übung: Rückwärtsgehen am Hang

Irgendwo wird jeder Reiter ein kleines Geländestück finden, das ein bisschen abschüssig ist.
Erster Test: Im Schritt den Hang herunterreiten und das Pferd anhalten: einsitzen und »whoa« sagen. War Zügeleinwirkung nötig? Hat das Pferd auf der Vor- oder Hinterhand angehalten?
Ist es mit den Vorderbeinen weitergelaufen, hat es auf der Vorhand angehalten. Dann nimmt man den Zügel auf und treibt es sanft zwei Tritte rück-

wärts. Der Einsatz von Zügel und Schenkel bei diesem Rückwärtsgehen helfen dem Pferd. Denn freiwillig wird es sich sicherlich nicht rückwärts den Hügel raufbewegen. Das kostet enorme Kraft! Es wird versuchen, sich quer zum Hang zu stellen. Zügel und Schenkel können es jedoch so einrahmen, dass der Reiter in der Lage ist, solche Ausweichmanöver abzufangen. Angesichts der Tatsache, dass hier vom Pferd ein Kraftakt verlangt wird, wird man zunächst einen flachen Hügel für diese Übung aussuchen, und natürlich langsam und vorsichtig auf das Pferd einwirken.

Danach reitet man ein paar Meter weiter hügelabwärts, um erneut anzuhalten. Wie war das Anhalten diesmal? Man lässt das Pferd diese Übung wiederholen, bis es deutlich auf der Hinterhand anhält, ohne Zügeleinwirkung, nur auf Sitz und Stimme.

Vertikale Kontrolle

Vertikale Kontrolle – Das Westernpferd am Zügel?

Einerseits ist die Westernreitweise darauf ausgerichtet, dass die Pferde ohne Zügelanlehnung arbeiten, andererseits möchte sie aber auch, dass die Pferde keine Angst vor dem Zügel haben, die sie dadurch äußern, dass sie bei leisestem Kontakt den Kopf hochreißen. Westernpferde sollen jeglichem Druck ausweichen, auch dem des Zügels: indem sie den Hals entspannen und das Kinn anziehen. So antwortet das gut ausgebildete Westernpferd auf Zügeldruck und irritiert damit jeden Reiter konventioneller Herkunft, weil er auf einmal »nichts mehr in der Hand hat«. Diese Erfahrung ist umso heftiger, wenn er ein gutes Hackamore-Pferd reitet, also eins, das in der klassischen Hackamore fein ausgebildet worden ist.

Rückwärtsgehen am Hang

Der Reiter als
lebender Ausbinder

Denn die lose Aufhängung dieser Zäumung gibt dem Reiter das Gefühl von total nachgiebigem Gummi – und genauso fühlt sich das Pferd auf einmal an.

Ein traumhaftes Gefühl!

Allerdings setzt diese zarte Nachgiebigkeit des Pferdes die völlige Entspannung seines Körpers voraus. Das ist dem heutigen Reiter, der selbst Erfahrung mit Joga oder Zen gemacht hat, viel leichter zu verdeutlichen als seinen Vorgängern.

Nimmt der Reiter nun leichten Kontakt mit gehobenen Händen zum Maul des gedehnten Pferdes auf und fordert gleichzeitig durch Treiben mit beiden Schenkeln die Hinterhand zu energischem Vorwärtstreten auf, wird das Pferd mit Aufwölben des Halses und weiterhin tiefer Nase antworten.

Nur, dazu sind all die gymnastizierenden Übungen als Vorbereitung notwendig.

Jetzt soll das Pferd lernen, dem Zügeldruck im Genick nachzugeben, indem es das Kinn einzieht. Das ist eine sehr eintönige Übung, zu der man sich am besten einen sonnigen Sonntag aussucht, an dem man seinen Freunden beim Reiten zuschauen kann, während man sein eigenes Pferd herausfinden lässt, wie man »dem Gebiss nachgibt«. Dafür zäumt man es auf Trense. (Gebisslose Zäumungen sind ungeeignet.) Zuvor hat man mit ihm eine bewegungsintensive Reitstunde verbracht, so dass es jetzt fürs Stillstehen zu begeistern ist. Im Stand fasst der Reiter in aller Ruhe beide Zügel gleichmäßig kurz und fixiert seine Hände am Sattel. Er ist jetzt ein »lebender Ausbinder«. Entsprechend sitzt er völlig entspannt und lässt die Beine locker hängen. So kann sich das Pferd ganz auf den lästigen Druck im Maul konzentrieren. Wenn es vorwärts geht, ist der Zügel zu lang. Wenn es rückwärts ausweicht, lässt man es gewähren und wartet gelassen, »bis der Anfall vorbei ist«. Das Pferd wird also nach einer anderen Lösung suchen müssen. Ältere

Vertikale Kontrolle
mit einhändiger
Zügelführung –
Das Pferd gibt nach
und der Reiter lässt
den Zügel komplett
durchhängen

Pferde haben unter Umständen gelernt, den lästigen Druck im Maul hinzu-nehmen, und vielleicht im Zügel »ein fünftes Bein« gefunden. Auch bei ihnen wartet man – bis das Pferd das Kinn einzieht. Das merkt der Reiter daran, dass der Zügeldruck in seinen Händen geringer wird. (Druck erzeugt Gegendruck! Was der Reiter bei Zäu-mung auf Trense in seinen Händen spürt, wirkt mit gleicher Stärke auf das Pferdemaul.) In dem Moment, indem das Pferd in der Hand leichter wird, lässt der Reiter den Zügel extrem lang durchhängen. Denn das Pferd wird sich in Kopf und Hals bis zum Boden dehnen. Wenn es dabei auf Zügeldruck stößt, wird es frustriert sein. Lässt es den Hals nicht fallen, sondern schaut stattdessen in der Gegend herum, hat man zu früh losgelassen. Das passiert ziemlich oft, weil man doch eigentlich zu seinem Pferd nett sein möchte. Nur, davon lernt es kein Nachgeben im Ge-nick. Dass man zu früh losgelassen hat, ist nicht weiter schlimm. Man beginnt die Übung wieder von vorn, ebenso, wenn das Pferd den Kopf wieder vom

Boden hebt. Bleibt es mit der Nase am Boden, lässt man es vorwärts gehen, bzw. steigt für diesen Tag ab und ent-lässt es in die Weide. Es kann manch-mal ziemlich lange dauern, bis das Pferd nachgibt. Der mir bekannte Rekord liegt bei einer Dreiviertelstunde und wird von einem ehemaligen Ponyhof-Pferd gehalten – das aber nach so ausgiebigem Nachdenken nie wieder ein Problem mit der Nachgiebigkeit im Genick hatte. Also Geduld!

Und nun dasselbe mit einhändiger Zügelführung! Dazu führt man beide Zügel von unten nach oben durch die Faust wie bei Romal Reins (siehe Seite 183) und fixiert die Faust am Sattel. Die freie Hand fasst beide Zügel ziemlich weit hinten. So kann man schneller die Zügel ganz lang machen, wenn das Pferd nachgibt. Diese Art der Zügel-führung eignet sich auch, um das Pferd mit nachgiebigem Genick aus dem Schritt anhalten zu lassen. Dazu fasst man im Schritt den Zügel langsam kurz, indem man die eine Faust am Sat-tel fixiert und mit der anderen den Zügel durch die Faust durchzieht, aber schön langsam, bis man Gegendruck in der Hand spürt. Dann zählt man die Tritte, die das Pferd macht, bis es anhält. Macht es nicht den Eindruck, irgendwann anhalten zu wollen, ist der Zügel zu lang. Etwa ein Dutzend Tritte wären für den Anfang normal. Sobald das Pferd steht, lässt man den Zügel ganz lang. Dehnt es sich nicht in die Tiefe, lässt man das Pferd im Stand nochmal nachgeben – wie beschrieben –, egal, wie lange es dauert!

Da diese Übung die Pferde körperlich nicht anstrengt, empfiehlt es sich, lange zu üben. Durchaus ein oder zwei Stunden, auch wenn's langweilig ist. Dass ein Pferd sich so lange nicht konzentrieren kann, stört in dieser Übung nicht: So viel Konzentration ist nicht erforderlich, um herauszufinden, dass man den Reiter durch Nachgeben im Maul zum Loslassen des Zügels veranlassen kann. Wer sich hierfür richtig Zeit nimmt, wird mit einem Pferd belohnt, das bereits auf das Anheben des Zügels um wenige Zentimeter mit nachgeben reagiert – vorausgesetzt, dass man die Zügel auch nur so wenig anhebt und nicht wie gewohnt benutzt.

Der Sliding Stop

Das ist diese spektakuläre Form, in der ein Westernpferd auf der Hinterhand ins Anhalten rutscht, zwei Hufspuren, die wie eine kleine Autobahn von oben aussehen, und eine Wolke von Staub hinter sich zurücklassend.

Richtig trainiert, macht das den Pferden großen Spaß, weil es die Überwindung der uralten Todesangst vor dem Hinfallen aus vollem Tempo darstellt – und es geht entgegen einigen Vorurteilen überhaupt nicht auf die Knochen –, vorausgesetzt, man trainiert ihn richtig. Denn in der Regel muss das Pferd zunächst die Technik des gleitenden Anhaltens lernen. Es gibt Pferde, die das schon von Natur aus beherrschen. Man erkennt sie daran, dass sie beim Toben in Weide oder Auslauf mit vollem Speed auf die Einzäunung losrasen, um ein paar Meter davor 30 cm kleiner zu werden, die Hinterhand unter den Körper zu ziehen und mit weit vorgestrecktem Hals »die Bremse ziehen« Solche Pferde verfügen über ein gutes Gleichgewicht schon von Natur aus; sie werden auch keine Probleme haben, mit

Sliding Stop

Weidepferd, vorm
Zaun stoppend

dem Reiter auf ihrem Rücken weich und gleitend anzuhalten.

Pferden, die bereits auf der Weide in Form von steifen Hopsern bremsen, fehlt dieses natürliche Gleichgewicht – sie müssen das Anhalten auf der Hinterhand erst lernen.

Ein anderes Problem ist in diesem Zusammenhang wieder einmal der Reiter: Selbst wenn das Pferd auf der Weide in der Lage ist, aus jeder Geschwindigkeit weich anzuhalten, hat ihm der Reiter beigebracht, unter dem Sattel auf einen vergleichsweise kräftigen Zügelzug hin anzuhalten. »Brave Pferde« rammen dafür alle viere in den Boden; der Rest hat einen ziemlich langen Bremsweg und hält irgendwann austrudelnd an.

Auch solche Pferde müssen ganz neu lernen, unter dem Reiter aus dem Gleichgewicht anzuhalten (siehe Seite 69). Jetzt wird der Abstand zwischen dem Einsitzen und der Zügeleinwirkung größer, d.h. der Reiter sitzt erst ein und sagt sein Haltewort, wartet einen Moment (einundzwanzig, zweiundzwanzig) auf die Reaktion des Pferdes und zieht erst dann weich an den Zügeln. Das Pferd lernt, auf die Körpereinwirkung des Reiters zu achten und ihr mehr Bedeutung beizumessen – denn sonst folgt der Druck im Maul!! Es wird also seine Vorwärtsbewegung abbremsen, indem es sein Gewicht auf die Hinterhand verlagert, um auf die Einwirkungen seines Reiters vorbereitet zu sein. Auf diese Weise kann man das Pferd so aufmerksam machen, dass es bereits auf das Einsitzen des Reiters hin anhält. Das ist ein großer Fortschritt, denn von diesem Zeitpunkt an wird das Pferd immer, wenn der Reiter einsitzt, seine Hinterhand untersetzen, um vorbereitet zu sein. Das kann bei der weiterführenden Ausbildung nur von Nutzen sein.

Nun kann es aber sein, dass das Pferd mehr oder weniger auslaufend anhält, ohne seine Hinterbeine rutschen zu lassen. In diesem Fall zieht der Reiter nach dem Einsitzen weich, aber konsequent, an den Zügeln: rückwärts mit weit auseinander genommenen Händen, so lange, bis das Pferd mit jedem Hinterbein einmal zurückgetreten ist. Das sind zwei Tritte oder ein Schritt rückwärts (ein Schritt rückwärts besteht aus zwei Tritten in diagonaler Fußfolge, d.h. in einer Fußfolge wie im Trab, nur eben rückwärts und ohne Schwebephase). Mehr als diese beiden Tritte rückwärts wird das Pferd nicht als Korrektur seines »schlechten« Anhaltens verstehen. Im besten Falle sieht es in mehr Tritten rückwärts eine Übung zum Rückwärtsgehen, ansonsten wird es sich bestraft fühlen und Angst vor dem Rückwärtsrichten bekommen.

Hat das Pferd die beiden korrigierenden Tritte mit nach hinten herausgestellter Hinterhand und demzufolge mit seinem

»whoa! - und nichts passiert

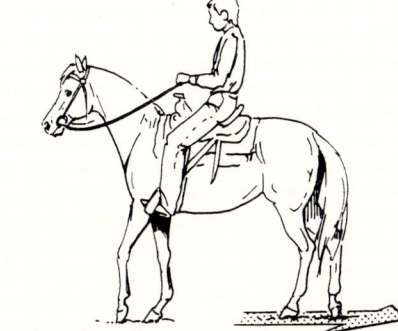

Zwei Tritte zurück

Loslassen, loben

gesamten Gewicht auf der Vorhand vollführt, kann es der Reiter nach einem kurzen Anhalten, Verschnaufen und Überlegen für diese unbrauchbar falsche Art des Rückwärtstretens in der Art korrigieren, dass er es so lange rückwärts gehen lässt, bis es die Hinterhand unter den Körper setzt. Damit das Pferd dabei keine Angst vor dem Rückwärtsgehen bekommt, darf der Reiter auf keinen Fall grob werden, sondern übt zunächst das Rückwärtsgehen ohne Zügel. (siehe Seite 61)

Pferde, die nicht in der Lage sind, mit gesenkter Hinterhand weich, willig und ohne Zügelzug rückwärts zu gehen, sind auch nicht in der Lage, weich auf der Hinterhand anzuhalten, geschweige denn zu sliden.

Stimmt der Sitz, wird das Pferd die Hinterbeine untersetzen, weil es dies ja in der Vorbereitung gelernt hat, und ein paar Zentimeter rutschen lassen, als Antwort auf den Zügelzug – eben weil es gelernt hat, jeden Zügeldruck bis in die Hinterbeine durchzulassen.

Eine Verlängerung dieses Rutschens – des Sliding Stops – ist nichts weiter als eine Kombination aus folgenden Elementen: dem richtigen Boden (fester Untergrund mit weicher Tretschicht) und der richtigen Abstimmung zwischen Einsitzen, wartender Zügeleinwirkung und dem weichen Aufbau eines minimalen Zügeldrucks.

Geübt wird diese Technik des Pferdes und die Feinabstimmung des Reiters aus dem Trab, denn der Trab ist ein laufender Zweitakt, in dem das Pferd seinen Schwerpunkt kaum verlagert und in dem es sich nur auf zwei Beine konzentrieren muss, weil die anderen zwei ja automatisch folgen. Zur Verlängerung des Rutschens wird dann das Tempo im Trab verstärkt.

Anhalten aus dem Trab: Erst tritt das eine Hinterbein unter,   …dann das andere Hinterbein,

Erst wenn das Pferd aus vollem Trab perfekt auf der Hinterhand rutschend anhält, kann man mit dem Anhalten aus dem Galopp beginnen.

Allerdings ist noch lange nicht jedes Pferd aufgrund seiner anatomischen Voraussetzungen in der Lage, einen wirklichen Sliding Stop zu entwickeln. Man sollte als Reiter aber seinem Pferd die Chance dazu geben, indem man es ohne Zwang und Gewalt so weit trainiert, wie es seine Athletik ermöglicht. Denn jedes noch so untalentierte oder noch so verdorbene, also falsch vorgebildete Pferd ist in der Lage, aus dem Galopp weich auf der Hinterhand anzuhalten. Und es wird sehr glücklich darüber sein, wenn sein Reiter es dahin gefördert hat, weil es nie wieder Angst haben muss, aus dem Galopp nicht anhalten zu können, weil es nie wieder durchgehen muss (siehe Seite 21).

> **Wichtig: Für ein weitergehendes Stop-Training, in dem das Pferd lernen soll zu sliden, muss es an den Hinterhufen mit entsprechenden Spezialeisen, sogenannten „Sliding Plates" beschlagen werden. Diese Eisen sind flach, breit und glatt. Sie erleichtern dem Pferd das Rutschen auf den Hinterhufen. Wer viel in bergigem Gelände mit seifigem Boden ausreitet, kann mit Sliding Eisen unter Umständen Probleme bekommen. Dann wird man entscheiden müssen: Stop-Training oder Ausreiten!**

...und das Pferd steht still

► Fencing

Unter »Fencing« versteht man das Stoppen eines Pferdes, des Reiningpferdes, gegen eine feste Einzäunung. »Let the wall stop the horse« = Lass die Wand das Pferd anhalten, lautet der Gedanke hinter dieser Übung. Sie gibt dem Pferd die Möglichkeit, unter dem Reiter das zu tun, was alle Pferde frei laufend in der Weide gern austesten: in vollem Galopp auf den Zaun zu und erst im letzten Moment bremsen. So manches ausgebildete Reiningpferd hat dabei im Übermut feststellen müssen, dass es zu spät zum Stop angesetzt hat – und ist durch das Elektroband des Zaunes geslidet. Dass Pferde den Stop vorm Zaun von Natur aus auf der Weide gern ausprobieren, hat die Trainer von Reiningpferden dazu veranlasst, diese Form des Stop-Trainings in ihr Ausbildungsprogramm mit aufzunehmen.

Leider zeigt sich gerade am Beispiel des Fencings, dass es bei der Ausbildung von Pferden weniger darum geht, was man macht, sondern vor allem, wie man's macht. Denn das Stoppen vor den Zaun wird schnell dazu missbraucht, das Pferd in die Wand zu jagen, um es zum Sliden zu zwingen. Zur

Zeit kann man auf den Abreiteplätzen vor großen Reiningprüfungen immer noch beobachten, wie Pferde mit Gewalt derart vor die Wand geritten werden, dass sie sich förmlich den Schädel einrennen.

Und dabei macht es den Pferden eigentlich großen Spaß, auch unter dem Reiter vor die Wand zu stoppen, vorausgesetzt, dass man dem Pferd dabei keine Angst macht, indem man es scheucht.

Technik: Beim ersten Mal lässt man das Pferd in ruhigem Trab vor die Wand laufen. Wenn sich in der Kurve nicht ein unüberwindlicher Wall aus Reitbahnsand auftürmt, kann man für die ersten Fencing-Versuche ruhig eine Reitbahnecke benutzen.

Auf dem Weg dorthin hält der Reiter die Hände erhoben und weit auseinander – so als ob er eine Harley mit hohem Lenker fährt. Das sorgt dafür, dass er tief im Sattel sitzt, und dass das Pferd zwischen den Zügeln bleibt und nicht versucht, seitlich auszuwitschen. Man steuert das Pferd zielgenau in die Ecke, ohne an den Zügeln rückwärts zu ziehen. Dazu muss man sich verdammt gut unter Kontrolle haben. Die Ecke wird das Pferd schon anhalten, keine Sorge! Aber die menschliche Natur mit ihren Instinkten will das nicht glauben und wird versuchen, dennoch an den Zügeln zu ziehen. Glücklich und ohne Zügelzug (Sind die Hände noch oben und zeigen sie auf die Pferdeohren?) zieht der Reiter die Zügel sanft an, damit das Pferd ihnen zwei Tritte rückwärts ausweicht. Sie sollen es daran erinnern, dass es zum Stoppen seine Hinterfüße benutzen soll. Dann lässt man den Zügel fallen und lobt das Pferd ausgiebig. Es soll zur Ruhe kommen und sich völlig entspannen. Ist es aufgefallen? Der Reiter verwendet kein »Whoa« oder sonstiges Zauberwort. Die Wand soll das Pferd stoppen, nicht der Reiter!

Dann lässt man das Pferd ganz langsam, geradezu in Zeitlupe um die Hinterhand wenden, denn es soll nicht die

ganze Zeit die Ecke anschauen, wie ein kleines Kind in früheren Jahren, das zum Schämen in die Ecke gestellt wurde. Nach der langsamen Hinterhandwendung lässt man das Pferd wieder ruhig stehen und lobt es nochmals ausgiebig. Es soll diese Übung durch die langen Verschnaufpausen als äußerst-angenehm empfinden, und es darf auf keinen Fall hektisch werden. Deswegen nimmt man sich extrem viel Zeit.

Wer also beim Fencing an ein Unternehmen mit viel »Action« gedacht hat, wird jetzt ziemlich enttäuscht sein: Das Stoppen des Pferdes gegen den Zaun, in die Ecke, ist ein ziemlich langweiliges Unterfangen, weil es extrem viel Zeit zur Entspannung des Pferdes verbraucht. Aber nur so vermeidet man Stress im Pferd; nur so erreicht man, dass die Pferde schon nach kurzer Zeit ausgesprochenes Vergnügen an einer Übung empfinden, die sie zuvor bereits ohne Reiter in der Weide beim Herumtoben gern selbst ausprobiert haben.

Das Fencing stellt in dieser Form eine völlig unkomplizierte Möglichkeit dar, dem Pferd Zeit und Gelegenheit zu geben, das weiche Anhalten auf der Hinterhand unter dem Reiter zu üben, ohne dass dieser sie mit dem Zügel für misslungene Versuche bestraft.

Gerade junge Pferde brauchen diese Zeit und Ruhe, um von selbst dahinterzukommen, wie man mit der Last auf dem Rücken genauso toll stoppen kann wie frei und unbeschwert auf der Weide. Pferde, die man mit dieser gelassenen, stressfreien Art des Fencing vertraut macht, beginnen sehr schnell, von allein die Ecke des Reitplatzes anzusteuern, um den Stop auszuprobieren – und natürlich auch, um eine wohlverdiente Pause zu bekommen.

Im Anfang wird der Reiter ziemlich irritiert sein, dass sein Pferd auf einmal von allein die Ecke zum Stoppen ansteuert. Für mich liegt darin eine der faszinierendsten Eigenschaften des Pferdes, dass sie von sich aus das Gelernte immer wieder anwenden wollen.

Pferde lieben die Wiederholung

Das richtig, also stressfrei, trainierte Westernpferd zeigt nach einiger Zeit deutliche Neigungen zum selbstständigen Anwenden des Gelernten. In freier Anlehnung an die Belehrung Festgenommener in amerikanischen Krimis übersetze ich diese Ideen des Pferdes gern so: »Seien Sie sicher, dass alles, was Sie Ihrem Pferd beibringen, gegen Sie verwendet wird!« So zeigt ein Pferd, nachdem es unter dem Sattel die Wendung gegen den Zaun gelernt hat, wie schön es wenden kann, wenn sein Reiter es auf der Weide einfangen will. Ebenso stoppen stressfrei trainierte Pferde eine Zeitlang an jeder möglichen und unmöglichen Stelle, gehen auf einmal in den Spinwechseln fliegend den Galopp an Stellen, an denen der Reiter überhaupt nicht damit rechnet.

Kinder zeigen dasselbe Verhalten, wenn sie bei jeder passenden oder unpassenden Gelegenheit vorführen wollen, wie gut sie in der Schule buchstabieren, multiplizieren oder sonstwas gelernt haben. Der schlimmste Fehler, der dem Menschen, der unvermittelt und unvorbereitet mit dieser Lernwut konfrontiert wird, unterlaufen kann, besteht darin, den übereifrigen Schüler abzublocken: »Nerv hier nicht rum!« Das verschüchtert total – Kinder und Pferde!

Sicherlich reagiert der Reiter erschreckt auf die Eigeninitiative seines Pferdes: »Es antizipiert! Es nimmt mir die Entscheidungen vorweg!« Sicherlich kann aus dem Vorwegnehmen der reiterlichen Entscheidungen durch das Pferd ein Problem entstehen, indem die Pferde auf dem Turnier eigenwillige Kürvorführungen zum Besten geben, aber das sind zwei verschiedene Paar Stiefel!

In der Lernphase lässt man das Pferd gewähren, lässt es zum Beispiel überall stoppen, wo es will. Man vermeidet aber in dieser Zeit tunlichst die Punkte, an denen das Pferd auf dem Turnier stoppen soll. Anderes Beispiel: In der Lernphase lässt man das Pferd gewähren, wenn es einen fliegenden Wechsel nach dem anderen springt, ohne dass der Reiter es dazu veranlasst hätte, aber man lässt es niemals fliegend von einem Zirkel zum anderen wechseln.

Gleichzeitig macht man sich darüber Gedanken, ob das Pferd nur wechselt, weil es das Erlernte anwenden will – oder ob es das Gelernte dazu verwendet, eine unliebsame Hinterhandbelastung zu vermeiden (was besonders bei Arabern naheliegt). Trotzdem lässt man es eine Zeitlang gewähren. Meistens löst sich das Problem von ganz allein, indem das Pferd etwas Neues lernt, das es dann unbedingt ständig und andauernd ausprobieren muss.

Das bedeutet: Um zu verhindern, dass das Pferd ständig wechselt, beginnt man mit dem Spin- oder Stop-Training. Wechselt es dann immer noch auf dem Zirkel ständig unaufgefordert den Galopp, handelt es sich um eine Hinterhandschwäche, die das Pferd durch den Galoppwechsel auszugleichen versucht, und nicht um über eifrige Lernwut.

Denn eigentlich kann dem Reiter ja nichts Besseres passieren, als dass sein Pferd übereifrig das Gelernte anwenden möchte. Nur so kommt er in die Position des Kritikers, der berechtigt ist, an der Leistung gezielt eine Verbesserung zu verlangen.

Einwärtsstellung

Mit dem Begriff »Einwärtsstellung« ist gemeint, dass der Reiter sein Pferd durch den am Hals anliegenden inneren Zügel und den inneren Schenkel direkt am Gurt sein Pferd nach innen schauen lässt (= stellt), wobei es weiter geradeaus geht. Die Einwärtsstellung fördert die Gymnastizierung des Pferdes und verhindert, dass sich das Pferd durch Belasten der inneren Schulter auf die Vorhand wirft und sich so den reiterlichen Absichten entzieht. Damit ist gemeint, dass das Pferd in Richtung der inneren Schulter von der vom Reiter vorgesehenen Richtung abweicht, indem es »nach innen fällt«. Ziel der Westernreitweise ist es jedoch immer, das Pferd zum Verlagern seines Schwerpunktes auf die Hinterhand zu veranlassen, weil die dort trainierbare Kraftentwicklung die verschleißanfällige Vorhand entlasten kann, damit das Pferd lange nutzbar bleibt.

Das Reiten über die äußere Schulter wirkt dem als eine wichtige und im Training immer wiederkehrende Übung entgegen (siehe Seite 47).

Die Einwärtsstellung ist ein reduzierter Teil des Gehens über die äußere Schulter, da das Pferd nach innen schauend weiter geradeaus laufen soll, ohne gleichzeitig nach außen zu gehen. Das Gehen

über die äußere Schulter ist also eine Voraussetzung dafür, dass sich das Pferd auf gerader Linie überhaupt einwärts stellen lässt.

Dabei ist es für das einwärts gestellte Pferd viel schwieriger, die innere Schulter zu belasten, weil die Muskulatur des einwärtsgestellten Halses sie im Vortreten behindert. Deswegen läuft das reiterlose Pferd auch über die äußere Schulter: es schaut im Rechtsgalopp nach links, weil es sich nur schwerlich gegen seine blockierende Halsmuskulatur auf der rechten Seite nach hinten umschauen kann. Daraus folgt, dass das Gehen in Stellung im Bewegungsablauf des ungerittenen Pferdes so

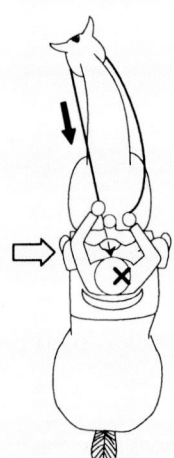

Der innere Zügel wird weich am Pferdehals entlang in Richtung Bauchnabel des Reiters geführt, der innere Schenkel treibt direkt am Gurt.

→ Zügel
⇦ Schenkel
× Gewicht

Die Einwärtsstellung

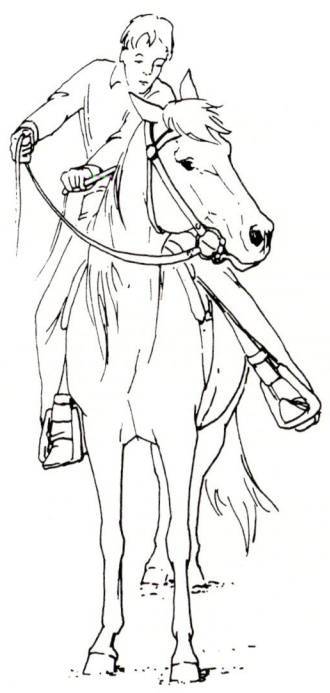

Falsch: Zügel zieht über den Hals

er den gleichseitigen Schenkel direkt am Gurt an den Pferdeleib. Zieht er die Hand über den Mähnenkamm, läuft das Pferd über die innere Schulter und entzieht sich so, weil es nur leicht den Kopf schräg legen muss (Verlehnen), um die innere Schulter von der blockierenden Halsmuskulatur freizumachen und sich dann doch auf die innere Schulter zu legen. Ein Ziehen der Zügelhand über den Mähnenkamm fordert es dazu geradezu auf.

Zieht der Reiter länger am einwärts stellenden Zügel als nötig oder vergisst der Reiter den gleichseitigen Schenkel, antwortet das Pferd mit einem Abwenden auf eine Kreislinie nach innen und läuft unter dem Zügelzug mit der Schulter nach innen, um sie wieder belasten zu können. Dann weiß der Reiter, dass er zu lange gezogen hat und dass er seinen innen treibenden Schenkel vernachlässigt hat. Die Einwärtsstellung sitzt erst dann wirklich, wenn der Reiter den Zügel loslassen kann und das Pferd aufgrund des inneren treibenden Schenkels immer

häufig vorkommt wie Spagat beim Menschen. Aber beides ist außerordentlich nützlich für die Gymnastizierung, für die Dehnbarkeit der Muskulatur. Das Pferd kann auf der gebogenen Linie viel besser im Gleichgewicht bleiben, wenn es seinen Körper dieser Linie nach biegt. Dadurch bleibt es senkrecht zum Erdmittelpunkt und wird weder stolpern noch hinfallen. Auch wenn die Einwärtsstellung für das Pferd ziemlich anstrengend ist, wird es so lange willig mitmachen, wie man ihm dabei erlaubt, sich immer wieder nach vorwärts-abwärts zu dehnen, um seine Muskualtur zu entspannen. Es ist wie beim Gymnastik treibenden Menschen: zuerst furchtbar anstrengend und fast unmöglich, dann geht's leichter und man empfindet Freude am Erfolg.

Technik: Um das Pferd einwärts zu stellen, zieht der Reiter weich am inneren Zügel, am Pferdehals entlang in Richtung auf seinen eigenen Bauchnabel – niemals seitlich über den Mähnenkamm des Pferdes. Gleichzeitig drückt

Falsch: Liegt der Zügel nicht am Hals, weicht das Pferd in Stellungsrichtung ab – und fällt auf die innere Schulter

Auswärtsstellung im Galopp   Einwärtsstellung im Galopp

noch einwärts gestellt auf der vorgesehenen Linie läuft. Ein langer Weg ...
Ein wirklich durchlässiges Pferd lässt
sich im Galopp sowohl nach innen als
auch nach außen stellen, ohne dass es
aufhört zu galoppieren, ohne die Bewegungsrichtung zu ändern und ohne
fliegend zu wechseln.
Auch für die Entwicklung des Spins ist
die Einwärtsstellung eine wichtige Vorübung.
Aber: Ist das Pferd durch die Einwärtsstellung daran gehindert, sein Gewicht
auf die innere Schulter fallen zu lassen,
wird es sie stattdessen auf die äußere
verlagern. Das merkt der Reiter daran,
dass der Sattel nach außen rutscht, und
dass es ihm sehr schwerfällt, den
äußeren Schenkel senkrecht bzw. hinter dem Gurt zu halten, weil eine
gewaltige Kraft sein äußeres Bein nach
vorne zieht. Das passiert vor allem
beim Reiten auf dem Zirkel. Im Prinzip
hat man also den Teufel mit Beelzebub
ausgetrieben. Anders gesagt: Ein Verlagern des Gewichts von der inneren
auf die äußere Schulter sorgt zwar
dafür, dass das Pferd nicht mehr in den
Zirkel hineinläuft, bringt es aber noch
lange nicht auf die Hinterhand. Auch
in dem auf Seite 55 besprochenen kreis-
runden Zirkel ohne Zügel läuft das
Pferd noch in seinem natürlichen Gleichgewicht, aber immer mit einer

Mehrbelastung der Vorhand. Mehrere
Möglichkeiten, das Fallen des Pferdes
auf die innere Schulter zu verhindern,
finden sich im Anschluss an das
Galopp-Kapitel, Seite 150 ebenso wie
eine Übung, um den Hinterhandeinsatz im Galopp zu verbessern.

Schulterherein

Aus der Einwärtsstellung lässt sich ein
Seitengang entwickeln, der aufgrund
seiner Verwandtschaft zum Gehen über
die äußere Schulter den Pferden nicht
schwerfällt. Aus der Einwärtsstellung
führt man die Vorhand etwa einen halben Hufschlag breit nach innen. So
entsteht ein Seitengang, in dem das
Pferd gegen die Bewegungsrichtung
gestellt ist. Dabei treten die Beine der
Innenseite vor die der Außenseite.
Technik: Die ersten Tritte im Schulterherein entwickelt man aus dem Durchreiten einer Ecke oder aus der Volte,
indem man von dort in Einwärtsstellung auf die ganze Bahn oder den
Zirkel geht. Dabei führt der äußere
Zügel am Hals die Vorhand vom Hufschlag, während der zurückgelegte
äußere Schenkel die Hinterhand auf
dem Hufschlag hält. Der innere Zügel
erhält die Stellung, der innere Schenkel
treibt vorwärts.

Das Schulterherein holt das in der Einwärtsstellung auf die äußere Schulter gefallene Pferd zurück ins Gleichgewicht – der Weg auf die innere Schulter ist durch die Einwärtsstellung versperrt. Außerdem stellt es eine Möglichkeit dar, ein schief gerittenes Pferd auf der festen Seite zu dehnen. Ein nach links schiefes Pferd wird man entsprechend im Schulterherein nach links reiten, um seine rechte Seite zu dehnen. Dazu hat man es aber vorher gut warmgeritten, damit man die Muskulatur nicht schädigt. Das Schulterherein birgt jedoch ebenso wie das Schenkelweichen die Gefahr, dass die Pferde die Gelenke des inneren Hinterbeins drehen, anstatt dasselbe vorschwingen zu lassen, wenn man sie nicht energisch vorwärts treibt. Damit richtet man natürlich mehr Schaden als Nutzen an.

Schulterherein – Der innere Vorderfuß kreuzt vor den äußeren

Wendung gegen den Zaun, Teil III

Und wieder werden Wendungen gegen den Zaun geritten, und diesmal werden sie aus dem Rückwärtsgang entwickelt. Hier steigen allerdings die Anforderungen an das Pferd, weil es jetzt bereits im Rückwärtsgang in die Wenderichtung schauen soll, zunächst ohne zu wenden.

Die Beweglichkeit der äußeren Schulter wird gefördert

Modernes Training für Cuttingpferde erfordert ein Maximum an Athletik in den Wendungen, denn auch die Cutting-Reiter haben mit dem Problem zu kämpfen, dass ihre Pferde auf die innere Schulter fallen und damit gegen das Rind drücken. Deshalb trainieren sie mit ihren Pferden eine Wendung in Stellung: Das Pferd schaut in die Richtung, in die es wenden soll. Das macht den Abstand zwischen dem belasteten Hinterbein und dem übertretenden Vorderbein kleiner. Das Pferd wendet quasi durch sich selbst hindurch. Wir planen also eine Wendung nach rechts.

Schulterherein im Trab

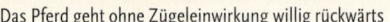
Das Pferd geht ohne Zügeleinwirkung willig rückwärts

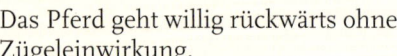
Der Reiter stellt das Pferd nach links

Das Pferd geht willig rückwärts ohne Zügeleinwirkung.
Der rechte Zügel stellt das Pferd nach rechts; der rechte Schenkel verhindert, dass das Pferd sofort wendet, indem er am Gurt immer dann treibt, wenn das rechte Vorderbein zurücktritt. Auf diese Weise kann der Reiter sein Pferd veranlassen, mit dem Vorderbein weiter unter den Körper zu treten und so Platz zu schaffen für das in der Wendung übertretende äußere (hier linke) Vorderbein. Ohne anzuhalten folgt nun aus der Rückwärtsbewegung die Wendung, indem der Reiter die rechte Wade vom Pferdekörper wegdreht, den linken Zügel an den Hals legt, den rechten ganz wenig seitwärts-vorwärts vom Hals wegführt und selbst nach rechts schaut. Etwa im letzten Drittel der Wendung treibt der leicht zurückgelegte äußere Schenkel.

In unserer engen, zugebauten und vollgestellten Welt entscheidet die Umgebung, wie man mit dem Scheuen des Pferdes umgeht. Außerhalb der Reitbahn wird es also in erster Linie darum gehen, dass aus dem Scheuen keine Gefahr für Mensch und Tier (und teure Autos) entsteht, und erst an zweiter Stelle um ein Training am »Objekt«. Dafür ist die Reitbahn da.
Alle im Folgenden genannten Übungsmöglichkeiten setzen einen gelangweilten oder amüsierten, aber auf keinen Fall ängstlichen, genervten oder wütenden Reiter voraus. (Letztere steigen sowieso besser ab, noch besser um: Yoga.)

Möglichkeit 1:
Verschieben der Komfortzone
Über dem Reitbahnzaun hängt eine Pferdedecke, an der das Pferd nicht

Das Pferd darf wenden

Der äußere Schenkel treibt im letzten Drittel der Wendung

vorbeigehen kann. Man legt einen Zirkel an, der immer wieder an der Decke vorbeiführt oder wenigstens in ihrer Nähe. Das Pferd springt zur Seite und der Reiter »unterstützt« es dabei verständnisvoll mit einem Gehen über die Schulter in Fluchtrichtung. Dann geht´s ganz schnell weg von dem Ding – im kontrollierten Galopp mit Zügel- und Schenkelkontakt – aber auf einer Zirkellinie. Die führt nach einer Runde zwangsläufig wieder in die Nähe der Decke. Das Pferd springt zur Seite, der Reiter »unterstützt« es usw. Je nach Vorwärtsdrang, Furcht und Dummheit des Pferdes wird es eine Weile dauern, bis der Adrenalinspiegel sinkt und das Pferd keine Lust mehr hat. Das merkt der Reiter daran, dass das Zur-Seite-Springen weniger wird und dann ganz aufhört. Jetzt ist der Reiter an der Decke

nett zu seinem Pferd, indem er es in Ruhe lässt. Kaum ist es an der Decke vorbei, setzen Zügel- und Schenkelein- wirkungen wieder ein, um das Pferd energisch vorwärts zu treiben. An der Decke ist man wieder ganz nett zu dem Tier. Wird es daraufhin auf Höhe der Decke langsamer, kann man ihm ein paar Runden später mit einem leise gefragten »Whoa?« eine Pause anbieten. Dabei hängt der Zügel locker durch, um erst nach Passieren der »Deckenzone« zusammen mit den trei- benden Hilfen wieder einzusetzen – bis das Pferd von selbst neben der Decke an- hält. Damit ist die schrecklichste Stelle des Zirkels die angenehmste geworden – die Komfortzone hat sich verschoben. Das Pferd könnte jetzt neben der Decke schlafen! Also lässt man es dort ausgie- big verschnaufen und Atem schöpfen.

Warum scheuen Pferde überhaupt?

Die meisten Pferde sind leicht zu erschrecken. Sie stutzen, springen zur Seite und schauen sich die Ursache des Schreckens an. Dann entscheiden sie, ob sie besser weglaufen oder wieder zur Tagesordnung zurückkehren.

Ein Pferd, das sich auf seinen Reiter wirklich verlassen kann, weil es den Eindruck hat, dass er mit allen Schwierigkeiten dieser Welt spielend fertig wird, hat eigentlich keinen Grund zu scheuen. Und trotzdem passiert oft genug genau das Gegenteil: Wenn besagtes Pferd mit einem unsicheren Reiter unterwegs ist, benimmt es sich mustergültig brav. Kaum sitzt ein wirklich guter Reiter im Sattel, springt es von links nach quer durch die Botanik. Unter dem gleichen Reiter gehen zaghafte Pferde ohne Zaudern und Scheuen durchs Gelände. Das liegt daran, dass die Pferde ihre Reiter vom ersten Augenblick einer Begegnung an einschätzen.

Ein Pferd mit starker Psyche wird einen schwachen Reiter vielleicht brav tragen und unter dem guten Reiter albern herumspringen. Oder es wird ihn abwerfen und ihm die Adresse einer guten Reitschule geben. Ein ängstliches Pferd wird mit dem schwachen Reiter nach Hause rennen, aber unter dem souveränen ganz brav an allen Schwierigkeiten vorbeigehen. Ob ein Pferd erregt ist, lässt sich leicht feststellen: Die Pulsfrequenz ist deutlich erhöht.

Man fühlt deutlich, wie das Herz durch das Sattelblatt hindurch heftig klopft, mit etwa 140 Schlägen pro Minute. Die Atmung ist auf einmal hörbar, unter Umständen schnauft und schnaubt das Pferd sogar. Die Ohren sind starr auf den Angst auslösenden Gegenstand gerichtet. Klappt das Pferd dann noch das dem »Ding« nähere Ohr waagerecht ab, wird es als nächstes in die andere Richtung wegspringen. Beispiel: Ein blauer Müllsack auf der rechten Seite des Weges; das Pferd klappt das rechte Ohr ab, so dass seine Ohren wie die Zeiger der Uhr auf drei Uhr stehen und scheut nach links weg. Auch wenn Pferde nicht in den Hänger wollen, sollte man den Puls überprüfen: links direkt hinter dem Ellenbogen die flache Hand auf den Rippenkasten legen. Dann weiß man, woran man ist.

Im Pferd herrschen ungeheure Suggestivkräfte. Sie können sich einbilden, dass ein am Wegesrand abgestellter Pflug ein pferdefressendes Monster ist. Woher sollen sie auch wissen, ob das Ding nicht wirklich Pferde frisst?

Wird das Pferd im ganzen Körper steif, fliegt die Atmung und mag es den Gegenstand des Schreckens überhaupt nicht anschauen – nach dem Motto: »Wenn ich lange genug wegsehe, ist das Ding verschwunden«, hat es echte Angst.

Schaut es das »Ding« an, schüttelt den aufgewölbten Nacken und zappelt herum, ohne wirklich flüchten zu wollen, könnte es aber auch übermütig und albern sein und spontan das perfekte Flüchten üben wollen. Das ist selbst für erfahrene Reiter nur sehr schwer zu unterscheiden. Und da man Pferde besser nicht straft, sondern sinnvoll korrigiert, macht es für die Reaktion des Reiters auch eigentlich keinen Unterschied.

Wenn man dem Pferd hier grundsätzlich Albernheit unterstellt, wird man selber nicht steif vor lauter Angst vor der Angst des Pferdes. Stattdessen überlegt man sich, wie man diese Situation in eine nutzbringende Übung umwandelt. Man lässt das Pferd mit dem Gesicht zu dem »Ding« wenden! So lange, bis das Pferd signalisiert, dass ihm nicht nur der Gegenstand gleichgültig geworden ist, dass es liebend gern weitergehen möchte, vielleicht sogar noch ein bisschen länger.

Beim nächsten schrecklichen Teil wird es sich an die Arbeit erinnern, die ihm das letzte Scheuen eingebracht hat, und es wird es sich tunlichst verkneifen, erneut zur Seite zu springen.

Das ist zwar keine Garantie, dass das Pferd auf dem nächsten Ausritt nicht wieder üben wird: »Was wäre, wenn jetzt ein Wolf kommt«, aber es wird es sich vielleicht überlegen, ob es nicht besser auf sein Spezialtraining verzichtet.

Andererseits sind sich viele Reiter nicht darüber im Klaren, dass sie selbst der Auslöser einer Fluchtreaktion des Pferdes sind. Nochmal: Das Pferd erschrickt sich, springt zur Seite und überlegt: »Was soll ich machen? Weglaufen oder nicht?« Um eine Entscheidung zu treffen, fragt es erstmal den Chef. Hat der Reiter auch Angst, ist es bestimmt besser, schnell abzuhauen. Sitzt der aber obendrauf und lacht sein Pferd lauthals aus, war das mit dem Scheuen doch eher peinlich... Tagesordnung!

Es wird sich mit guten Gefühlen an die Decke erinnern!

Möglichkeit 2: Einwärtsstellung

Haben Sie das Gefühl, Ihr Pferd benutzt die seit Tagen über dem Reitbahnzaun hängende Decke, um Sie von Ihrem Trainingsprogramm abzulenken? Stellen Sie es einwärts, immer wenn Sie an der Decke vorbeireiten, während der innere Schenkel energisch treibt. Und dekorieren Sie morgen den Zaun anders!

Möglichkeit 3:
Wendungen gegen den Zaun

Das ist eher für kleine, dumme Pferde mit schwacher Kondition. Kaum sind sie an der Decke vorbeigesprungen, lässt man sie wenden und wieder wegspringen. Da ihnen schnell die Puste ausgeht, erspart man ihnen das Galoppieren auf dem Zirkel und gibt sich damit zufrieden, dass sie nach einiger Zeit stehen bleiben und die Decke anschauen. Dann hält man ihnen einen wissenschaftlichen Vortrag über die Beschaffenheit und Herstellung von Pferdedecken. Denn mal ganz ehrlich: Geht Ihnen das nicht auch so, dass Sie ganz schnell müde werden, wenn Ihr Gesprächspartner Ihnen einen langen, langweiligen Vortrag hält?

Möglichkeit 4: Das hält ja kein Pferd aus!

Diesmal liegt eine feste Plane in der Reitbahn, und Ihr Pferd weigert sich standhaft, auch nur einen Huf darauf zu setzen. Verabreden Sie sich mit dem Reiter eines verfressenen Ponys aus der Nachbarschaft, kaufen Sie einen Sack Mohrrüben und lassen Sie Ihr Pferd zusehen, wie das Pony auf der Plane steht und haufenweise Möhren schmatzt. Aber nur zuschauen lassen, auf keinen Fall in Richtung Plane treiben! Besser noch: Wenn es Anstalten macht, auch auf die Plane zu wollen, halten Sie es zurück. Das hält kein Pferd aus! Wussten Sie schon, dass die Kühe der Meinung sind, wir hätten einen Zaun um die Wiese gemacht, weil das Gras auf der anderen Seite besser ist?

Möglichkeit 5: Rückwärtsgehen

Das geht besser an der Hand. Unter dem Sattel neigen viele Pferde zum Steigen, wenn man sie über Gebühr rückwärts schickt. Ganz gleich, ob Ihr Pferd nicht an der Decke vorbei oder nicht auf die Plane will, schicken Sie es etwa 15 Meter rückwärts, lassen Sie es soweit vorwärtsgehen, wie es sich freiwillig der Plane nähert, aber ziehen Sie es auf keinen Fall vorwärts in Richtung Plane! Dann geht´s wieder rückwärts und wieder vorwärts, bis Ihr Pferd signalisiert, dass es jetzt viel lieber auf die Plane als noch länger rückwärts gehen will. Aber Sie machen noch ein bisschen weiter und hindern Ihr Pferd jetzt daran, auf die Plane zu gehen, auf der natürlich die dickste Mohrrübe der Welt liegt. Wenn Sie diese Übung konsequent durchhalten, wird Ihr Pferd am Ende auf die Plane rennen!

Das funktioniert auch mit Pferdehängern.

> »Auch artig sein wär' gar nicht schwer, wenn´s uns verboten wär'!«
> (Wilhelm Busch: Max und Moritz)

Viel Spaß beim Dekorieren des Reitplatzes!

Rollback

Als Rollback bezeichnet man in der Turnierdisziplin Reining eine Wendung von 180 Grad auf der Hinterhand gegen die Einzäunung im Anschluss an einen Sliding Stop. Dieser Stop und die folgende Wendung sollen mit mindestens sechs Metern Abstand zur Wand so ausgeführt werden, dass man möglichst keine Zügeleinwirkung sieht und das Pferd auf der gleichen Linie, auf

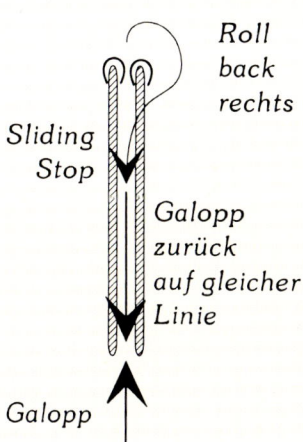

Roll back rechts

Sliding Stop

Galopp zurück auf gleicher Linie

Galopp

der es gestoppt hat, im Galopp wieder herauskommt. Dabei soll es in die Wenderichtung schauen, also gebogen sein. Für ein Pferd, das den dritten Teil der Wendeübung beherrscht, ist ein Rollback überhaupt kein Problem. Es sei denn, der Reiter hat es im Training nach der Wendung immer wieder heftig rückwärts gehen lassen. Solche Pferde verweigern in der Prüfung schnell den Rollback, indem sie sich nach rückwärts entziehen. Mehr als vier Tritte rückwärts oder ein Überdrehen dieser 180-Grad-Wendung um mehr als ein Viertel bedeuten in Reining allerdings gleich Null Punkte.

Hier finden die Pferde sehr schnell eine Möglichkeit, sich gegen zuviel Zügeleinsatz ihres Reiters massiv zur Wehr zu setzen. Unschöne Bilder und »no score« , d.h. Null Punkte sind die Folge. In Bezug auf Sitz und Einwirkung des Reiters bestehen zwischen Spin und Rollback nur graduelle Unterschiede. Im folgenden Kapitel über den Spin wird beides ausgiebig besprochen. Um dem Pferd vor der Wendung einen Hinweis geben zu können, ob nach dem Stop ein Rollback oder Spin folgen wird, kann der Reiter für den Rollback schnalzend »zwei Küsschen« geben und wird sich rein instinktiv energischer in die Drehrichtung bewegen. (Anm.: Der Vollständigkeit halber sei gesagt, dass es in den bei Drucklegung aktuel-

len Reining-Pattern nur folgende Kombinationen gibt: Run – Stop – Rollback, Zirkel – Stop (im Zentrum der Arena) – Verharren – Spins, Run – Stop – Back – Spins)

Wichtig ist jedoch vor allen Dingen, dass der Reiter sein Gewicht in die Bewegungsrichtung bringt und auf jeden Fall vermeidet, die innere Schulter hängen zu lassen.

Ein gewaltfrei trainiertes Pferd wendet so schlagartig in den Rollback, wenn sein Reiter nur in die andere Richtung schaut, dass man besser darauf vorbereitet ist.

Pferde haben großen Spaß am Training des Rollbacks, weil es für sie einen praktischen Nährwert darstellt: Wer schnell wenden und lossausen kann, ist seinen Feinden immer eins voraus.

▶ Die »Direkte Biegung – in Einwärtsstellung Anhalte – über die Schulter rückwärtsgeh – Rollback – Übung«

(vielleicht gibt ihr ja jemand einen besseren Namen...)

Die Übung beginnt mit Volten in der direkten Biegung. Wenn sich das Pferd schön biegt, so dass es auch die Nase wenigstens ein bisschen fallen lässt, geht der innere Zügel langsam an den Hals, während der innere Schenkel aufhört zu treiben. Das Pferd hält in Einwärtsstellung an. Fällt die Hinterhand in gegengleicher Richtung aus, liegt das daran, dass man den inneren Zügel zu schnell an den Hals genommen hat. Hält das Pferd nicht sofort an, wartet man, bis es anhält – nur keine Ungeduld! Da man ja nicht mehr treibt, wird es schon irgendwann anhalten. Dann nimmt man langsam den äußeren Zügel auch auf, so dass er ansteht – und wartet, während man sein Gewicht nach außen verlagert hat. Das Pferd soll die Lösung selbst finden, und die geht rückwärts über die äußere Schulter. Klar, dass sich der Reiter zunächst mit nur

Rollback links

einem Tritt begnügt, den Zügel loslässt und das Pferd lobt – auch wenn es daraufhin wieder im Schritt vorwärts geht! Dann beginnt er die Übung eben nochmal von vorn. Es handelt sich ohnehin um eine Endlos-Übung...

Sollte das Pferd auf dem Zügel einschlafen, bewegt man sich ein bisschen im Sattel und fordert das Pferd mit der Stimme auf, sich zu bewegen und die Lösung zu suchen.

Nach ein, zwei Tritten über die äußere Schulter erfolgt ein Rollback zur Außenseite, indem man den inneren Zügel vollständig durchhängen lässt und den äußeren relativ kurz fasst, um ihn in Art der Direkten Biegung deutlich nach vorwärts-seitwärts zu ziehen.

Idealerweise endet diese Übung vorläufig im Galopp auf dem Zirkel. Vorläufig, denn im Galopp sitzt der Reiter extrem passiv und treibt das Pferd überhaupt nicht, so dass es nach wenigen Sprüngen in den Trab zurückfällt. Und schon beginnt die Übung von vorn, indem man das Pferd jetzt in direkter Biegung in eine Trabvolte bringt.

Fällt das Pferd auf der Volte in den Schritt, ist das in Ordnung.

Es folgen einwärts gestelltes Anhalten, Rückwärtsgehen über die äußere Schulter und mit einem Rollback in den Galopp auf dem Zirkel usw. Wenn das Pferd mit dem Ablauf der Übung

vertraut ist, kann man die Anforderungen erhöhen, indem man es beim Rückwärts-über-die-Schulter-Gehen mit dem inneren Schenkel antreibt, und zwar immer dann, wenn der innere Vorderfuß zurückgeht.

Da der Reiter das Pferd vollkommen in Ruhe lässt und überhaupt nicht antreibt, wenn er schlussendlich im Galopp auf dem Zirkel aus dieser Übung herausgekommen ist, sondern sich geradezu auf den Moment freut, in dem das Pferd aus dem Galopp fällt, damit er die Übung von vorn beginnen kann, fängt das Pferd schon nach wenigen Tagen an zu überlegen, ob es wirklich in den Trab fallen oder lieber im Galopp bleiben soll, wo es doch so schön in Ruhe gelassen wird. Und in dieser Überlegung macht es genau wie ein nachdenklicher Mensch einen runden Rücken bei gesenktem Hals.

Der Galopp wird von allein immer langsamer, eben weil das Pferd so gründlich nachdenken muss. Es muss sich entscheiden, und das fördert die nachdenkliche Haltung. Damit ist es vorbei mit dem Losstürzen im Galopp!

Wendungen auf der Hinterhand

Wenn ein Pferd erstmal in der Lage ist, in Einwärtsstellung eine halbe Wendung auf der Hinterhand zu vollziehen, ist es nur noch ein kleiner Schritt zur ganzen Hinterhandwendung um 360°.

Dafür lässt der Reiter den Zügeldruck länger bestehen und treibt mit dem inneren Schenkel, damit das Pferd mehr als 180° wendet.

Im fortschreitenden Training lässt er den Zügel los und erwartet, dass das Pferd nur auf die treibende Einwirkung des Schenkels weiter auf der Hinterhand wendet. Erst wenn das Pferd nach vorwärts ausfällt, nimmt er den Zügel wieder auf.

Der Erfolg ist eine langsame Wendung auf der Hinterhand, bei der sich das Pferd immer mehr gerade richtet, weil ja der Zügeldruck fehlt. Der Reiter muss allerdings immer darauf achten, dass das Pferd den Hinterfuß belastet, in dessen Richtung es dreht. D.h. wenn es nach rechts dreht, muss es seinen gesamten Körper um diesen rechten Hinterfuß drehen. Damit erreicht man, dass das Pferd nicht mehr versucht, in der Hinterhand auszufallen, um sich in seiner Körperachse zu verschieben oder sogar um die Mittelachse zu wenden. Die Mehrzahl der Reiter wird diesen Bewegungsablauf nicht erfühlen können. Solange die Drehbewegung langsam vollzogen wird, kann man sich dadurch helfen, dass man auf rückwärts auf den zu belastenden Hinterfuß schaut und das Pferd durch bestätigendes Lob oder korrigierendes Zurechtweisen (»Jaaa,

Hinterhandwendung – das äußere Vorderbein tritt über das innere

gut«; bzw. »Na!«) lenkt. Ansonsten empfiehlt es sich, einen Helfer mit der Aufgabe zu betrauen, auf den zu belastenden Hinterfuß, den sog. Pivot-Fuß, zu schauen, und dem Reiter durch »Ja« oder »Nein« Hilfestellung zu leisten.

> **Ganz wichtig: Sobald das Pferd beginnt, um die Hinterhand zu drehen, muss der Zügel absolut lose sein (= Nullwirkung), damit es keinen Grund hat, gegen den Zügel zu kämpfen und sich zu entziehen.**

Als Nächstes entfällt auch die treibende Schenkelhilfe. Die Wendung wird nur noch angetrieben, dann entfernt sich der Reiterschenkel vom Pferdekörper und wird erst wieder aktiv, wenn das Pferd aufhört, sich zu bewegen. Da sich das Pferd hier mehr oder weniger in Außenstellung um den diagonalen Hinterfuß dreht, wird daraus kein Spin. Aber man kann dem weniger athletischen Pferd vermitteln, was es tun soll: sich um die Hinterhand drehen. Aufgrund der Außenstellung darf man diese Hinterhandwendung auch nur sehr langsam reiten, sonst tritt

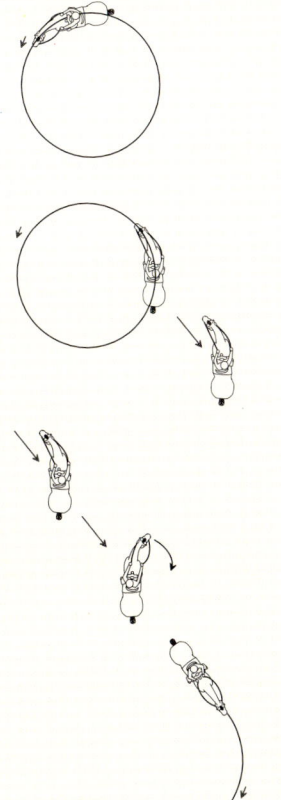

Direkte Biegung, über die Schulter rückwärts gehen, Rollback

sich das Pferd auf den inneren Vorderfuß und versucht zu »hinterkreuzen«,
indem es das äußere Vorderbein hinter das innere platziert. Solchen Ideen
muss der Reiter unbedingt mit deutlichem Vorwärtsreiten begegnen, sonst
entzieht sich sein Pferd später im Spin
nach rückwärts.

Pivot

Das ist eine schnelle, halbe oder viertel
Wendung um die Hinterhand. Ihre

Beherrschung ist auch für nicht
turniergerittene Pferde wichtig, damit
der Reiter in der Lage ist, die Vorhand
des Pferdes schnell beiseite zu
nehmen, beispielsweise um natürlichen Hindernissen, Gefahrenquellen
oder auch Spaziergängern auf engem
Raum ausweichen zu können.
Die Kontrolle über die Beweglichkeit
der Vorhand stellt demnach ein erhe-
bliches Maß an Sicherheit für Reiter
und Pferd dar.

Schulterkontrolle ist geistige Kontrolle

*Die Schulterkontrolle ist darüber hinaus die Antwort auf eine typi-
sche Verhaltensweise des Pferdes, nämlich gegen Rangniedrigere mit
der Schulter zu drücken. Das Pferd verhält sich so nicht nur gegenüber Artgenossen, sondern gegenüber allen und allem, was ihm
rangniedriger erscheint, und Platz machen soll. (vgl. Seite...)
Wenn der Reiter demnach in einer engen Situation, in der das
Pferd gegen Menschen, andere Pferde oder Gegenstände (beispielsweise Kinderwagen) drückt, es mit einem Half Turn davon entfernt, bringt er es gleichzeitig unter psychische Kontrolle, die dem
Pferd deutlich macht, wer hier die Entscheidungen trifft. Eine derartige Kontrolle dankt das Pferd mit Vertrauen, das sich in Unter-
ordnung und Gehorsam äußert. Denn das Pferd möchte, dass man
ihm solche Entscheidungen abnimmt, es ordnet sich gern demjeni-
gen unter, der gleichzeitig die Verantwortung für seine Handlungen
und alles drumherum über-nimmt. Diese Verantwortung muss der
Reiter bereit sein zu tragen, damit ihm sein Pferd auch wirklich
vertrauen kann. Reiter mit einer »Freund Pferd«- und Kamerad-
schafts-Philosophie werden sich in kniffligen Situationen immer in
Schwierigkeiten finden, wenn sie nicht begriffen haben, dass
»Kameradschaft« ein soldatischer Begriff ist. Niemand möge mir
militaristische Tendenzen unterstellen, aber das Pferd erwartet von
seinem Reiter etwas anderes als eine basisdemokratische Diskus-
sion.»Ich trage dich und du trägst die Verantwortung« – das ist der
Standpunkt der Pferde und der ganze Grund, warum sie uns trotz
allen reiterlichen Unvermögens auf ihrem Rücken dulden.*

Spin

Dies ist die rasante Drehung des Reining-
Pferdes um die Hinterhand. Dabei trabt
es in höchstmöglicher Geschwindigkeit
mit den Vorderfüßen um den inneren
Hinterfuß, während der äußere Schwung
holend untersetzt – in Bewegungsrichtung leicht gebogen, am losen Zügel,
fast ohne treibende Einwirkung des
Reiters. Und es kommt auf den Punkt
genau zum Stillstand, nach 1 1/2 bis 4
Umdrehungen, je nachdem, was die
Aufgabe (das Pattern) verlangt.
Während die sinnvolle Beherrschung
des Half Turns gerade beschrieben
worden ist, stellt der Spin eine Perfektion und gleichzeitig eine Perversion
des durchlässigen Pferdes dar.
Kein Geländereiter braucht ein Pferd,
das sich rasant um die Hinterachse
dreht, sooft es der Reiter will. (Es sei
denn, man muss sich gegen einen an-
greifenden Hund zur Wehr setzen.)
Aber der Spin ist der Gipfelpunkt seit-
licher Durchlässigkeit des Pferdes, ebenso wie es die Galopp-Pirouette für Dres-
surreiter ist, und der Sliding Stop Gipfelpunkt frontaler Durchlässigkeit ist.
All diese Elemente finden sich nur in
der Turnierreiterei wieder, als Ausdruck
hoher athletischer Leistung des Pferdes
und reiterlichen Könnens.

> Jedes Pferd kann lernen, um die
> Hinterhand zu wenden. Ob daraus
> ein Spin wird, ist eine Frage seiner
> Athletik. Grundsätzlich gilt für den
> Anfang: Erst die Technik, dann die
> Geschwindigkeit!

► Spin-Training

Das Pferd muss lernen, die Vorderbeine
vorwärts kreuzend um die Hinterhand
zu bewegen.
Bei Pferden mit kräftiger Hinterhand
und der Bereitschaft, sie auch einzu-

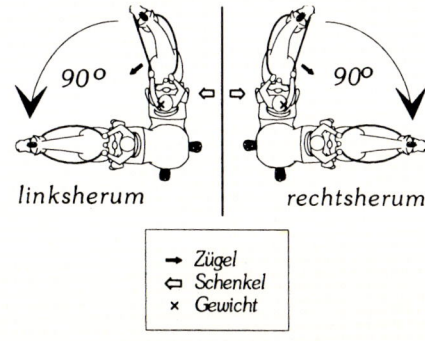

Viertel Turn

setzen, beginnt man den Spin aus der
direkten Biegung mit Einwärtsstellung.
Technik: Man reitet das Pferd in einer
Schrittvolte und stellt es durch den inneren Zügel am Hals einwärts, während
der innere Schenkel am Gurt immer
dann treibt, wenn das äußere Vorderbein vortritt. Dabei soll das Pferd lernen,
sich der Volte nach so zu biegen, dass

Half Turn

sein inneres Vorderbein mit wenig Vorwärtsbewegung vermehrt unter den
Körper tritt, während das äußere Vorderbein energisch ausholt, um vor die Spur
des inneren zu treten, ohne in die Volte
hineinzufallen. Auf diese Weise bekommt das äußere Vorderbein genügend Platz zum Übertreten, ohne auf
das innere zu treten. Entsprechend beginnt jede Wendung mit dem äußeren

Von links
nach rechts:
Rechtsspin

Linksspin

und niemals mit dem inneren Vorderbein! Diese Art der Volte übt man solange, bis das Pferd sie auch ohne Zug
auf dem inneren Zügel einwärts
gestellt laufen kann. Dabei nimmt man
den äußeren Zügel immer dann an den
Hals, wenn das äußere Vorderbein vortritt – ohne ihn über den Mähnenkamm nach innen zu ziehen. Für die
Wendung wechselt man den treibenden Schenkel, indem man jetzt mit
dem äußeren, leicht zurückgelegten
Schenkel treibt, so dass das Pferd eine
Begrenzung an seiner Außenseite spürt
und dieser nach innen ausweicht, indem es die Vorhand um die Hinterhand dreht.

> **Dabei schaut das Pferd weiterhin
> in Drehrichtung!**

Sobald das Pferd die rhythmische Vorwärtsbewegung des Schrittes unterbricht,
lässt man es wieder vorwärts in die einwärts gestellte Volte gehen, bringt es in
eine korrekte Einwärtsstellung bei
fleißigem Schritt und beginnt von vorn.
Wer sich in seinen ersten Spins versucht,
merkt in der Regel nicht, ob das Pferd
wirklich um die Hinterhand dreht.
Deshalb holt man sich am besten einen
netten Menschen zu Hilfe, der beobachtet und kommentiert. Und man ist

nicht gleich total frustriert, wenn das Pferd mit dem inneren Hinterfuß kein Loch bis nach Neuseeland in den Fußboden bohrt. Es reicht erstmal völlig aus, wenn das Pferd überhaupt um die Hinterhand dreht. Die meisten Pferde werden jedoch versuchen, mit den Hinterbeinen kreuzend oder laufend nach außen auszuweichen, weil ihnen die nötige Flexibilität im Rumpf oder die nötige Kraft in den Hinterbeinen noch fehlt. Die meisten Reiter werden daraufhin versuchen, das Pferd mit dem äußeren Zügel in die Drehung zu ziehen... das Pferd wird nach rückwärts ausweichen, ein Vorderbein hinter das andere setzen oder mit den Vorderbei-

nen springen, weil es sich nicht anders zu helfen weiß. Alle Pferde, die auf diesen Ablauf mit Widerstand reagieren, machen sich steif. Man muss ihnen also helfen, die nötige Flexibilität und Kraft zu entwickeln, um in gebogener Haltung um den inneren Hinterfuß drehen zu können. Dabei darf ihnen der Reiter nicht mit falschem Sitz im Wege sein, weil er ein Opfer der Fliehkraft wird.

▶ Wie muss der Reiter im Spin sitzen?

Das Pferd tritt immer unter den Schwerpunkt des Reiters. Es erfordert also

Verwerfen im Genick

Innenseite der Kurve den Grund berührt.

So sitzen auch die Cuttingreiter auf ihren blitzschnell wendenden Pferden. Beide – Motocrossfahrer und Cutter – zeigen überdeutlich, wie sie versuchen, ihren Körper angesichts der heftigen Fliehkräfte unter ihnen im Gleichgewicht zu halten: indem sie den Oberkörper nach außen verlehnen, um ihn senkrecht halten zu können. Nach außen – nicht nach innen!!

> ► Sich verlehnen – das ist es, was sowohl Reiter als auch Pferd gern tun – und was sich beide abgewöhnen müssen, wenn Wendungen und Drehungen funktionieren sollen.

schon sehr begabte Pferde, wenn der Reiter der Fliehkraft und der Aufwölbung des Pferderückens folgend außen sitzend einen Spin reiten will. Man kann dem Pferd helfen, indem man sein Gewicht in die Drehrichtung verlagert. Verlagert, nicht verlehnt!
Das erreicht man, indem man das äußere Bein ein wenig abspreizt, in der äußeren Hüfte einknickt und die äußere Schulter rückwärts absenkt. So gibt man dem Körper eine totale Gewichtsverlagerung nach innen, ohne dass man sich nach der Seite verlehnen muss.
Ein Verlehnen des Reiters meint die Bewegung des Oberkörpers aus der Senkrechten zur Seite.
Von Natur aus möchte sich der Mensch gern in die Richtung lehnen, in die er sich bewegt. Das kann jeder an sich selbst ausprobieren: im schnellen Lauf auf kleinem Kreis, indem man sich auf einem Bürostuhl dreht, indem man mit dem Auto oder Motorrad eine enge Kurve fährt... Bei größerer Geschwindigkeit tun manche aber genau das Gegenteil: während der Motorradfahrer sich auf der Straße in die Kurve legt/lehnt, stellt der Motocross-, Sand- oder Eisbahnfahrer den Lenker seines Motorrades gegen die Kurve und verlagert sein Gewicht nach außen. Oft liegt die Maschine dabei so schräg, dass der Fuß auf der

Das Pferd hat fünf Möglichkeiten, sich zu verlehnen:

1. Verwerfen im Genick: Das kann der Reiter leicht feststellen: Das Pferd hält den Kopf schief, so dass das innere Ohr höher ist als das äußere und der innere Ganaschenrand ist sichtbar. Direkt hinter dem inneren Ohr schwillt ein faustdicker Muskel sichtbar an. Das Pferd tut dies, um eine Biegung im oberen Bereich des Halses zu vermeiden.
Nahezu jeder Reiter hat das Gefühl eines steifen Halses am eigenen Leibe irgendwann erfahren. Ein steifer Hals ist ein Grund, warum ein Pferd den Hals nicht biegen möchte: Es tut weh.
In der Regel zeigt ein Steifmachen des Halses jedoch eine Hinterhandschwäche an: Wenn das Pferd in einer Biegung nach außen schaut, tritt der innere Hinterfuß nicht unter den Körper. Entweder bereitet ihm das Probleme oder es möchte das äußere Hinterbein nicht bewegen.
Abhilfe schafft vorsichtige, gefühlvolle Gymnastik, die den Hals mittels des seitwärts wirkenden Zügels immer wieder zum Biegen auffordert, wobei der Zügel sofort nullwirken muss, sobald das Pferd durch Biegen nachgibt.

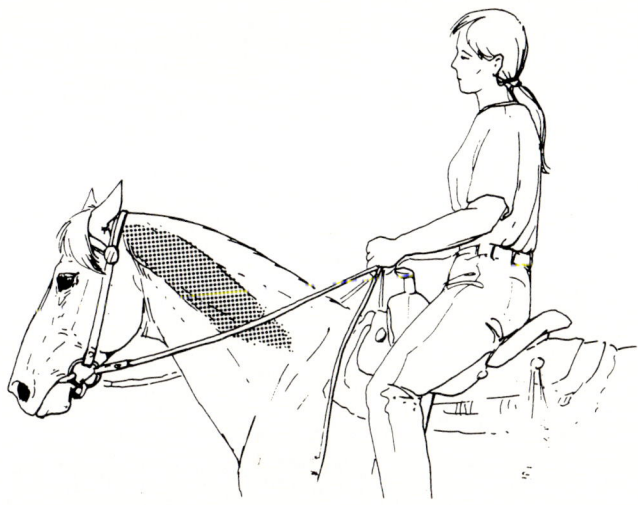

Verlehnen im Hals

Sonst legt es sein Kopfgewicht schief auf den Zügel, sucht darin eine Stütze für die schmerzende Muskulatur und zieht dem Reiter sogar den Zügel aus der Hand. Um den Schmerz in der Halsmuskulatur, bzw. der Hinterhand, zu lösen, wechselt man häufig die Biegeseite und ist wirklich zart mit der Zügeleinwirkung, aber energisch mit dem treibenden Schenkel.

Manchmal sind Pferde einseitig so steif, dass sie sich zur gegenüberliegenden Seite überhaupt nicht biegen können. Dann hilft die »Feine Lösende Übung« (siehe Kapitel »Aufbau einer Reitstunde«). Richtig angewendet, hat diese krankengymnastische Anwendung dieselbe schmerzlösende Funktion wie eine entsprechende Gymnastik für verspannte Menschen. Mit Gewalt erreicht man hier gar nichts. Unterstützen kann man diese Therapie noch durch leicht wärmende Einreibungen im oberen Drittel des Halses, da sich hier die Muskulatur aufgrund der Abwehrhaltung extrem verspannt. (Dasselbe möchte ich auch verspannten Reitern empfehlen; im Zusammenhang mit der rhythmischen Bewegung des Pferdes erreicht man für sich selbst erstaunliche Linderung.)

2. *Verlehnen im Hals:* Das ist für den Reiter daran zu erkennen, dass das Pferd den oberen Armkopfmuskel gegen die Biegerichtung drückt. Er erscheint wie eine bananenförmige Beule auf der Innenseite des Halses. Entweder kann sich das Pferd auf der Außenseite des Halses oder auf der Außenseite des Rippenbogens nicht dehnen. Die Ursache findet sich im Hals, wenn in Dehnung auf der Außenseite Kuhlen sichtbar werden. Derartige Muskelverkürzungen finden sich bei Pferden, die eine schwere Erkrankung der Atemwege hinter sich haben oder mehr oder weniger dämpfig sind, und bei Pferden, die unsachgemäß lange und extrem ausgebunden worden sind.

Geraten die Karpalgelenke aneinander, hilft ein Knee Boot.

Pferde mit steifem Rippenbogen sind erkennbar einseitig besonders schief. (Siehe dazu Kapitel »Die natürliche Schiefe«)

Auch hier helfen nur Biegen (Die »Feine Lösende Übung«!), Geduld und regelmäßiges, tägliches Reiten. Wie beim Menschen ist die Neigung zu Verspannungen erstens anlage- und zweitens haltungsbedingt. Während der Mensch kaum einen Ausweg aus der verspannungserzeugenden Büro- oder Fließbandarbeit zum Erwerb für den Unterhalt seines Pferdes sieht, hat er vielleicht aber eine Möglichkeit, die Situation seines Pferdes durch eine artgerechte Gruppen-Auslaufhaltung zu verbessern. Bei bewegungseinschränkender Boxenhaltung wird er jeden Tag erneut vor dem Problem nervenraubender Verspannungen stehen – ebenso wie ihn selbst die gleichen Schmerzen am Ende eines Arbeitstages ohne Bewegung quälen.

Darüber hinaus stehen Verspannungen im unmittelbaren Zusammenhang mit der gemütsmäßigen Verfassung des Individuums, gleich ob Reiter oder Pferd. Vollblütige, hochsensible Typen neigen zu regelmäßig wiederkehrenden Verspannungen, während gelassenere Pragmatiker nach einmaliger, umfassender Gynmastizierung einen entspannten Zustand beibehalten.

3. Verlehnen in der Schulter. Das Pferd verkrampft den Schultergürtel und die Brustmuskulatur. Das äußert sich darin, dass es lieber die Vorderbeine gegeneinander schlägt oder sie sogar rückwärtig kreuzt und die Gefahr des Stolperns über die eigenen Beine in Kauf nimmt, anstatt in weicher Vorwärtsbewegung ein Bein vor das andere zu setzen.

Um dieses Verhalten nicht noch zu verstärken, rüstet man das Pferd für alle Manöver, bei denen es die Vorderbeine kreuzen soll, mit stabilen, schlagabweisenden Gamaschen und sogar mit Hufglocken aus, damit es nicht durch erfahrenen Schmerz im empfindlichen Bereich der Vorderröhren und Kronränder zu einem derartigen Vermeidungsverhalten aufgefordert wird. Gleichzeitig lässt man das Pferd vermehrt über die äußere Schulter gehen, damit ihm das Kreuzen der Vorderbeine selbstverständlicher wird, so dass es nicht in verkrampften Ausweichmanövern sein Heil suchen muss. Ganz wichtig ist es dabei, dass die Vorwärtsbewegung des Pferdes erhalten bleibt.

Pferde, die sich hier verkrampfen, fasst man mit erträglichem Druck in die Brustmuskulatur.

Reagiert das Pferd mit deutlichem Schmerzempfinden, was es durch Beißversuche oder Stampfen mit den Vorderbeinen signalisiert, liegen hier ausgesprochen schmerzhafte Verkrampfungen der Muskulatur vor. Reagiert das Pferd auch beim Griff in andere Muskelpartien mit Abwehr, sollte man den Tierarzt kommen lassen, um die Blutwerte untersuchen zu lassen. Oft sind Störungen im Muskelstoffwechsel die Ursache. (Leider ist ein Verlehnen in der Schulter aber oft auch ein Anzeichen für Gelenkverschleiß der Vorderbeine, vor allem der Hufrolle. Solche Pferde reitet man besser nicht auf kleinen, gebogenen Linien.)

4. Verlehnen im Rippenbogen. Dies macht sich in der Regel im Ausfall der Hinter-

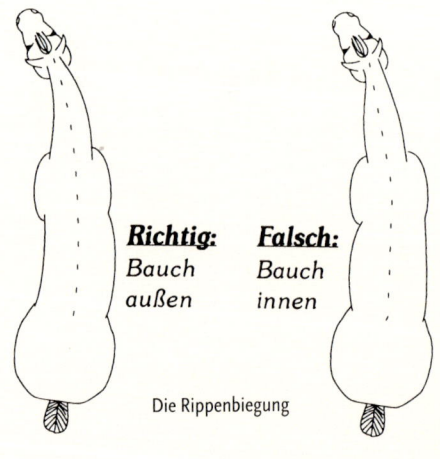

Richtig:
Bauch
außen

Falsch:
Bauch
innen

Die Rippenbiegung

hand in gegengleicher Richtung bemerkbar und ist vom Durchschnittsreiter vom Sattel aus nicht festzustellen. Es bedarf dafür sogar eines geschulten Auges vom Boden aus, d.h. der Durchschnitts-Trainer wird nur das Ausfallen der Hinterhand, jedoch nicht den Ursprung im Festhalten des Rippenbogens erkennen.

Das ist auch nicht weiter schlimm, da die Abhilfe wieder einmal in der verstärkten Anwendung der »Feinen, lösenden Übung« mit anschließender Direkter Biegung zu finden ist.

Hält das Pferd den Rippenbogen fest, ohne dass eine Hinterhandschwäche vorliegt, darf der Reiter die innere Zügelhand deutlich rückwärts in Richtung Knie ziehen. Er muss das Gefühl haben, dass das Pferd gegen seinen äußeren Schenkel drängt, denn dann biegt es sich wirklich in der Körpermitte.

Hier kann auch ein lang verschnalltes Ringmartingal nützliche Dienste erweisen.

5. *Verlehnen in der Hinterhand.* Sensible Reiter können dies vom Sattel aus bemerken, indem sie das Gefühl haben, dass sie das Pferd dauernd auf die Außenseite der Biegung setzen will. Rippenbiegung und Hinterhandeinsatz hängen unmittelbar zusammen. Indem das Pferd die innere Seite des Rippenbogens dehnt und damit anhebt, rutscht der Reiter nach außen. Gleichzeitig verlagert das Pferd sein Gewicht auf den äußeren Hinterfuß. Daher erscheint ein Festhalten des Rippenbogens schnell als Verlehnen der Hinterhand. Das ist für den Betrachter leicht zu erkennen: Das Pferd hebt die innere Kruppenhälfte und belastet das äußere Hinterbein. Pferde, die sich nur in der Hinterhand verlehnen, erkennt man daran, dass sie sich dem Kruppeherein (siehe Seite

Sitzposition des Reiters bei festem Rippenbogen

101), dem seitlichen Nachgeben der Hinterhand entziehen, indem sie gegen den Schenkel nach außen drängen, rückwärts verschwinden, steigen oder bocken, wenn der Reiter den äußeren Schenkel anlegt, mit der Absicht, dass das Pferd mit kreuzenden Hinterbeinen dem Schenkeldruck nach innen ausweichen soll.

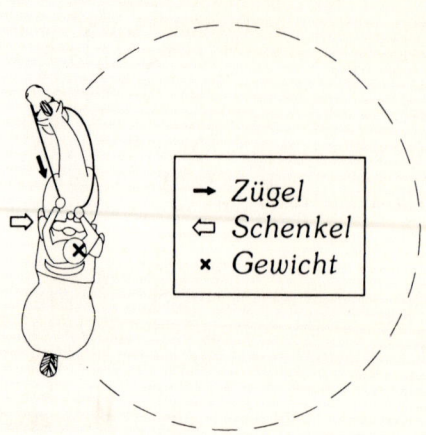

→ Zügel
⇦ Schenkel
× Gewicht

Volte in Außenstellung

> **Zusammenfassung: Wenn sich ein Pferd an irgendeiner Stelle seines Körpers verlehnt, zeigt es damit ein Vermeidungsverhalten gegen Schmerzen.**

Damit dürfte ein für allemal klar sein, dass es ein »Der blöde Bock will bloß nicht« nicht gibt. Nun soll man aber nicht denken, dass man Pferde deswegen nicht reiten darf. Ganz im Gegenteil! Gymnastik fällt dem Pferd genauso schwer wie dem Menschen. Aber beiden hilft sie kolossal, elastisch und beschwerdefrei bis ins hohe Alter zu bleiben. Nur darf man die Dinge nicht im wahrsten Sinne des Wortes »übers Knie brechen«! Lieber jeden Tag und jeden Tag ein bisschen mehr.

► Wie man erreicht, dass das Pferd spinnen will?

Vor allem, indem man das Pferd im Spin selbst nicht drangsaliert, sondern besonders freundlich und mit seinen Einwirkungen zurückhaltend bis zur Nullwirkung von Zügel und Schenkel ist! Und wie erreicht man dann, dass das Pferd überhaupt spint? Indem man es in den Übungen »drumherum« ordentlich schuften lässt. Voraussetzung ist jedoch, dass das Pferd gelernt hat, wie es sich überhaupt um die Hinterhand drehen kann (Vgl. Seite 86). Man setzt sich korrekt in Position, beispielsweise für einen Links-Spin, fängt leise und rhythmisch an zu

schnalzen, treibt vorsichtig mit dem rechten Schenkel direkt hinter dem Gurt und zeigt mit beiden Zügelhänden auf das linke Ohr, so dass der Zügel durchhängt – und beobachtet das Pferd. Geht es dideldidum einfach vorwärts, zieht man es zwei energische Tritte zurück. Und fängt wieder ganz lieb und freundlich mit dem Spin an.
Geht es rückwärts, treibt man es energisch vorwärts auf die einwärts gestellte Linksvolte, lässt es dort einige Runden sehr fleißig und sehr einwärts gestellt arbeiten und beginnt den nächsten Spin aus dem Schritt. Entzieht es sich im Spin selbst nach rückwärts, treibt man es in den Galopp und geht auf den Linkszirkel, bis es signalisiert, dass es lieber mit dem Galoppieren aufhören möchte. Dann lässt man es in den Trab fallen, reitet in den Zirkel hinein, wobei der angehobene, innere Zügel ein Fallen des Pferdes auf seine innere Schulter verhindert, und lässt es hier den nächsten Spin direkt aus dem Trab beginnen. Entzieht es sich wieder rückwärts oder tritt sich selbst gegen die Gamaschen, lässt man es wieder galoppieren. Nun fühlen sich manche Pferde im Galopp ganz besonders wohl und denken überhaupt nicht daran, damit aufhören zu wollen. Solche Pferde lässt man im Galopp schuften, indem man sie ein-

wärts stellt. Vielleicht noch ein bisschen Kruppeherein (siehe unten)? Dann möchten sie bestimmt lieber weniger arbeiten, indem sie sich um die Hinterhand drehen.

Fällt das Pferd im Spin auf die innere Schulter, lässt man es förmlich in den inneren Sporn fallen, nimmt den inneren Zügel auf und lässt es (in diesem Beispiel des Links-Spins) über die rechte Schulter gehen – auf der Volte! Weicht das Pferd deutlich in der Schulter nach rechts, beginnt man wieder ganz lieb und freundlich den Links-Spin.

Fällt das Pferd in der Hinterhand aus, indem es (hier) damit nach rechts läuft, hat man zwei Möglichkeiten: entweder man treibt es vom rechten Schenkel weg (siehe unten), immer wenn man spürt, dass sich die Hinterhand nach außen gegendreht oder man treibt das

Pferd in ein Kruppeherein nach links (Vgl. Seite 103).

Schaut das Pferd im ansonsten korrekt aussehenden Spin nach außen, weiß man, dass es versucht sein inneres Hinterbein hängen zu lassen, dass es versuchen wird, auf dem äußeren Hinterfuß zu drehen, um als Nächstes sich rückwärts zu entziehen. Entsprechend wendet man die »Feine Lösende Übung« (Seite 165) auf der Volte an oder verfährt wie beim sich nach rückwärts entziehendenPferd.

> **Zusammenfassung: Der Spin gibt immer Aufschluss darüber, welche Steifheiten im Pferd durch gymnastizierende Übungen beseitigt werden müssen.**

Da gibt es immer genug zu tun! Gleichzeitig wird in dieser Grundeinstellung kein Reiter mehr versuchen, sein Pferd in den Spin oder in sonst irgendwas zu würgen.

Das Pferd vom Schenkel wegtreiben

Das Westernpferd soll allen reiterlichen Einwirkungen nachgeben, indem es dem Druck ausweicht. Während die seitliche Nachgiebigkeit des Pferdes im Kopf, im Hals und in der Schulter in den Basisübungen »Direkte Biegung« und »Gehen über die äußere Schulter« behandelt wurden, geht es jetzt um die seitliche Nachgiebigkeit der Hinterhand. Das Pferd soll dem zurückgelegten Schenkel seitwärts ausweichen. Mit den Einwirkungen des Reiterbeines verhält es sich wie mit denen des Zügels: Das Pferd soll durch die angenehme Erfahrung der Nullwirkung lernen, dass es dem Druck des Beines, des Sporens ausweichen soll.

Technik: Für das Wegtreiben des Pferdes vom Schenkel beginnt man mit der Einwärtsstellung auf der Volte. Wenn

das Pferd dabei willig nachgibt und in fleißigem Schritt geht, darf der Reiter endlich einmal so sitzen, wie es eigentlich die direkte Biegung unmöglich macht, und das Pferd wird infolge so gehen, als wollte es sich der direkten Biegung entziehen:

Der Reiter dreht seinen Körper so, dass er den Schweifansatz des Pferdes sehen kann. Angenommen, er befindet sich in einer Rechtsvolte, dann dreht er seinen Körper mit der rechten Hälfte zurück. Er zieht dabei weich am rechten Zügel rückwärts an seinem Körper vorbei und lässt den rechten Schenkel bis etwa zwei Handbreit hinter den Sattelgurt am Rippenbogen des Pferdes entlanggleiten. Gleichzeitig weist der linke Zügel seitwärts-rückwärts und begrenzt so die äußere Schulter.

In dieser Haltung drückt der Reiter mit dem Schenkel/mit dem Sporn in den Rippenbogen des Pferdes, bis er sieht, dass das Pferd mit der Hinterhand seitlich nach außen ausweicht. Um das zu sehen, muss er nur auf den Schweifansatz des Pferdes schauen. Bewegt er sich nach außen, weicht das Pferd mit der Hinterhand aus. Nach maximal drei deutlichen Tritten lässt der Reiter los, hört auf zu treiben und bringt seinen Körper wieder in »Normalposition«.

Die Praxis hat gezeigt, dass es effektiver ist, sich auf zwei, drei Tritte zu beschränken. Im Bedarfsfall kann man das Ausweichen wiederholt anwenden. Das wird im Folgenden veranschaulicht.

Einige US-Trainer empfehlen ihren Schülern, die Pferde immer in der Hinterhand ausweichen zu lassen, wenn die eine gestellte Aufgabe nicht korrekt erfüllen. Da die Pferde beim seitlichen Ausweichen mit der Hinterhand aus der Lotlinie der Hinterbeine heraustreten, entspricht diese Bewegung nicht der Funktion, für die die Hinterbeine eigentlich vorgesehen sind, nämlich die Körperlast durch Abdrücken vom Boden vorwärts zu bringen oder durch Untersetzen zu tragen. Das hat zur Folge, dass beim seitlichen Ausweichen Kräfte

Das Pferd vom Schenkel wegtreiben

auf die Hinterbeine wirken, die dem Pferd nicht angenehm sind. Bei häufigem und heftigem Gebrauch des Ausweichens setzen mit Sicherheit Schmerzen ein. Bei kalter Muskulatur sind auch Schäden nicht auszuschließen. Sicherlich hält das Pferd eine Menge aus, ohne Schaden zu nehmen. Aber gerade beim Ausweichenlassen der Hinterhand sollte der Reiter Vernunft walten lassen und es nicht übertreiben.

Ganz davon abgesehen, dass das Ausweichenlassen der Hinterhand eine Grundvoraussetzung für alle Seitengänge ist, stellt es für den Reiter ein sehr nützliches Hilfsmittel in folgenden Situationen dar:

1. Das Pferd weicht nach rückwärts aus
Damit ist weder das Ausweichen vom Zügeldruck (Seite 99) noch das Rückwärtsgehen gemeint, denn beides sind Bewegungen, die der Reiter veranlasst. An dieser Stelle geht es ein um Rückwärtsgehen, das der Reiter nicht wünscht, also um ein sich nach rückwärts Entziehen des Pferdes. Das Problem ist doch, dass der Reiter zunächst einmal keine Möglichkeit hat, eine derartige Rückwärtsbewegung aufzuhalten. Eine Vorwärtsbewegung kann man mit dem Zügel, eine Seitwärtsbewegung mit dem Schenkel bremsen, aber eine Rückwärtsbewegung...?

Das kann sehr gefährlich werden, wenn das Pferd im Gelände rückwärts ausweicht, weil es an einer Stelle nicht weiter vorwärts will – und rückwärts in einen tiefen Graben oder sogar auf die befahrene Straße ausweicht. Ebenso kann man sich selbst und andere Reiter in Gefahr bringen, wenn ein Pferd rückwärts in andere Pferde oder herumstehende Menschen drückt, weil es sich nicht vor der Gruppe lösen will. Auch in Reining-Prüfungen besteht die Gefahr, dass das Pferd an einer Stelle mehr als vier Tritte rückwärts geht, an der das vom Pattern nicht vorgesehen ist. Von den derzeit aktuellen zehn Reining-Pattern enden vier mit Rückwärtsgehen. Da Reining äußerst anstrengend für Pferde

ist und Pferde sich immer das am besten merken, was zum Schluss kam, können einige von ihnen durchaus auf die Idee kommen, doch gleich mit dem Ende anzufangen und die Anstrengung davor ausfallen zu lassen.

Diese Beispiele zeigen sicher sehr deutlich, dass ein rückwärts ausweichenden Pferd gefährlich ist. Deswegen empfehle ich, im Training jedes Rückwärtsgehen mit einer Vorwärtsbewegung zu beenden. Das kann auch eine Hinterhandwendung sein. An dieser Stelle sollte man also auf das ansonsten den Lerneffekt fördernde Anhalten, Loben und Stehenlassen des Pferdes besser verzichten. Man kann das Pferd lieber bereits im Rückwärtsgehen (das der Reiter gefordert hat und treibt!) loben und im daran anschließenden Vorwärtsgang immer noch loben, als die Idee »Rückwärts = Pause« überhaupt erst aufkommen zu lassen.

> **Ausweichenlassen der Hinterhand unterbindet unerwünschtes Rückwärtsgehen sofort!**

2. Das Pferd fällt mit der Hinterhand aus
Davon war bereits im Kapitel über den Spin die Rede: Wenn das Pferd mit der Hinterhand in Gegenrichtung aus dem Spin tritt, kann man das Pferd vom äußeren Schenkel wegtreiben und so die Hinterhand wieder in die Drehrichtung bringen.

Im Folgenden kann man die Hinterhand in den Seitengängen auf dieselbe Weise in die Bewegungsrichtung bringen, wenn sie dem seitwärts treibenden Schenkel nicht weicht.

3. Das Pferd fällt auf die innere Schulter, wenn es sich biegen soll.
Hier nimmt man den inneren Schenkel und den inneren Zügel und lässt die Hinterhand nach außen ausweichen. Dann lässt man los und reitet weiter auf der gebogenen Linie, indem der innere Schenkel treibt und der äußere

Zügel rhythmisch am Hals angelegt wird. Spätestens nach fünf Tritten wird sich das Pferd vorwärts-abwärts dehnen und sich der Linie nach biegen. (Aber die Zeit muss man ihm lassen.)

4. Das Pferd soll die Hinterhand einen Tritt zur Seite nehmen und ansonsten stillstehen.

Im Trail kommt so etwas sehr häufig vor. Dazu lässt man das Pferd ein paarmal in der Hinterhand in einer Richtung ausweichen – natürlich mit den notwendigen Vorwärtsphasen dazwischen. Dann hält man es an und drückt mit ganz langsam steigerndem Einsatz mit einem Unterschenkel gegen den Rippenbogen des Pferdes bei leicht anstehenden Zügeln. Das Pferd weicht durch ein, zwei Tritte seitwärts aus. Drückt man den rechten Schenkel ans Pferd, weicht es nach links aus. Selbstverständlich darf der gegenüberliegende Schenkel überhaupt nicht am Pferdekörper anliegen, denn sonst entstehen Missverständnisse, und das Pferd entzieht sich vor- oder rückwärts.

Die Einwirkungen des Schenkels sollen deswegen möglichst langsam sein, damit das Pferd genügend Zeit zum Mitdenken hat. Wenn man es überfällt, wird es verschreckt irgendwohin flüchten und gar nichts mehr verstehen.

Als Steigerung kann man den Zügel auf dem Pferdehals liegen lassen und nur mit dem einen Schenkel langsam drücken. Geht das Pferd vorwärts, um den Ernst des Reiters zu erproben, hebt man langsam den Zügel, so dass er wirkt, wenn das Pferd wirklich vorwärts treten will.

Denn das soll schon verhindert werden: Das Pferd soll seitwärts ausweichen und sich nicht vorwärts entziehen.

Sidepass

Mit Pferden, die eine Spezialausbildung für Trail bekommen sollen, kann man jetzt das Seitwärtsgehen üben, zuerst ohne, später auch über eine Stange. Ganz langsam: Tritt, Pause, Tritt, Pause!

Im Sidepass weicht das ungestellte, ungebogene Pferd der treibenden Einwirkung seines Reiters im Seitengang aus, wobei Vorder- und Hinterhufe voreinander überkreuz auftreten.

Dabei verlagert der Reiter sein Gewicht in Bewegungsrichtung und treibt mit dem äußeren Schenkel hinter dem Gurt. Damit das Pferd diese Einwirkung verstehen und den Bewegungsablauf des Sidepass ausführen lernt, kombiniert der Reiter abwechselnd die Einwirkung für das Gehen über die Schulter und das Dem-Schenkel-Ausweichen, indem er das Pferd für einen Tritt über die Schulter lässt, das Pferd lobt und eine Pause einlegt, es für einen Tritt in der Hinterhand ausweichen lässt, indem er denselben Schenkel eine Handbreit hinter den Gurt legt, lobt und eine Pause einlegt, bis das Pferd von sich aus aufgrund des am Gurt angelegten Schenkels gleichzeitig Vorder- und Hinterbeine überkreuz seitwärts setzt, eben so, wie es das Gehen seitwärts über eine Stange erfordert.

Aber das ist eigentlich nur für Trailpferde wirklich wichtig.

Ich habe allerdings die Erfahrung gemacht, dass der beginnende Westernreiter spätestens nach dem einigermaßen funktionierenden Rückwärtsgehen seines Pferdes ein dringendes Bedürfnis nach irgendeiner Seitwärtsbewegung seines Pferdes verspürt, als sei das Pferd eine Kaffeetasse, die er auf dem Küchentisch beliebig in jede Richtung verschieben könnte. Deswegen wird an dieser Stelle der Sidepass besprochen, damit man weiß, wie man ihn richtig zusammensetzt, ohne das Pferd in eine Seitwärtsbewegung zu würgen.

Wendungen auf der Vorhand

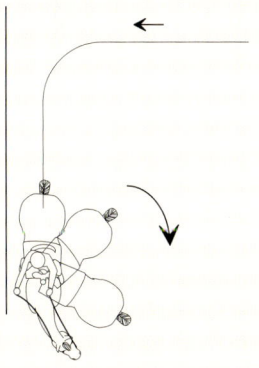

Da sich dieses Buch auch an Umsteiger wendet, möchte ich zunächst auf die Vorhandwendung der konventionellen Dressur eingehen. Dem Westernreiter wird sie vor allem im Trail begegnen. In der Vorhandwendung treten die Hinterfüße des Pferdes vorwärts kreuzend im Halbkreis um die Vorhand. Dazu hält man das Pferd auf dem zweiten Hufschlag an, stellt es so, dass es den Zaun anschaut. Diese Blickrichtung ist innen. Man möge sich demnach beim weiteren Lesen nicht vom Zaun auf der Außenseite der Reitbahn irreführen lassen. Anders gesagt: Das Pferd schaut immer innen – also auch, wenn es den Zaun anschaut. Man treibt es mit dem inneren, zwei Handbreit hinter dem Gurt liegenden Schenkel, so dass es mit dem inneren (Zaun-) Hinterfuß vor und über den äußeren tritt. Als nächstes tritt dieser äußere Hinterfuß zur Seite und wird mit dem äußeren, verwahrend hinter dem Gurt liegenden Schenkel bestimmt aufgefangen, so dass hier eine kleine Pause entsteht und ein Herumeilen der Hinterhand vermieden wird. Kreuz und Schenkel halten das Pferd am Zügel und lassen es nicht zurückkriechen. Ein Vortreten muss auf jeden Fall durch Gegenwirken des äußeren Zügels vermieden werden, während ein Zurücktreten der geringere Fehler ist. Verwirrung entsteht häufig bei der Bezeichnung der Drehrichtung der Vorhandwendung, vor allem wenn das konventionelle Kommando: »Auf der Vorhand rechtsum kehrt!« von Westernreitern einfach in »Vorhandwendung rechts« abgekürzt wird. Hier tritt die Vorhand im Uhrzeigersinn, also nach rechts, herum – auch wenn der Reiter denkt: Sie weicht doch nach links aus! Da in der Vorhandwendung der innere

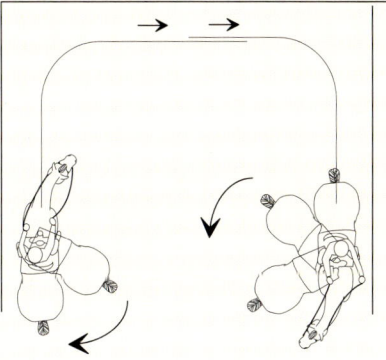

Kruppeherein im Stand

Vorderfuß der Drehpunkt ist, sollte man sie sparsam anwenden. Wissenschaftliche Untersuchungen weisen auf die enorme Belastung der Hufrolle des inneren Vorderbeines hierbei hin.

Kruppeherein

▶ Kruppeherein im Stand

Es sieht aus wie eine Vorhandwendung, in der das Pferd in die Bewegungsrichtung schaut. Das klingt einfach, fällt den Pferden aber ziemlich schwer, wenn sie es lernen sollen. Denn im Gegensatz zur Vorhandwendung muss das Pferd hier seine Außenseite vermehrt dehnen. Außerdem hat jedes Pferd den Bewegungsablauf der Vorhandwendung bereits beim Anbinden kennen gelernt, wenn der Mensch es auffordert, herumzugehen, um Platz zwischen Wand und Pferdekörper zu haben.

Tief durch die Ecke reiten

Reitbahn (sozusagen »immer an der Wand lang«) hält man das Pferd in Einwärtsstellung an. Beide Hände zeigen zum Zaun, um die Vorhand am Fleck zu halten. Die innere liegt demnach am Hals, die äußere weist seitwärts-rückwärts zum Zaun. Das Gewicht wird auf die Zaunseite verlagert, der Zaunschenkel schiebt sich hinter den Gurt und veranlasst die Hinterhand, in die Bahn auszuweichen. Der Bahnschenkel wird in der Wade ausgedreht, damit er dem Pferd sozusagen »ein Türchen aufmacht«: Hier ist die Lücke, in die es ausweichen kann. Sobald die Hinterhand weicht, dreht man die Wade des treibenden Schenkels vom Pferdeleib weg, um dem Pferd Erleichterung zu verschaffen. Es soll ja lernen, vom Schenkeldruck seitwärts wegtreten zu können.

Natürlich wird das Pferd versuchen, sich dieser anstrengenden Übung zu entziehen – entweder mit den Vorderbeinen in die Bahn, wenn der Reiter den inneren Zügel vom Hals nimmt oder rückwärts, wenn der Reiter zuviel Zügeldruck aufgebaut hat. Gegen letzteres hilft ein bisschen der Zaun. Deswegen hat man das Pferd direkt hinter der Ecke anhalten lassen. Das tiefe Durch-

Dagegen kommt das Kruppeherein im Stand im normalen Leben des Pferdes ebensowenig vor wie die sich hieran anschließenden Seitengänge, nämlich bestenfalls bei einer Rauferei.

Technik: Nach tiefem Durchreiten der zweiten Ecke einer kurzen Seite der

Beide Hände halten die Schulter außen

Das Pferd weicht in der Hinterhand

Der innere Schenkel treibt vorwärts

Der innere Hinterfuß tritt seitwärts-vorwärts

reiten der Ecke bereitet das Pferd auf das Anhalten in Einwärtsstellung vor. Pferde, die aus einer früheren Ausbildung die Vorhandwendung kennen, werden in der Wendung versuchen, den Kopf in die Gegenrichtung zu ziehen, denn dann müssen sie sich ja nicht mehr in der Außenseite ihres Körpers so sehr dehnen.

Ist die Wendung vollendet, lässt der Reiter das Pferd am langen Zügel vorwärts gehen, durchreitet die nächste Ecke und übt das Kruppeherein im Stand andersherum.

Das Kruppeherein im Stand kann eine sehr nützliche Vorbereitung zum Angaloppieren sein (siehe Seite 132).

▶ Kruppeherein in der Vorwärtsbewegung

Nachdem das Pferd im Stand gelernt hat, die Hinterhand seitwärts in die Richtung zu bewegen, in die es schaut, reitet man die gerade besprochene

Übung im Schritt ohne anzuhalten. Weiterhin kann man die ersten Tritte im Kruppeherein auch sehr gut auf der Diagonalen üben.

Dabei wird man das Pferd an den jetzt neu hinzukommenden vorwärts treibenden inneren Schenkel ebenso all-

Der äußere Schenkel treibt die Kruppe herein

mählich gewöhnen wie an das Verlagern des Reitergewichts in die Bewegungsrichtung.

Die reiterliche Einwirkung zum Kruppeherein noch einmal ganz langsam, entwickelt aus dem Gehen über die äußere Schulter:

Wir reiten in diesem Beispiel auf der linken Hand. Beginnend nach der zweiten Ecke der kurzen Seite der Reitbahn verlagert man das Gewicht nach innen, also nach links, nimmt den rechten Zügel auf und stellt das Pferd damit nach rechts. Der rechte Schenkel treibt das Pferd von der Einzäunung weg auf die Diagonale.

Das Pferd schaut nach rechts und geht nach links (= über die linke Schulter).

Während man sich der Mitte der Reitbahn nähert, nimmt man jetzt auch den äußeren, linken Zügel auf. Beide Zügelhände zeigen nach links. In der Mitte der Bahn wechselt man den treibenden Schenkel – und sonst gar nichts. Hier treibt auf einmal der linke Schenkel zwei Handbreit hinter dem Gurt. Er treibt die Kruppe herein, nach rechts. Die Zügelhände zeigen nach links und halten so die Schulter des Pferdes links. Das Pferd schaut also nach rechts und weicht mit seiner Kruppe nach rechts, geht aber weiter nach links. Anfangs gibt sich der Reiter mit zwei Tritten der Hinterhand im Kruppeherein zufrieden, lobt das Pferd und lässt es weiter über die Schulter gehen.

▶ Übung: Gehen über die Schulter und Kruppeherein auf der Acht

Dazu lässt man das Pferd zuerst eine Acht in Form von zwei großen Volten gehen, wobei man die Acht gedanklich in zwei Diagonale und zwei Halbkreise aufteilt. Die Halbkreise befinden sich jeweils am oberen und unteren Ende der Acht, die Diagonalen dazwischen. Dann lässt man das Pferd auf den Diagonalen über die äußere Schulter gehen und reitet die Halbkreise als einwärtsgestellte halbe Volten.

Um das Pferd zum Kruppeherein zu veranlassen, legt man auf der Diagonalen beim Gehen über die äußere Schulter den äußeren Schenkel an der Stelle ans Pferd, an der sich die beiden Diagonalen der Acht kreuzen, in etwa im Mittelpunkt dieser Bahnfigur. Dort treibt man mit dem äußeren Schenkel für etwa zwei Tritte, dann ist man auf der halben Volte, wo man das Pferd in Einwärtsstellung herumreitet. Es folgt wieder eine halbe Diagonale des Gehens über die äußere Schulter, bevor man wieder den äußeren Schenkel anlegt, um zu veranlassen, dass das Pferd ihm weicht.

Wenn das Pferd auf der Acht gelernt hat, dem äußeren Schenkel durch

Die Halbkreise reitet man als einwärtsgestellte halbe Volten...

...und geht auf den Diagonalen über die äußere Schulter.

→ Zügel
⇦ Schenkel
✕ Gewicht

In der Mitte der Bahnfigur legt man den äußeren Schenkel ans Pferd, um es zum Kruppe Herein zu veranlassen.

Nach etwa zwei Tritten ist wieder die halbe Volte erreicht, man reitet in Innenstellung herum und beginnt von vorn...

Kruppeherein auf der Acht

Kruppeherein zu weichen, wird es dies auch auf der Geraden befolgen können.

▶ Wenn das Pferd nicht in der Kruppe weichen will

Ausgangssituation: Reiter und Pferd befinden sich auf der Diagonalen und gehen über die Schulter. Der Reiter nimmt die Hände nach außen, treibt mit dem äußeren Schenkel, erwartet daraufhin ein Kruppeherein – und nichts passiert. Oder das Pferd versteht den äußeren Schenkel einfach als Gaspedal und wird schneller, weicht aber nicht in der Kruppe.

In diesem Fall ignoriert das Pferd den zurückgelegten Schenkel; es will oder kann seine seitwärts treibende Wirkung nicht verstehen. Da das Westernpferd jeder treibenden Einwirkung ausweichend antworten soll, ist dem Pferd hier nicht ganz klar, dass der zurückgelegte Schenkel ein Ausweichen zur Seite bedeutet.

Das muss also nachgestellt werden. Dafür kehrt der Reiter zur Übung »Das Pferd vom Schenkel wegtreiben« zurück.

▶ *Kruppeherein rückwärts*

Voraussetzung ist natürlich, dass das Pferd sicher die Kruppe gibt. In normal großen Reitbahnen bietet es sich an, diese Übung auf der Mittellinie parallel zur langen Seite zu platzieren. Obwohl das Pferd hierbei in Stellung geht, also Nase und Kruppe in dieselbe Richtung zeigen, soll es von dieser Mittellinie nicht seitlich abweichen.

Nachdem man auf der Mittellinie angehalten hat, stellt man das Pferd zunächst nach seiner besseren Seite. Das ist bei den meisten Pferden nach links, weil es dann im Rückwärtsgang den rechten Hinterfuß belasten kann. Während man beide Hände nach rechts hält, treibt der rechte Schenkel die Kruppe nach links. Ein sanftes Gegenhalten der Zügel lässt das Pferd nach rückwärts ausweichen. Dabei wird der

Zügeldruck so dosiert, dass das Pferd das Gefühl hat, vom Zügeldruck rückwärts wegtreten zu können. Er wird aber nicht völlig aufgegeben. Ebenso soll es das Gefühl haben, dem Druck des treibenden rechten Schenkels ausweichen zu können. Nach ein paar sehr langsamen Tritten rückwärts versucht man, das Pferd in der gleichen Haltung vorwärts zu bringen, indem man ihm etwas mehr Luft im Zügel lässt und weitertreibt. Der Reiter sitzt in diesem Beispiel rechts. Versucht das Pferd, mit der Vorhand nach links auszufallen, wird dies der am Gurt einwirkende linke Schenkel verhindern können. Er wird aber nur eingesetzt, wenn das Pferd tatsächlich auf die linke Schulter drückt. Dann geht man ein paar Meter geradeaus auf der Mittellinie, hält das Pferd erneut an, um es wieder in Stellung zu bringen; ein paarmal zur guten und dann auch zur schlechten Seite. Dazwischen geht man immer wieder ein paar Meter geradeaus vorwärts und überprüft ständig, ob man sich überhaupt noch auf der Mittellinie befindet.

Dies ist eine effektive Übung, die vielen Zwecken dient. Erstens übt sie die Feinabstimmung der reiterlichen Einwirkungen, indem man herausarbeiten muss, wieviel oder – wenig Druck notwendig ist, um das Pferd in dieser gebogenen Haltung auf gerader Linie bewegen zu können. Zweitens bringt es das Pferd sehr gut zwischen Schenkel und Zügel des Reiters. Drittens muss das Pferd, wenn es dabei weich und willig nachgibt, den äußeren Hinterfuß unter den Körper setzen und den Rücken aufwölben. Das fördert die Flexibilität in Stop, Spin und natürlich auch in Trailhindernissen.

▶ *Vom Kruppeherein zum Spin*

Wenn das Pferd in der Lage ist, seine Kruppe in die Bewegungsrichtung schwenken zu lassen, ist es in der Lage,

Vom Rückwärts-
gehen über die
Schulter in den Spin

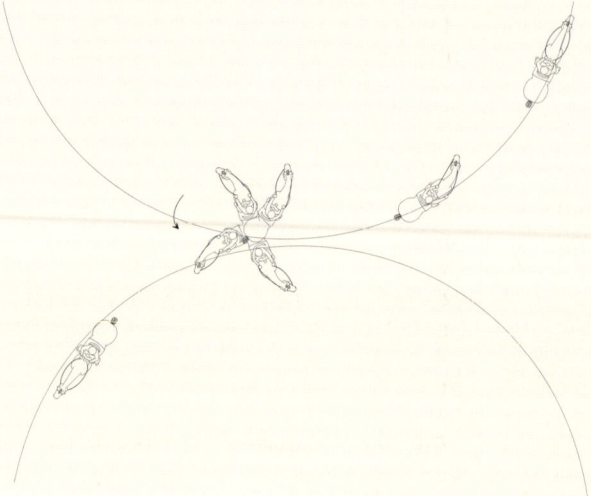

seine Außenseite zu dehnen. Das verkürzt den Abstand zwischen dem inneren Hinterbein und dem äußeren
Vorderbein enorm. Um das Drehen des
Pferdes um die Hinterhand bei Stellung in Bewegungsrichtung zu erreichen, lässt man ihm aus dem Kruppeherein mit dem Zügel Luft und –
nimmt den treibenden, äußeren Schenkel etwas vor (hinter den Gurt), damit
es die Drehbewegung ausführen kann,
ohne die Längsbiegung zu verlieren.

▶ Vom Rückwärtsgehen über die Schulter in den Spin

Als Voraussetzung für diese kombi-
nierte Übung muss das Pferd Teil III
der Wendung gegen den Zaun (siehe
Seite 79) und ein flüssiges Drehen um
die Hinterhand sicher beherrschen.
Man beginnt die Übung mit dem sehr
gut warm gerittenen Pferd, indem man
aus dem Trab im spitzen Winkel zum
Zaun anhält – am besten beim Er-

Rückwärtsgehen: Der
innere Vorderfuß tritt
unter den Körper-
schwerpunkt

reichen des Zauns nach der offenen Seite des Zirkels. Hier lässt man das Pferd die ersten Tritte rückwärts gerade ausführen, um es dann mit Blick in die Bahn zu stellen, damit es über die Schulter rückwärts geht. Dadurch entsteht eine Zirkellinie, die vom Zaun weg in die Mitte der Bahn führt. Hier ist reichlich Platz, um aus dem Rückwärtsgang in Blickrichtung in den Spin zu gehen, den man im Trab verlässt, um wieder anzuhalten...

Anders als beim Kruppeherein rückwärts konzentriert sich der Reiter hier nicht auf den äußeren Hinterfuß, sondern auf den inneren Vorderfuß. Man lasse sich also nicht dadurch verwirren, dass Kruppeherein rückwärts und Rückwärtsgehen über die Schulter zum Verwechseln gleich aussehen. Das liegt am »Bananen-Prinzip«: Ist die Mitte außen, sind die Zipfel innen sonst wäre die Banane nicht gebogen.

Beim Rückwärtsgehen über die Schulter treibt der Reiter mit dem inneren Schenkel taktmäßig am Gurt, wenn der innere Vorderfuß zurücktritt. Gleichzeitig weisen beide Zügel nach außen, indem der innere am Hals liegt und der äußere mit auswärts zeigender Handkante seitwärts-rückwärts-abwärts geführt wird. Der äußere Schenkel wird zwei Handbreit hinter dem Gurt angelegt, treibt aber nur, wenn der äußere Zügel allein nicht ausreicht, um die Hinterhand innen zu halten. Auf diese Weise wird das Pferd durch den treibenden inneren Schenkel aufgefordert, sein inneres Vorderbein weit unter den Rumpf zu nehmen, um Platz für das äußere Vorderbein im Spin zu schaffen. Der Spin wird aus dem flüssigen Rückwärtsgang eingeleitet, ohne anzuhalten, indem man die innere Wade ausdreht, den inneren Steigbügel gut austritt, um das Gewicht auf die Innenseite zu verlagern. Beide Zügel zeigen jetzt nach innen in die Drehrichtung, so dass jetzt der äußere Zügel am Hals liegt, während der äußere Schenkel in dem Moment treibt, wenn das äußere Vorder-

bein abgefußt, also in der Luft ist. Damit ist ganz klar, dass der Spin mit dem Übertreten des äußeren Vorderbeins beginnt.

Da das Pferd im Rückwärtsgang viel Gewicht auf die Hinterhand genommen hat, ist es jetzt zwar vorne schön leicht, um drehen zu können, andererseits stellt diese Art des Spin-Beginns eine enorme Kraftleistung für die Hinterhand dar. Sollte das Pferd deswegen den Spin verweigern, indem es sich nach rückwärts verkriecht, schickt man es mit einer energischen Aufforderung vorwärts in die Trab-Volte, um dann den Spin zu beginnen. Außerdem dürfte klar sein, dass man diese Übung zunächst nur zwei- oder dreimal pro Seite und Reitstunde anwenden kann, um das Pferd nicht zu überfordern und Gegenwehr zu provozieren.

Diese Übung lässt den äußeren Vorderfuß förmlich über den inneren fliegen – vorausgesetzt, dass der Reiter in der Lage ist, sein Gewicht rechtzeitig in die Drehrichtung zu bringen. Dann dauert es nicht lange, und das Pferd macht drei große Tritte für eine Spin-Umdrehung. Das sieht spektakulär aus, hat aber den Nachteil, dass so große Tritte am Ende des Spins, wo man ja auf dem Punkt genau anhalten möchte, nicht so einfach zu beenden sind wie kleine, schnelle Tritte. Meines Erachtens wird sich die Trittlänge nach den Fähigkeiten des Pferdes richten, entweder mit Riesentritten um den Spin herumzufliegen oder mit schnellen, kleinen Tritten um ihn herumzuflitzen.

Zu wenig Speed im Spin?

Ihr Pferd dreht sauber um die Hinterhand am losen Zügel, aber Sie kommen über Schrittgeschwindigkeit nicht hinaus? Oder Sie trauen sich nicht, um

Speed im Spin

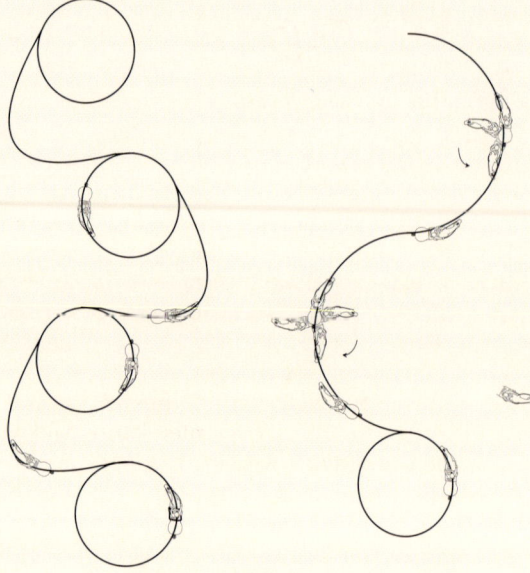

Zu wenig Speed im Spin

nichts kaputt zu machen? Hier ist eine Übung, in der die Geschwindigkeit wie von selbst kommt.

Man beginnt mit Volten und Gehen über die Schulter. Zuerst reitet man das Muster am bestem Schritt, bis man den Ablauf »auf dem Schirm« hat. Vorgesehene Gangart ist ein fleißiger Trab. Aus einer Linksvolte schiebt man das Pferd über die linke Schulter. In der Linksvolte schaut das Pferd nach links und beim Gehen über die linke Schulter nach rechts. Von dort geht es in die Rechtsvolte, an die sich ein Gehen über die rechte Schulter anschließt, und wieder eine Linksvolte – also eine Endlosübung. Dabei liegt der Schwerpunkt auf einem zügigen Gehen über die Schulter so weit, dass es eher aussieht wie eine Volte in Außenstellung. Es geht nicht darum, dass das Muster aussieht wie auf der Grafik; sie dient nur der Veranschaulichung. Man kann die Aneinanderreihung von Volten und Gehen über die Schulter frei in der Bahn gestalten. So geritten, eignet sich diese Übung auch sehr gut für unaufmerksame Pferde.

Als Nächstes fügt man die Spins ein, die man (siehe Seite 108) aus der Volte

entwickelt – zunächst im Schritt, bis man sich mit dem Ablauf vertraut gemacht hat. Und dann im zügigen Trab! Dabei achtet man natürlich gut darauf, den Spin immer mit dem vorschwingenden äußeren Vorderbein zu beginnen. Bestimmt wird das Pferd versuchen, vor dem Spin kurz abzustoppen. Sobald das geschieht, schickt man es im flotten Trab über die Schulter, die im Spin innen war – also aus dem Rechts-Spin über die rechte Schulter. Sollte das Pferd dabei in den Galopp fallen, lässt man es gewähren. Spätestens wenn es aus der folgenden Linksvolte über die linke Schulter geht, wird es in den Trab fallen.

▶ **Arbeitende soll man nicht aufhalten!!!**

Immer wenn das Pferd im Spin langsam wird, schickt man es über die Schulter vorwärts. Auf diese Weise dauert es gar nicht lange, und das Pferd wird die Trabbewegung im Spin aufrechterhalten. So kommt der Speed quasi von selbst!

Abhilfe gegen Fallen auf die innere Schulter

Alle Pferde versuchen das, ständig und immer wieder – weil sie sich nicht auf der Zirkellinie biegen wollen oder weil sie ein Hinterbein entlasten wollen. Natürlich empfiehlt sich hier vor allem die »Feine Lösende Übung«, denn einige der vorgeschlagenen Varianten kann man nicht anwenden, wenn man mit anderen Reitern, vor allem Nicht-Westernreitern die Reitbahn teilen muss.

▶ **Möglichkeit 1: Verhindern**
Der innere Zügel hält gegen den Hals und wird unter Umständen vom äußeren, der vom Hals weg weist, unterstützt. Der innere Schenkel treibt am Gurt, das Reitergewicht ist auf der Außenseite. Es hilft sehr, wenn man den Ellenbogen der äußeren Hand hebt. Üben sollte man das auf jeden Fall. Aber es gibt leider zwei Nachteile: Erstens rutscht man mitsamt Sattel auf der Außenseite des Pferdes unangenehm bis gefährlich herunter, zweitens fällt das Pferd sofort erleichtert zurück auf die innere Schulter, wenn man versucht loszulasssen. Da muss man dem Pferd die Einwirkungen im angenommenen Zustand schon ganz schön sauer machen, damit es auf die Dauer lernt, den Zustand des Angenommenseins zu vermeiden, um sich losgelassen wohler zu fühlen. Möglicherweise funktioniert diese Variante gerade deshalb so schlecht, weil das Pferd ja nicht logisch sondern lustorientiert denkt.

▶ **Möglichkeit 2: Die Vorhand nach außen werfen**
Ab hier ist es wichtig, dass es das Pferd zunächst so richtig schön falsch macht, also deutlich nach innen drängelt!

Dieselbe Einwirkung wie beim Verhindern, aber schwungvoll aus dem losgelassenen Zustand in dem Moment, in dem das Pferd auf die innere Schulter fällt. Das Pferd läuft am losen, wirkungslosen Zügel um den Zirkel, und der Reiter lauert förmlich darauf, dass es auf die innere Schulter fällt. Wenn es passiert ist, nimmt er die Zügel langsam und liebevoll mit ausgestreckten Armen auf, bis sie so kurz sind, dass er beim Zurücknehmen der Arme in den Normalzustand guten Kontakt zum Maul haben wird. Nachdem er leichten Kontakt zum Maul aufgenommen hat, lehnt er sich schwungvoll auf die Außenseite, nimmt dabei beide Zügelhände mit, so dass der innere Zügel an den Hals und der äußere vom Hals weg kommt und treibt gleichzeitig kräftig mit dem inneren Schenkel am Gurt. Das Pferd wird dadurch förmlich aus dem Gleichgewicht geworfen und kann gar nicht anders als dem Reitergewicht folgen – oder es fällt um. Also Vorsicht bei Pferden, denen man ein Umfallen zutraut! Für sie eignet sich diese Korrektur weniger.
Es macht nichts, wenn sich der Reiter bei der Vorbereitung etwas Zeit lässt. Das ist besser als ein wüstes »Hauruck«, das die Pferde erschreckt. Das Pferd soll ruhig wissen, was ihm blüht. Das gibt ihm die Chance, sich vorher selbst zu korrigieren, damit es der Reiter nicht tun muss. Die zarte Kontaktaufnahme zum Maul ist sehr wichtig, damit der Reiter beim schwungvollen Herüberlehnen das Pferd nicht im Maul reißt und ihm dadurch Angst macht. Danach lässt man die Zügel wieder locker und lauert auf den nächsten Versuch.

▶ **Möglichkeit 3: Schulterheraus – Rollback**
Ein oder zwei Tritte über die äußere Schulter (siehe Möglichkeit 2 – das ist nichts anderes) und daran anschließend einen Rollback gegen den Zaun. Dazu übernimmt der Reiter das

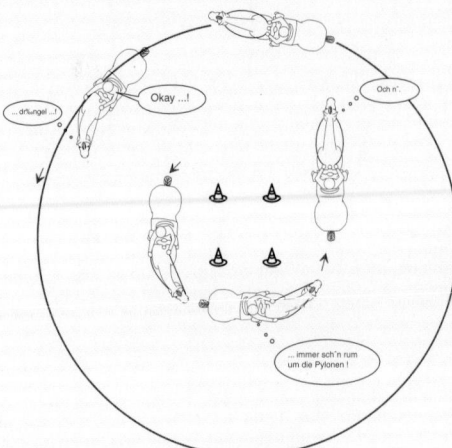

In den Zirkel laufen
lassen

rechts gestellt hineingeht, kommt es links gestellt heraus, weil der Reiter den anfangs äußeren Schenkel und den anfangs äußeren Zügel zum inneren werden lässt. Am Ende eines Rechts-Spins bringt man so die Schulter des Pferdes nach rechts, während es nach links gestellt ist. Es muss sich demnach von der Rechts- in die Linksbiegung umstellen. Das macht die Schulter flexibel und bringt das Gewicht effektiv (weg von der Schulter, d.h. der Vorhand) auf die Hinterhand.

Pferd, nachdem es etwas über die äußere Schulter gewichen ist, im äußeren Zügel, zieht es damit weich, aber energisch gegen Zaun herum und treibt weiter kräftig mit dem vormals inneren Schenkel. Das wird besonders effektiv, wenn man zwischen den Tritten über die Schulter und dem Rollback eine kleine Pause im Treiben einlegt. Das macht man ein paarmal und wird erfreut feststellen, dass sich das Pferd an den Stellen des Zirkels, an denen es sich vorher genüsslich nach innen geworfen hat, bereits auf ein leises Anheben des inneren Zügels fleißig nach außen bewegen wird, ohne die Einwärtsstellung aufzugeben. Diese Variante halte ich für sehr effektiv.

▶ **Möglichkeit 4: Wendung gegen den Zaun als 3/4 oder ganzen Spin**
Man reitet eine Wendung gegen den Zaun ohne anzuhalten, direkt aus der Vorwärtsbewegung heraus, führt das Pferd jedoch mit äußerem Zügel und äußerem Schenkel weiter herum, so dass aus dem Rollback entweder ein Dreiviertel-Spin wird, dessen anschließende Vorwärtsbewegung im rechten Winkel zur abgewendeten Seite verläuft, oder sogar ein ganzer Spin. In beiden Fällen übernimmt man das Pferd im letzten Drittel der Wendung von der einen zur anderen Seite: Aus einem Rollback rechts, in den das Pferd

▶ **Möglichkeit 5: In den Zirkel hineinlaufen lassen**
Man lässt nicht nur zu, dass das Pferd auf die innere Schulter fällt, sondern unterstützt es auch noch dabei, indem man es am äußeren Zügel aufnimmt, auswärts stellt und über die vormals innere Schulter in den Zirkel hineinlaufen lässt, so dass dieser deutlich kleiner wird, ja fast Voltengröße annimmt. Dort lässt man es so lange in dieser Haltung herumlaufen, bis es den Reiter förmlich bittet, endlich wieder nach außen gehen zu dürfen. Wenn es also nach etlichen Runden in dieser Haltung Anstalten macht, nach außen zu drängen, lässt man es los und ganz in Ruhe, bis es wieder auf die innere Schulter fällt. Dann beginnt das Spiel von vorn. Voraussetzung ist allerdings, dass der Reiter eine gehörige Portion Geduld und Durchhaltevermögen mitbringt. Er muss schon warten können, bis das Pferd auf seinem inneren Hinterbein so müde geworden ist, dass es gerne wieder nach außen möchte.
Man kann diesen Zirkel aber auch derartig klein werden lassen, dass daraus eine auswärts gestellte Hinterhandwendung wird. Vorsicht: Bei höherem Tempo kann es dem Pferd schwindelig werden, so dass es umzufallen droht!

▶ **Möglichkeit 5a: Vier Pylonen in der Zirkelmitte**
Das bietet sich vor allem für junge Pferde an, die auf einer Hand absolut

nicht an der Wand entlanglaufen wollen, sondern stattdessen immer nach innen drängen.

Man lässt sie nach innen in den Zirkel hineinlaufen, in dessen Mitte vier Pylonen in einem kleinen Quadrat stehen – mit etwa einem Meter Abstand dazwischen. In der Zirkelmitte angekommen, umkreist man die Pylonen im fleißigen Trab. Dabei weist die innere Reiterhand vorwärts-seitwärts zu den Pylonen, und der innere Schenkel treibt. Die äußere Hand kann durch rhythmisches Anlegen am Hals unterstützend wirken. Das ist anstrengend und es dauert gar nicht lange, bis das Pferd aus dieser arbeitsreichen Situation hinaus möchte. Hier kann der Reiter sich durchaus für ein paar Runden begriffsstutzig verhalten, bis das Pferd ihm wirklich deutlich signalisiert, dass es jetzt endlich von den Pylonen weg will. Dann lässt der die Zügel ganz locker, und das Pferd läuft von selbst zurück auf die außen liegende Zirkellinie. Dort lässt man das Pferd gern in den Schritt fallen (nur mit der Stimme!) und reitet die Zirkellinie am durchhängenden Zügel, bis das Pferd wieder in den Zirkel drängelt. An den Pylonen angekommen, nimmt man die Zügel und das Traben wieder auf.

Es ist eine Frage der Intelligenz und der Hartnäckigkeit, wie lange das Pferd braucht, um zu begreifen, dass es angenehmer ist, auf der Zirkellinie zu bleiben, anstatt in den Zirkel hinein zu drängeln.

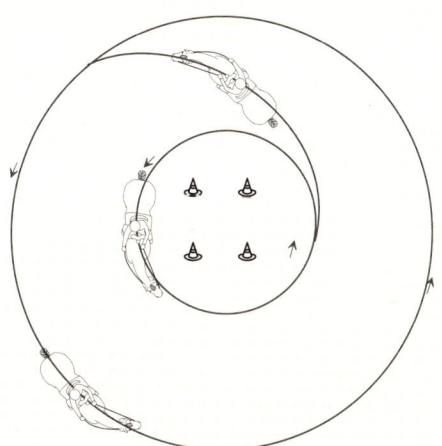

Für das Anspringen im richtigen Galopp

▸ **Möglichkeit 5b: Für das Anspringen im richtigen Galopp**

Viele junge Pferde mögen einen Galopp nicht, meistens den Rechtsgalopp. Hier kann auch das Pylonen-Quadrat in der Zirkelmitte hilfreiche Dienste leisten. Diesmal beginnt man mit dem fleißigen Trab um die Pylonen, zum Beispiel rechtsrum. Wenn das Pferd deutlich nach außen drängelt, gibt man Rechtsgalopphilfen, bis das Pferd auf dem Weg nach außen anspringt. Ist es erst

Immer schön rum um die Pylonen

Hier angaloppieren!

auf der Zirkellinie soweit, wird es mit Sicherheit wieder seinen Lieblingsgalopp wählen. Das wäre in diesem Beispiel der Linksgalopp. Sollte man also bereits außen auf der Zirkellinie, aber immer noch im Trab sein, kehrt man besser wieder zum kleinen Kreis um die Pylonen zurück, um es beim nächsten Nach-außen-Drängeln des Pferdes mit einer energischeren Galopphilfe erneut zu versuchen.

▶ **Möglichkeit 6: Schulterheraus – Kruppeherein**

Vor allem für »alte Hasen« und schlechte Galoppwechsler – siehe Möglichkeit 2, aber anstelle des inneren Schenkels treibt nun der äußere hinter dem Gurt. Das setzt voraus, dass das Pferd das Kruppeherein bereits in allen Gangarten sicher beherrscht. Also während man mit beiden Zügeln die Schulter nach außen bringt, drückt der innere Schenkel die Kruppe herein. Das Pferd wird veranlasst, genau das Gegenteil von dem zu tun, was es eigentlich machen wollte, nämlich auf die innere Schulter fallen. Außerdem gibt es dem Reiter Gelegenheit festzustellen, ob er sein Pferd wirklich von der inneren Schulter auf die äußere Schulter ver-

lagern kann. Deswegen ist diese Variante eigentlich ein Muss für alle schlechten Galoppwechsler, die entweder gern Kreuzgalopp produzieren oder ständig hinten nachspringen. Denn in beiden Fällen schafft es das Pferd nicht, die innere Schulter überhaupt oder lange genug anzuheben, um sie auch während des Wechsels oben zu halten. Versucht der Reiter dies Problem durch Einsatz des inneren Schenkels am Gurt zu korrigieren, drückt das Pferd mit der inneren Schulter gegen diesen Schenkel und findet sogar daran Halt. Erst das konsequente Weglassen des inneren Schenkels vermittelt dem Reiter die Kontrolle, ob sein Pferd in der Lage ist, in Einwärtsstellung gleichzeitig mit der Schulter nach außen und mit der Hinterhand nach außen zu gehen – und diesen Zustand auch noch während des Wechsels aufrechtzuerhalten.

Neck Reining

Der 1-2-3-Drill lehrt die Pferde, sich der Zirkellinie entsprechend zu biegen. Das natürliche Pferd geht nach rechts und schaut nach links. Dadurch bekommt es auf dem Zirkel eine Schräglage nach innen, die mit der Steigerung des Tempos gefährlich zunimmt. Damit ist ein Wegrutschen der Hinterhand und im schlimmsten Fall ein Hinfallen des Pferdes vorprogrammiert. Deswegen biegen wir Pferde überhaupt in die Bewegungsrichtung, damit sie senkrecht zum Erdmittelpunkt laufen und eben nicht hinfallen. Entsprechend muss das Pferd lernen, auch bei einhändiger Zügelführung gebogen auf gebogenen Linien zu gehen. Bei einhändiger Zügelführung fällt die direkte Führung am inneren Zügel weg. Es bleiben der innere Schenkel, der äußere Zügel und die Gewichtseinwirkung. Sich um den inneren Schenkel zu biegen, hat das Pferd bereits aus-

Neck Reining

giebig in der direkten Biegung geübt. Jetzt muss es noch lernen, dem außen angelegten Zügel mit einwärts gedehntem Hals auszuweichen. Das ist völlig neu. Man nennt es auch Neck Reining. Bislang hat sich das Pferd auf das Annehmen des inneren Zügels einwärts gestellt. Dabei ist es über die äußere Schulter gegangen, um die innere Schulter anzuheben. Jetzt soll es lernen, auf das Anlegen des äußeren Zügels die innere Schulter gehoben zu lassen, aber nach innen zu schauen. Das ist für das Pferd genauso schwierig auszuführen, wie es hier klingt.

Deswegen wird es sich zunächst auf das Anlegen des äußeren Zügels im besten Falle auswärts stellen, wenn es überhaupt darauf reagiert.

▶ Der 1-2-3-Drill

Hier soll das Pferd lernen, auf das Anlegen des äußeren Zügels mit Kopf und Hals in Bewegungsrichtung auszuweichen. Man beginnt im Schritt mit beidhändiger Zügelführung, relativ langen Zügeln und reichlich Abstand zum Zaun.

1. Der äußere Zügel »klopft« rhythmisch im Takt des Ganges gegen den Hals, immer wenn der äußere Vorderfuß vortritt. Das Pferd reagiert gar nicht oder schaut nach außen.
2. Der innere Zügel wird rückwärts gezogen, Richtung Schweif. Dazu treibt
3. der innere Schenkel zurückgelegt die Hinterhand nach außen.

Teil 2 und 3 sind bekannt: Das Pferd vom Schenkel wegtreiben! Neu ist also eigentlich nur Teil eins – und natürlich das Resultat etlicher Drills, dass das Pferd dem außen anklopfenden Zügel mit Einwärtsstellung ausweicht. Dann wird es ausgiebig gelobt, der Zügel losgelassen und das Ganze wiederholt, denn es könnte sich beim erstenmal ja auch nur um einen Zufall gehandelt haben. Weicht das Pferd bei beidhändiger Zügelführung dem außen anklopfenden

Zügel sicher mit Einwärtsstellung aus, nimmt man die Zügel in eine Hand – so wie man sie beim Turnier führen muss – und setzt den 1-2-3-Drill fort. Zunächst im Schritt, dann im Trab, dann im Galopp und im Spin.

Der Spin spielt hier eine ganz entscheidende Rolle im wahrsten Sinne des Wortes, weil an ihm deutlich wird, dass sich der Reiter entscheiden muss: Neck Reining mit oder ohne innerem Schenkel? Oder Spin – mit oder ohne äußerem Schenkel?

Es kann nämlich sein, dass Pferde, die vor dem Neck-Reining-Drill bereits sehr gern in den Spin gehen, auf das Anlegen des äußeren Zügels mit Spin reagieren. Das darf der Reiter auf keinen Fall kritisieren. Sonst verdirbt er dem Pferd die Freude am Spin oder verwirrt es zumindest gründlich.

Verhindern kann dies der am Gurt liegende innere Schenkel. Erst wenn er weggenommen wird, kann das Pferd in den Spin gehen.

Anders bei eher faulen, weniger spinfreudigen Pferden. Sie werden auf das Anlegen des äußeren Zügels nach ausgiebigem Drill zwar mit Einwärtsstellung ausweichen, aber deswegen noch lange nicht in den Spin gehen. Sie wird der Reiter mit dem äußeren Schenkel dazu auffordern müssen. Trotzdem liegt die Entscheidung letztendlich beim Reiter.

Bei allen Pferden, denen das Drehen auf der Hinterhand leicht fällt, weil sie genügend Schulterfreiheit zum Übertreten im Spin haben, ist es eine Frage des Trainingsschwerpunktes und des persönlichen Stils. Nur bei Pferden, die sich mit dem Spin schwertun, wird man auf den äußeren, treibenden Schenkel dabei wohl nicht ganz verzichten können.

Nach vollendetem 1-2-3-Drill gehören unschön verworfene Pferdehälse und grobe Zügeleinwirkungen auf jeden Fall der Vergangenheit an, weil das Pferd gehorsam dem äußeren Zügel mit Einwärtsstellung auszuweichen gelernt hat.

Neck Reining

▸ Neck Reining in der Volte

Nachdem das Pferd den 1-2-3-Drill beherrscht, lassen sich die einwärts ge-stellte Volte und das Neck Reining ver-binden. Das fördert Rippenbiegung, Nachgiebigkeit auf dem äußeren Zügel, das Untertreten des inneren Hinter-fußes und damit die Flexibilität des gesamten Pferdes.

Technik: Der innere Zügel weist das Pferd vorwärts-seitwärts in die Volte, indem die Hand wenig neben das in-nere Ohr zeigt. Der innere Schenkel treibt taktmäßig, immer dann, wenn das innere Vorderbein zurücktritt – oder wenn das äußere vorschwingt. Das ist derselbe Bewegungsmoment. Wenn der Reiter diesen Takt gefunden hat, wobei er den inneren Schenkel am besten die ganze Zeit am Pferdeleib – in Gurtnähe – lässt und den Druck mit dem Vorschwingen des äußeren Vor-derbeines verstärkt, kommt der äußere Zügel im gleichen Rhythmus an den Pferdehals. Dabei soll er möglichst die gesamte Außenseite des Halses um-fassen. Der Reiter gibt so viel (oder so wenig) Druck auf diesen äußeren Zü-gel, dass das Pferd auch einen leichten Zug des Mundstücks im äußeren Maul-winkel spürt. Immer wenn das äußere Vorderbein vorschwingt, »klopft« der Zügel außen an den Hals.

Der äußere Schenkel hat übrigens Ur-laub, liegt aber hinter dem Gurt. Er wird für die Spins aufgehoben.

Als Nächstes lässt man den inneren Zügel immer mehr los. Er wird sozusagen zum »Hilfszügel«, indem er nur noch eingreift, wenn das Pferd trotz energischen Treibens mit dem inneren Schenkel versucht, sich nach außen zu stellen.

Aber wenn er eingreift, wird er rück-wärts gezogen und vom zurück-rutschenden inneren Schenkel unter-stützt, so dass das Pferd in der Hinter-hand ausweichen muss. Für die näch-sten Tritte auf der Volte hängt der innere Zügel durch, während der äußere mit der vorschwingenden äußeren Schulter an den Hals geht. Nach spätestens fünf Tritten wird sich das Pferd in Bewegungsrichtung dehnen. Wenn es danach woandershin schaut, setzt der 1-2-3-Drill wieder ein. Mit fortschreitender Flexibilität des Pferdes wird das Pferd nur noch durch den inneren Schenkel und den äußeren Zügel auf der Volte gehalten. Selbstver-ständlich wird auch der äußere Zügel so nachgiebig sein, dass er jeder Idee des Pferdes, sich nach vorwärts-abwärts zu dehnen, Freiraum zur Entfaltung lässt. Danach kann man das Neck Rein-ing auch im Trab reiten. Um hier den Takt des Treibens zu finden, gibt es einen Trick: Man trabt auf dem falschen Fuß leicht. Der Reiter sitzt also ein, wenn das äußere Vorderbein vorschwingt. Wenn er diesen Takt in seinem Körper gespeichert hat, wird wieder ausgesessen. Ab jetzt wird keine noch so enge Trab-Schlangenlinie im Trail-Parcours mehr schwierig sein.

▸ Neck Reining und Spins

Das Neck Reining ist genau genommen »die« Übung, um Pferde auch einhändig gut positioniert drehen zu können.

Technik : Man beginnt mit Volten im Schritt. Wenn das Pferd sich gut biegend dem äußeren Zügel nachgibt und sich vorwärts-abwärts dehnt, wechselt man unter Beibehaltung des Rhythmus´den treibenden Schenkel, d.h. jetzt treibt man das Pferd mit dem äußeren Schenkel immer dann, wenn der äußere Vorderfuß vorschwingt. Das innere Reiterbein tritt weich federnd in den Steigbügel, damit man gerade sitzen kann. Also auf keinen Fall steif nach vorne strecken!

Aufgrund der vorangegangenen Volten wird sich das Pferd sehr schön tief in den Spin dehnen.

Das Anlegen des äußeren Zügels führt zur Dehnungshaltung in der Biegung

▶ Neck Reining und Schlangenlinie um drei Pylonen

Man stellt drei Pylonen in Innenraum eines Zirkels auf, Abstand zueinander zunächst ca. sieben Meter, um damit folgende Hufschlagfigur zu reiten: An der Grundseite des Dreiecks an einer Pylone (Pylone eins) beginnend, reitet man in das Dreieck hinein, umkreist die Spitze des Dreiecks (Pylone zwei) außen herum, um wieder in das Dreieck zu reiten und an der Grundseite Pylone drei von innen nach außen zu umkreisen. Danach umkreist man alle Pylonen mit einem kleinen Zirkel, um an Pylone eins wieder zu beginnen. Nach einiger Zeit bietet sich ein Handwechsel in Form einer 180-Grad-Hinterhandwendung nach Pylone drei an. Nachdem man diese Hufschlagfigur ein paarmal abgeritten hat, um in ihr sicher zu werden, versucht man es mit Anwendung des Neck Reinings. Zwis-

chen Pylone eins und zwei muss er seine Einwirkungen für den Halbkreis um Pylone zwei umstellen. Da an Pylone drei alles wieder so ist wie an Pylone eins, muss er nochmals seine Einwirkungen und damit auch sein Pferd umstellen.

Und jetzt dieselbe Übung in Verbindung mit dem 1-2-3-Drill.

Das ist für Pferde, die das Neck Reining noch nicht sicher beherrschen oder sich nicht biegen wollen. Dazu leitet der Reiter jeden Halbkreis wie gerade beschrieben ein, fasst dann jedoch den inneren Zügel, zieht ihn am Körper vorbei nach hinten, dreht dabei seinen Körper, so dass die innere Hüfte jetzt hinten ist, während er mit zurückgelegtem Schenkel die Hinterhand nach außen schwenken lässt. Danach lässt er die Zügel deutlich los, während er die Schlangenlinie weiter durch das Dreieck reitet. Bereits nach wenigen Anwendungen wird das Pferd mit der Nase vorwärts-abwärts-einwärts tauchen und so dem äußeren Zügel ausweichen. Auf diese Weise kann es lernen, was das Anlegen des äußeren Zügels am Hals bedeuten soll, nämlich dass es sich vorwärts-abwärts-einwärts dehnen soll. Gleichzeitig kann der Reiter beim Umkreisen der Pylonen üben, seine jeweils innere Hüfte gut vorzuschieben, um so das Pferd in der Biegung zu unterstützen.

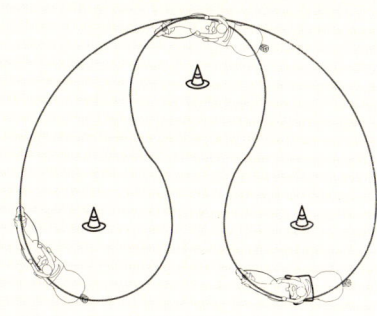

Schlangenlinie um drei Pylonen

Die Gangarten des Westernpferdes

Der Schritt

Der Schritt ist eine schreitende Bewegung im klaren Viertakt.

Die Probleme, die andere Reitweisen mit einer taktreinen Darstellung des Pferdes im Schritt haben, treten in der Westernreitweise eigentlich nicht auf. Denn der Westernreiter ist bemüht, sein Pferd im Schritt am langen Zügel geradeaus vorwärts zu reiten, ohne dass er selbst viel dazu beiträgt.

Darin liegt allerdings die Schwäche der Westernreitweise, die Raumgriff und Vorwärtsbewegung im Schritt gern vernachlässigt, vor allem wenn hauptsächlich in der Bahn geritten wird. Der Geländereiter möchte vorwärts kommen und wird schon deswegen sein Pferd zu fleißigem Schritt auffordern.

▶ Wie soll der Reiter im Schritt sitzen?

Um das herauszufinden, richtet man sich auf dem Pferd gerade und lässt seine Hüften leicht im Schritttakt von einer Seite zur anderen schaukeln, während man den Oberkörper bis zur Bewegungslosigkeit ausbalanciert. Die Schaukelbewegung des Pferdes lässt die Waden der lockeren Schenkel abwechselnd an den Pferdeleib kommen. Verkrampfte Reiter haben mitunter Probleme, in diesen Takt hineinzufinden. Sie können sich helfen, indem sie auf die Schultern des Pferdes herunterschauen: immer wenn sich eine Schulter des Pferdes zurückbewegt, fällt der gleichseitige Schenkel an den Rippenbogen des Pferdes.

Wer locker auf dem Pferd sitzt, kann dies ganz leicht überprüfen: Augen zu und die Schenkel im Schrittakt des Pferdes an den Rippenbogen schwingen lassen; Augen auf, auf die Schultern des Pferdes herunterschauen – immer wenn eine Schulter des Pferdes zurückgeht, schwingt der gleichseitige Schenkel an den Pferdekörper.

Probleme machen jedoch Pferde, die durch zuviel Zügelkontakt im Schritt ihren Takt verloren haben, und solche mit Töltveranlagung, denn sie neigen vor allem im beschleunigten Schritt zum Passgang, d.h. sie versuchen, Vorder- und Hinterbein einer Körperseite gleichzeitig nach vorn zu nehmen. Das kann dazu führen, dass das gleichseitige Hinterbein nach dem gleichseitigen Vorderbein aufgesetzt wird.

Der Reiter kann dies an einer veränderten Klangfolge der aufsetzenden Hufe feststellen.

Im taktreinen Schritt folgt auf den akustisch schwächer klingenden Vorderhuf der kräftigere Hinterhuf: 1-2-3-4, wobei die Betonung des kräftigeren Hinterhufes auf 2 und 4 hörbar wird. Man kann den Takt im Schritt auch so darstellen: te-dípp, te-dápp, te-dípp, te-dápp...

Alles, was von diesem Takt abweicht, sollte dem Reiter, der an einer taktreinen Fußfolge des Pferdes im Schritt interessiert ist, Anlass zur Überprüfung geben.

Nun ist es für den reinen Geländereiter ziemlich unerheblich, ob sein Pferd wirklich einen taktreinen Schritt geht. Er ist eigentlich nur daran interessiert, dass ihn sein Pferd im Schritt möglichst erschütterungsfrei und flott vorwärts-

Fußfolge im Schritt

trägt. Die taktreine Fußfolge im Schritt ist also erst dann von Bedeutung, wenn man sein Pferd in irgendeiner Prüfung vorstellen möchte. Wer daran interessiert ist, sollte jedoch von den ersten Anfängen seines Pferdes auf einen taktreinen, raumgreifenden Schritt achten. Denn schnell hat sich das Pferd an die bequeme Fußfolge im Passgang gewöhnt, so dass eine spätere Änderung lange dauern kann.

Während naturbelassene Primitivpferde über einen guten, raumgreifenden Schritt verfügen, neigen höher domestizierte Pferde leicht zum schleppenden Bummelschritt. Kein Pferd muss heutzutage in der Weide seinen Schritt verbessern, da es keine größeren Strecken zur Tränke oder zum Weideplatz zurücklegen muss. Erst unter dem Sattel wird es lernen, wie ein Soldat zu

marschieren. Denn es ist schon sehr lästig und unbequem, wenn der Reiter sein Pferd auf einem Ausritt dauernd antreiben muss, damit es mit anderen Pferden Schritt hält, vor allem wenn es dazu in Zockeltrab fällt, um aufzuholen. Spätestens hier wird dem Reiter die Bedeutung eines langen, raumgreifenden Schritts seines Pferdes deutlich.

Pferde mit Schrittproblemen reitet man – da wo es erlaubt ist – am langen Zügel durchs Unterholz eines Waldes, über Stock und Stein, über den tiefen Boden eines gepflügten Ackers und über Stangen auf dem Reitplatz. So erfährt das Pferd, dass es alle vier Beine kontrollieren muss.

Man treibt sie so lange an, bis sie ihren Schritt verstärken, und hört dann so lange auf, bis sie wieder langsam werden, um sie dann erneut taktmäßig (siehe Seite 121) anzutreiben.

Wenn man ein Pferd ständig im Schritt treibt, wird es sich auf diese Einwirkung verlassen und mit der Vorwärtsbewegung gänzlich aufhören, wenn das Antreiben aufhört. Das ist für den faulen Westernreiter viel zu anstrengend. Er treibt sein Pferd an, in der Erwartung, dass es danach selbst das Tempo hält – und treibt es erst wieder, wenn es nachlässt. Das macht die Pferde sensibel für die treibende Einwirkung des Reiters, lässt sie es als unangenehme Beeinflussung empfinden und die eigene Aktivität zur Vermeidung reiterlicher Einmischung verstärken, indem sie flott vorwärts gehen, ohne angetrieben zu werden.

▶ Förderung der Dehnungshaltung

Bevor ich auf die Technik des taktmäßigen Treibens eingehe, geht es an dieser Stelle um die Vorwärts-Abwärts-Bewegung von Kopf und Hals des Pferdes. Das ist die Grundvoraussetzung für die so genannte Dehnungshaltung des Pferdes, die wiederum Basis für Taktreinheit und Losgelassenheit in allen Bewegungen ist und einen aktiven Einsatz der tragenden Kräfte der Hinterhand erst ermöglicht.

▶ Die natürliche Haltung

Das Westernpferd soll sich stets in seiner natürlichen Haltung darstellen. Damit ist nicht die Haltung gemeint, in der das einzelne Pferd in seiner Freizeit auf der Weide herumbummelt oder tobt, sondern die Haltung, die es im Zustand der Losgelassenheit idealerweise einnehmen kann. Allerdings sagt die Haltung, in der das Pferd sich auf der Weide zeigt, sehr viel darüber aus, ob es ihm unter dem Sattel leicht fallen wird, seine natürliche Haltung zu finden. Im Verhältnis zu anderen Reitweisen wird das Westernpferd entsprechend mit eher tiefer Kopf- und Halshaltung

Gemütlicher Schritt im Gelände

vorgestellt. Eine Aufrichtung ist nicht erwünscht.

Entsprechend ist auch nicht das Genick der höchste Punkt, wie es die konventionelle Dressur verlangt, sondern in etwa die Halsmitte. Im Zusammenhang mit dieser tiefen Haltung, wobei die Ohrspitzen jedoch nicht tiefer als der Widerrist sein sollen, steht das flache Vorschwingen der Gliedmaßen in allen Bewegungen. So genannte Knieaktion, womit ein Anheben der Vorderfußwurzelgelenke in der Vorwärtsbewegung gemeint ist, ist ebenfalls nicht erwünscht.

▶ Wie kann der Reiter die Dehnungshaltung fördern?

Fast alle Übungen dieses Buches betonen die Bedeutung des rechtzeitigen Loslassens der Zügel. Oftmals wird das

Pferd darauf mit einer Vorwärts-Abwärts-Bewegung von Kopf und Hals reagieren. Allein, das Glück ist nicht von langer Dauer, und das Pferd hebt den Kopf wieder,

▸ weil ihm die Dehnungshaltung konstruktionsbedingt schwerfällt,

▸ es auf der Flucht ist (vielleicht auch nur ein ganz kleines bisschen?),

▸ weil es nach seinen Kollegen Ausschau hält,

▸ weil Nachbars Lumpi gerade vorbeiläuft oder, oder, oder...

Rhythmisches Treiben mit beiden Schenkeln veranlasst das Pferd, Kopf und Hals wieder zu senken, wenn es die Bedeutung dieses Treibens erst einmal verstanden hat. Das lernt es am besten im Stand, nachdem man es gut warm geritten hat. Dazu »klopft« der Reiter mit beiden Waden gleichzeitig in Gurtlage gegen den Rippenkasten des Pferdes im Sekundentakt. (»Einundzwanzig, zweiundzwanzig... zu zählen, hilft diesen Takt zu finden.) Man beginnt mit einem ganz leichten, gerdezu zärtlichen »Klopfen«. Wenn das Pferd daraufhin vorwärts gehen will, hält der Reiter es durch weichen Zügeldruck auf, treibt aber gleichmäßig weiter. Es wird nicht lange dauern, bis das Pferd den Vorwärtsgedanken aufgibt und der Reiter den Zügel lang durchhängen lassen kann. Wenn es als Nächstes rückwärts geht, lässt man es gewähren. Der Zügel hängt weiterhin durch. Wenn es sich zu einer Seite umschaut, treibt man unter Beibehaltung des Taktes nur mit dem gegenüberliegenden Schenkel. Schaut das Pferd also nach rechts, treibt man nur links. Sieht sich das Pferd unbeteiligt die Gegend an, ist das »Klopfen« zu zart. Wenn sich ein leichtes Wippen der Wirbelsäule nach oben einstellt, hat man das richtige Maß gefunden. Drückt man mit dem Schenkel zu lange, wird das Pferd dies als Aufforderung, vorwärts zu gehen, auffassen – und hat Recht! Beginnt das Pferd, mit den Vorderhufen zu

stampfen und zu scharren, hat man es mit einer ziemlich dominanten Persönlichkeit zu tun. Dann sollte sich der Reiter darauf einstellen, dass es wohl länger dauern wird, bis sich die im Folgenden beschriebene Reaktion einstellt – und trotzdem weitermachen und mit einem gehörigen Muskelkater in seinen Beinen am nächsten Tag rechnen. Bei allen anderen als den gerade beschriebenen Reaktionen sollte man die Übung abbrechen und Hilfe suchen, denn dann stimmt etwas nicht, entweder mit der reiterlichen Einwirkung oder mit der Gesundheit des Pferdes.

Die richtige Reaktion des Pferdes besteht darin, Kopf und Hals zu senken. Beim ersten schüchternen Versuch in diese Richtung hört der Reiter sofort auf zu treiben und streichelt das Pferd. Ganz wichtig ist in diesem Moment, dass der Zügel ausreichend lang ist, damit das Pferd auf seinem Weg in die Tiefe sich nicht am Gebiss stößt und dadurch frustriert wird. Genauso wichtig ist, dass der Reiter mit dem Streicheln sofort aufhört, wenn das Pferd den Hals wieder hebt. Sonst kommen Missverständnisse auf. Stattdessen wird man mit dem »Klopfen« wieder beginnen.

Nachdem man das Pferd etwa sieben bis zehnmal auf diese Weise veranlasst hat, seinen Hals lang zu machen, lässt man es am langen Zügel im Schritt gehen, um es nach einiger Zeit wieder anzuhalten und es wieder in die Tiefe zu treiben. Es wäre nicht ungewöhnlich, wenn das Pferd »vergessen hat«, was der Reiter mit dem »Klopfen« bewirken möchte. Also, keine Ungeduld und keinen Unmut über »das blöde Vieh«, sondern in alle Ruhe wiederholen!

Wenn man in der nächsten Reitstunde – wieder nach gründlichem Warmreiten – überprüft hat, dass diese Lektion sitzt, kann man das Pferd auch im Schritt in die Dehnungshaltung treiben. Die Technik findet sich unter Punkt eins des nächsten Abschnitts.

Dehnungshaltung im
Schritt

▶ **Wie soll der Reiter im Schritt treiben?**
Zum Anreiten aus dem Stand schließt
man beide Beine lang um das Pferd,
um mit den Waden sanften Druck
gegen den Rippenkasten ausüben zu
können. Wenn das Pferd darauf nicht
reagiert, wird der Druck so lange verstärkt, bis es reagiert. Sollte es
daraufhin rückwärts ausweichen, lässt
man es zunächst in der Hinterhand
ausweichen (siehe Seite 86), lässt los,
wartet einen Moment und versucht es
wieder mit sanftem, langsam steigerndem Druck und vielleicht mit

Stimmhilfe. Vielleicht ist das Pferd aber
auch anders trainert worden und
reagiert auf Anklopfen der Wade in
kurzem Rhythmus? Oder es hat gelernt, auf Vorbeugen des Oberkörpers
loszugehen, was unter Westernreitern
nicht unüblich ist.
Ist der Schritt nun endlich wunsch-
gemäß, schwingt der Reiter lediglich
durch an die Bewegung des Pferdes
angepasstes, unverkrampftes Vorschieben der Sitzbeinknochen mit. Das verhindert ein seitliches Hin- und Her-
schaukeln des Reiterbeckens, was das

▶ Ich unterscheide drei Arten des
Treibens im Schritt:
1. Fördern der Dehnungshaltung
Dazu treibt der Reiter mit beiden
Schenkeln in Gurtlage gleichzeitig
für jeden Tritt.
2. Fördern der Vorwärtsbewegung
Der Reiter treibt wechselseitig im
Schritttakt, so dass der rechte
Schenkel an den Gurt kommt,
wenn sich die rechte Schulter
zurückbewegt, und der linke,
wenn sich die linke Schulter
zurückbewegt. Dadurch nimmt er
Einfluss auf das gegenüberliegende Vorder-bein und das gleichseitige Hinterbein.

3. Fördern der Trittlänge
Wenn sich das Pferd in Dehnungshaltung (1.) fleißig vorwärts
bewegt (2.), kann der Reiter durch
energisches, wechselseitiges
Vorschieben seiner Sitzbeinknochen das Pferd veranlassen,
seine Tritte zu verlängern und den
Raumgriff zu vergrößern, ohne
eilig zu werden. Dazu schiebt der
linke Sitzbeinknochen, wenn der
rechte Schenkel treibt, und der
rechte, wenn der linke Schenkel –
natürlich taktmäßig – treibt.
Ohne Dehnungshaltung und
fleißige Vorwärtsbewegung ist das
aber leider vergebene Liebesmüh!

Fleißiger Schritt in Dehnungshaltung

wenig Wert. Andererseits haben die Trainer des modernen Western-Sport-pferdes die grundlegende Bedeutung dieser Gangart für die Ausbildung angesichts der hohen Anforderungen des Hochleistungssports längst erkannt. Damit ist nicht in erster Linie eine Aufwertung des Trabes durch Western Pleasure und Horsemanship-Prüfungen gemeint – weswegen es an dieser Stelle auch zunächst um den Trab und nicht um den Jog geht – sondern die Tatsache, dass sich das Pferd im Trab am ehesten ausbalancieren und loslassen kann. Für die Entwicklung der Rücken- und Hinter-handtätigkeit ist der Trab die wichtigste Gangart.

Pferd auf die Dauer veranlassen kann, ebenfalls in der Kruppe hin- und her-statt vorwärts zu schwingen. Und es verhindert ein Vor- und Zurückschau-keln des Reiterbeckens, wie man es an kamelreitenden Touristen in Reise-magazinen des Fernsehens anschaulich beobachten kann.

Der Trab

Der Trab ist für den Reiter die unbe-quemste Gangart. Deshalb legt die tra-ditionelle Westernreitweise darauf

▸ Leichttraben

Weil der Trab aber für den Reiter die unbequemste Gangart ist, hat man für das Reiten von Pferden mit schwungvollem Trab das so genannte Leichttraben erfunden. Auch wenn für die Ausbildung des Pferdes das korrek-te Aussitzen des Trabes von unersetz-licher Bedeutung ist, hat die Praxis lei-der gezeigt, dass dies den Reitern von allen Anforderungen, die im Sattel an sie gestellt werden, am allerschwersten

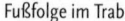
Fußfolge im Trab

fällt. Deswegen wird an dieser Stelle zuerst das Leichttraben besprochen. Es entlastet den Pferderücken, die Aktion der Hinterbeine und erleichtert die Atmung des Pferdes. Geht es allein um die zügige Fortbewegung im Gelände, wird der Reiter vorzugsweise das Leichttraben wählen. Es besteht auch kein Grund, im Westernsattel nicht leichtzutraben.

Technik : Beim Leichttraben wird ein Trabtakt ausgesessen und der nächste ausgestanden.

Der Reiter bewegt sich also im Trabtakt mit seinem Gesäß auf-ab-auf-ab, indem er sich durch die Rückenbewegung des Pferdes für jeweils einen Trabtakt »hochwerfen« lässt, um mit dem nächsten wieder mit vorgeschobenem Gesäß weich in die Mitte des Sattel zu setzen. Dadurch wird er nicht mehr vom Trab seines Pferdes durchgeschüttelt.

Dabei achtet der verantwortungsvolle Westernreiter darauf, dass er beide Bein-Diagonalen des trabenden Pferdes gleichmäßig belastet. Wie die Kollegen in der deutschen Reitweise trabt er auf dem inneren Hinterfuß leicht: Er setzt sich hin, wenn dieser auffußt. Gleichzeitig schwingt der innere Vorderfuß vor.

In der Geschichte der Reiterei hat es heftige Diskussionen über den Sinn des Leichttrabens gegeben, als diese englische Erfindung auf dem Kontinent bekannt wurde. Im Verlauf dieser Auseinandersetzungen hat es auch Befürworter des Einsitzens auf dem äußeren Hinterfuß gegeben. Aus zwei wichtigen Gründen hat sich jedoch das Einsitzen auf dem inneren Hinterfuß durchgesetzt: Erstens kann man nur Beine bewegen und infolgedessen antreiben, die sich in Bewegung befinden. Das kann jeder an sich selbst ausprobieren, wenn er auf dem Boden steht und ein Bein in der Luft hält. Das Bein in der Luft kann den Befehl »Vorschwingen!« problemlos ausführen. Wenn man jedoch dasselbe von dem

Bein am Boden, dem so genannten Standbein, verlangt, wird man wahrscheinlich umfallen.

Auf das Pferd übertragen bedeutet dies, dass der leichttrabende Reiter beim Einsitzen auf dem inneren Hinterfuß des Pferdes das gleichzeitig vorschwingende innere Vorderbein problemlos dirigieren kann, sowohl vorwärts als auch seitwärts. Zweitens neigt das Pferd dazu, auf der gebogenen Linie (Zirkel und Volten) das äußere Hinterbein weniger zu benutzen, also unterzusetzen als das innere, eben weil das äußere Hinterbein auf der gebogenen

Oben: Leichttraben – Aufstehen
Unten: Leichttraben – Einsitzen auf der Beindiagonalen hinten links – vorne rechts

Linie einen weiteren Weg gehen muss als das innere. Deswegen ist es besser, sich hinzusetzen, wenn das äußere Hinterbein vorschwingt, weil man im Hinsetzen eher in der Lage ist, sein Gewicht einzusetzen und die eigenen Beine ans Pferd zu bringen, um es vorwärts zu treiben, damit es gleichmäßig geht.

> ► Als verantwortungsvoller Reiter wechselt man den »Fuß«, d.h. die belastete Beindiagonale alle fünf Minuten, um einen einseitigen Verschleiß des Pferdes zu vermeiden.

Daraus folgt, dass jeder Reiter die Trabdiagonalen seines Pferdes unterscheiden und damit richtig auf dem inneren Hinterfuß einsitzen können muss. Wirklich gute Reiter sind in der Lage, allein aus dem Gefühl – also ohne nachzusehen – auf dem inneren Hinterfuß des Pferdes einzusitzen, weil sie spüren, dass der äußere Hinterfuß vorschwingt, wenn sich die äußere Kruppenhälfte des Pferdes senkt.
Wer also Probleme mit dem »Fußwechsel« im Leichttraben hat, konzentriert sich aussitzend (ohne Leichttraben) auf die Kruppenbewegung des Pferdes: Wenn sich eine Kruppenhälfte senkt, fällt das Reitergesäß auf der gleichen Seite herab – wie in ein Loch. Reitet man in der Bahn also linksherum, muss man sich im Leichttraben hinsetzen, wenn die eigene rechte Gesäßhälfte absinkt.
Wenn der Reiter gelernt hat, auf dem richtigen Hinterfuß leichtzutraben, und das Pferd gelernt hat, nicht mehr auf die innere Schulter zu fallen, spricht nichts dagegen, auch bewusst auf dem »falschen Fuß« leichtzutraben.
Dadurch kann der Reiter beim Einsitzen den vorschwingenden inneren Hinterfuß schwerpunktmäßig antreiben, was sich vor allem auf Pferden anbietet, die den inneren Hinterfuß »hängen las-

sen«. Ursachen dafür sind vor allem gegen die Bewegung sitzende bzw. hinter der Bewegung zurückbleibende Reiter, gegen die Bewegung wirkender Zügeleinsatz oder in ganz seltenen Fällen eine ungünstige Winkelung der Hinterhand.

► Wie hoch soll der Reiter beim Leichttraben aufstehen?

In der deutschen Reitweise wird vom Reiter verlangt, dass er sein Gesäß bis über den Vorderzwiesel des Sattels erhebt. So entsteht eine länger dauernde Aufsteh- und Einsitzphase, der sich das Pferd durch längere Tritte anpassen soll. Das ist im Westernsattel gar nicht möglich, weil Fork und Horn dafür viel zu hoch sind. Distanzreiter wählen dagegen eher eine Minimalversion des Leichttrabens, mit der sie sich der Trabbewegung des Pferdes anpassen. Unter dem Gesichtspunkt der Ausdauerleistung muss sich das Distanzpferd bei möglichst geringem Krafteinsatz möglichst schnell vorwärtsbewegen. Da der Trab nach dem Pendelgesetz funktioniert, hat er die faszinierende Eigenschaft, im ausbalancierten Zustand so gut wie keine Kalorien zu verbrauchen – wenn im Verhältnis zur Körpergröße die Beine lang, der Rücken kurz und das Gewicht gering ist. Auf diese Spezialität hat sich das Fernwanderwild Pferd im Laufe seiner Entwicklung selektiert, so dass es im Verhältnis Gewicht – Ausdauer – Geschwindigkeit Weltmeister ist.

► *Traben im Schwebesitz*

Unter dem Gesichtspunkt der Anpassung an die Gangart, um diese nicht zu stören, wählen einige Distanzreiter den Schwebesitz, vor allem wenn der Trab sehr schnell wird. Sie setzen sich also überhaupt nicht mehr hin, sondern balancieren mit federnden Fußgelenken ihr Gesäß knapp über der Sitzfläche des Sattels aus. Es spricht nichts dagegen, warum der Westernreiter sich im

Schwebesitz im Trab

Gelände nicht auch darin versuchen sollte, vorausgesetzt dass die Bügelaufhängung des Sattels dies überhaupt zulässt, indem sie sich unter dem Schwerpunkt des Reiters befindet. (Dazu mehr auf Seite 197.)

> **Balance-Übung**
>
> **Der Schwebesitz darf aber nicht mit dem Stehenbleiben über dem Sattel verwechselt werden, das der gut ausbalancierte Reiter in allen Gangarten ausführen kann, indem er sich bis auf die Zehenspitzen mit angehobener Ferse erhebt, um sich aus dem Stand weich in die Mitte des Sattels setzen zu können. Das Anheben der Fersen erleichtert hierbei die Balance und ist auch nur in dieser Übung erlaubt, mit der der Reiter die lotrechte Ausrichtung seines Körpers zum Erdmittelpunkt üben und überprüfen kann.**

▸ *Aussitzen*

Und nun zur schwersten Anforderung an den Sitz des Reiters, dem Aussitzen. Das ist Ausrichtung des Reiterkörpers nach den Gesetzen der Schwerkraft, der

Beschleunigung und der Fliehkraft. Ein Zurückbleiben hinter diesen Kräften erzeugt einen stoßenden Zusammenprall zwischen Pferderücken und Reitergesäß und -rücken kurz nach jedem Auffußen einer Beindiagonale. Dieses Zurückbleiben resultiert aus einer Schutzreaktion des menschlichen Körpers, der aufgrund mangelnder Stabilität ansonsten wie eine Stoffpuppe durchgeschüttelt würde. Dasselbe geschieht mit kamelreitenden Touristen, nur eben langsamer. Das macht zwei Aspekte deutlich. Erstens sitzt kein Reiter absichtlich schlecht. Zweitens ist ein falscher oder schlechter Sitz eine Verzweiflungstat, mit der der Reiter auf das unangenehme Geschüttel und Gestoße im Trab reagiert. So erfordert der korrekte Sitz im Trab ein gehöriges Maß an Muskelarbeit, um sich den oben genannten Kräften zunächst auch nur anzupassen. Entsprechend definiert sich der korrekte Sitz in erster Linie dadurch, dass er das Pferd in seinem natürlichen Bewegungsablauf nicht stört, indem er entweder hinter der Bewegung zurückbleibt oder sich gegen die Bewegungsrichtung ausgleicht. Wenn an einigen Stellen das Sich-Anpassen an die Pferdebewegung als passiver Sitz und das bewusste Einwirken auf die Bewegung mit dem Ziel der Veränderung als aktiver Sitz beschrieben wird, erscheint diese Bezeichnung angesichts des zu leistenden Arbeitsaufwandes, der allein schon für die Anpassung betrieben werden muss, als unglücklich.

Die Tatsache, dass alle Gebrauchsreit-weisen dieser Welt den Trab tunlichst umgehen oder durch Varianten des Tölts ersetzen, legt die Befürchtung nahe, dass der Reiter bei all seinen Bemühungen, mit dem Trab fertig zu werden, ohne dem Pferd zu schaden, die praktische Unterstützung eines Reitlehrers benötigt – und ein gerüttelt Maß an Geduld mit sich selbst.

Technik : Wer mit dem Aussitzen des Galopps insofern keine Probleme mehr hat, dass er in der Lage ist, im Sattel »kleben« zu bleiben, kann sich den korrekten Sitz im Trab mit folgendem Satz sicherlich am anschaulichsten vorstellen: Man macht dieselben Bewe-gungen wie im Galopp, nur schneller! Stellt sich natürlich die Frage: Welche Bewegungen mache ich eigentlich im Galopp? Genauer gefragt: Welche Muskeln bewege ich im Galopp und was erreiche ich damit?

Durch Zusammenziehen der Rücken-, Bauch-, Gesäß- und der rückwärtigen Oberschenkelmuskulatur wird der untere Teil des Rumpfes in der Pferde-bewegung nach vorn geschoben, immer wenn das Reitergewicht durch das Auffußen des Pferdes in den Sattel gezogen wird. In der Phase des Abfußens werden diese Muskeln teil-weise entspannt, um sich während des Vorschwingens wieder steigernd anzu-spannen. Die seitliche Rumpfmuskula-tur verhindert dabei ein Wackeln des Gesäßes von rechts nach links auf und ab. Diese Muskelarbeit kann der Reiter am deutlichsten durch ein Vorwärts-Aufwärts-Schwingen des Oberbauches feststellen. Das darf nicht mit einem Herausdrücken des Bauches nach vor-wärts-abwärts verwechselt werden, was ein Hohlkreuz zur Folge hätte.

Ein schier unüberwindliches Hindernis ist dabei eine eingeschränkte Beweglichkeit im Bereich der Hüften, die es dem Reiter unmöglich macht, seine Oberschenkel zu spreizen, um die Beine unter dem Schwerpunkt zu halten. So sausen die Oberschenkel bei jedem In-den-Sattel-Gezogen-Werden nach vorn und lassen das Reitergewicht zurückplumpsen. Diese Bewegungsein-schränkung ist vor allem auf einen Bewegungsmangel in der Kindheit zurückzuführen, die heute in er-schreckendem Maße bereits bei sehr jungen Reitanfängern festzustellen ist. Hier hilft nur gezielte Gymnastik unter fachgerechter Anleitung.

Das falsche oder schlechte Aussitzen des Trabes wäre gar nicht so gravie-rend, wenn es das Pferd in seinem Bewegungsablauf nicht so massiv stören würde, dass es aufgrund der daraus resultierenden fehlenden Beu-gung der Gelenke der Hinterbeine zu Schmerzen und Verschleißerscheinun-gen führen würde. Dabei läuft auch das Pferd nicht mit Absicht schlecht, sondern aufgrund der Summe aus Faulheit, Unwissen und der Unmöglichkeit, gegen die Kräfte des falschen Sitzes ankommen zu können.

Ein sich den Bewegungen anpassender Sitz würde diese wenigstens nicht schlechter werden lassen. Leider sieht man heutzutage noch sehr viele Pferde, gerade auch western gerittene, die sich entweder »wie mit Dackellähme« vor-wärts schleppen oder ständig auf der Flucht sind, weil die abdrückenden Kräfte der Hinterhand die der tragen-den übertreffen, eben weil die Hinter-hand aufgrund des störenden Sitzes gar nicht in der Lage ist, eine tragende Hal-tung einzunehmen.

▶ Was kann der Reiter zur Sitzverbesserung tun?

Der »Stand der Dinge« lässt sich fol-gendermaßen feststellen: Ist der Reiter in der Lage, sich im Sattel bis auf die Zehenspitzen zu erheben, um sich daraus weich in die Mitte seines Sattels zu setzen (zwei Fingerbreit Abstand zum Cantle)? Dann ist ein gutes Ausbalancieren der Schwer- und Beschleunigungskräfte schon mal gewährleistet. Darüber hinaus lässt man sich beim Aussitzen auf Video aufnehmen. Da der Digitalbildschirm moderner Kameras zu klein ist, schaut man sich am Fernsehbildschirm das Traben in Zeitlupe und rückwärts an. In der Zeitlupe kann man eine Differenz zwischen dem Absinken des Pferderückens und dem Einsitzen des Reiters feststellen, wenn dieser hinter der Bewegung ist. Außerdem werden die Absätze nicht unter dem Schwerpunkt des Reiters sein. Das Traben rückwärts abgespielt anzuschauen, bietet ein ungewohntes Bild, so dass man auf Steifheiten eher aufmerksam wird. Sicher hilft auch die Aufnahme eines gut sitzenden Reiters im Vergleich. Zur Verbesserung des Sitzes hilft Altbewährtes aus der konventionellen Reitausbildung: Das Reiten an der Longe auf einem Pferd mit aktiver Hinterhand und schwingendem Rücken und zunächst möglichst wenig »Wurf« – auch gern mit einem Voltigiergurt anstelle des Sattels. Hier macht man nicht nur Gymnastik, sondern hat auch Gelegenheit, mit den Händen zu fühlen: das Einsitzen im Sattel, indem man sich auf seine Handflächen setzt (Hand-Innenseiten zum Gesäß an der Stelle, an der die Gesäßbacken in den Oberschenkel übergehen), das Vorwärts-Aufwärts-Schwingen des Oberbauches, indem man die flache Hand darauf legt, das Vorwärtsschieben der Rückenmuskulatur, indem man den Handrücken darauflegt. Wer dazu neigt, den Kopf wie ein Geier zu tragen, legt einen Zeigefinger auf die Nasenspitze. Außerdem hilft es, immer wieder aus dem Schritt anzutraben. Die ersten drei bis vier Trabtritte sitzt fast jeder Reiter noch in der Bewegung. Erst danach wird der Körper durch Vermeidungsverhalten steif.

Und ansonsten unerschütterliche Geduld und Beharrlichkeit beim Üben!

▶ Wie soll der Reiter im Trab treiben?

Zum Antraben aus dem Stand oder Schritt schließt der Reiter mit langem Bein beide Waden um den Rippenkasten des Pferdes und schiebt bei gespannter Muskulatur sein Gesäß vor. Sollte das Pferd bei durchhängendem Zügel daraufhin rückwärts gehen, ist es wahrscheinlich darauf trainiert worden. Man entspannt sich also und schließt nach einer kleinen Pause wieder die Waden, aber diesmal ohne Gesäßspannung. Vielleicht ist das Pferd aber auch darauf trainiert worden, dass der Reiter sich zum Antraben zusätzlich nach vorn beugt. Das wäre nicht unüblich und letztendlich eine Stilfrage. Entscheidender ist sicherlich, wie der Reiter nach dem Antraben einwirkt – obwohl man einem auf Vorbeugen des Oberkörpers trainerten Pferd durchaus schon mal eine gewisse Frontlastigkeit unterstellen könnte...

Fleißiger Trab in Dehnungshaltung

▶ **Ich unterscheide drei Arten des Treibens im Trab:**

1. Förderung der Dehnungshaltung
Beide Schenkel treiben gleichzeitig rhythmisch im Takt des Ganges jeden Tritt an.

2. Förderung der Vorwärtsbewegung
Beide Schenkel üben gleichzeitig Druck über mehrere Tritte

3. Förderung der Trittlänge
Das Gesäß schiebt aktiv jeden Trabtritt an. Dabei kann es durch Schenkeldruck unterstützt werden. Hat man dabei das Gefühl, dass das Pferd förmlich am Gesäß klebt, kann man durch Einflussnahme auf die Rückenschwingung die Tritte verlangsamen, ohne den Schwung zu verlieren.

Der Jog

Westernreiter sind dagegen ein faules Volk. So haben sie aus Bequemlichkeitsgründen den Jog erfunden.
Das ist ein extrem abgekürzter, flacher, erschütterungsfreier Trab, der sich mühelos über Kilometer durchhalten und aussitzen lässt.
Der Jog ist sowohl für den Reiter als auch für das Pferd enorm kräftesparend, so dass Pferde, die ihn beherrschen, ihn gern anbieten, um einen energischen Schritt im Marschtempo zu vermeiden. Das Fatale daran ist allerdings, dass der Jog das Pferd faul werden lässt, in dem Sinne, dass es die Gelenkbeugung (Knie vorwärts strecken – Sprunggelenk vorwärts-abwärts) in der Vorführphase der Hinterbeine auslässt und stattdessen anfängt, in den Gelenken zu drehen und in der Kruppe zu wackeln. Für diese seitlichen Bewegungen sind die Gelenke jedoch nicht geeignet, was auf die Dauer zu Verschleißerscheinungen führen muss.
Das heißt nun aber nicht, dass der Reiter sein Pferd niemals und auf keinen Fall im Jog gehen lassen darf. Aber er muss sich dieser Faulheit bewusst sein und wird sein Pferd aus diesem Grunde erst dann joggen lassen, wenn er es zuvor im Trab ausreichend gelöst und aktiviert hat.
Der Jog darf auch nicht mit dem nervösen Herumgezackel verwechselt werden, das viele deutsch gerittene Boxenpferde zeigen, wenn sie denn endlich einmal ins Gelände kommen, vor allem, wenn es sich bei dieser seltenen Gelegenheit um die alljährliche Fuchsjagd des Reitvereins im Herbst handelt. Neben dem Genuss dieser bequemen Gangart im Alltag findet sie ihre tur-

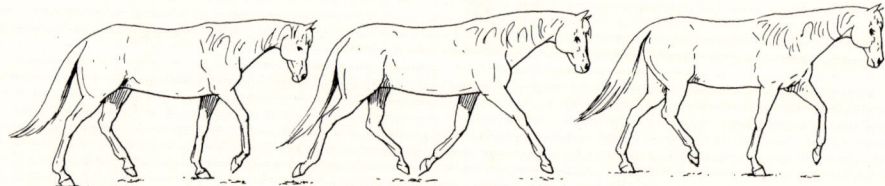

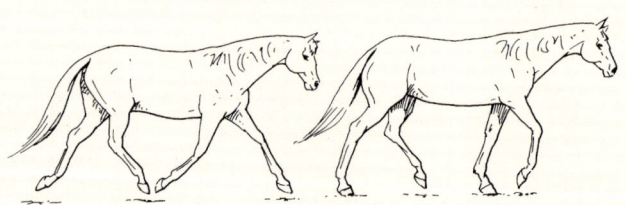

Fußfolge und Haltung des Pferdes im Jog

niermäßige Darstellung in der Disziplin Western Pleasure, die sich allgemein großer Beliebtheit erfreut. »Pleasure« bedeutet zu deutsch Vergnügen, und es soll dem Teilnehmer in dieser Disziplin anzusehen sein, dass es wirklich ein Vergnügen ist, ein Pferd in dieser bequemen Gangart des Jogs und in der verkürzten Variante des Galopps, dem Lope (von dem später die Rede sein wird) zu reiten.

Jog

> **Der Jog ist ein extrem abgekürzter, taktreiner, geradegerichteter Trab in völliger Losgelassenheit des Pferdes. Es bewegt sich also geradeaus im klaren, diagonalen Zweitakt (rechter Vorderfuß und linker Hinterfuß, linker Hinterfuß und rechter Vorderfuß gleichzeitig auffußend) in seiner natürlichen, rassebedingten Haltung.**

Der Turnierrichter erkennt diese Forderung daran, dass die Halsmuskulatur des Pferdes entspannt »schwappt«. Das bedeutet natürlich rassebedingt eine unterschiedliche Haltung: während man dem Araber etwas mehr Aufrichtung zugesteht, soll sich das Quarter Horse mit waagerechtem Hals zeigen. Auf keinen Fall dürfen die Ohrenspitzen tiefer als der Widerrist des Pferdes sein. Der Jog ist eine flache Gangart im Trab ohne jede Versammlung. Seine Fußfolge ist langsam und ohne Erschütterung für den Reiter.
Wer also versucht, seinem Pony einen langsamen Trab beizubringen, indem er ihm Angst vor dem Schnellerwerden macht, wird hier wenig Erfolg haben, weil dieses Pony dann kurze, hektische Tritte zeigt und damit dem Richter nur allzu deutlich seine Angst vor dem Reiter vermittelt.
Da sich eine hohe Aufrichtung und so genannte Knieaktion, womit ein Anheben des Unterarmbeins bis in die Waagerechte oder höher in der Vor-

führphase des Vorderbeins gemeint ist, nicht mit den Grundanforderungen des Jogs vereinbaren lassen, sollte es sich der Reiter eines solchen Pferdes überlegen, ob es sinnvoll ist, mit ihm überhaupt dem Jog zu trainieren – angesichts der darin lauernden Gefahren für seine Gesundheit.

> ### Wie man den Jog trainiert

Alle »normalen« Pferde laufen im Schritt und traben »hopps!« auf die Anweisung ihres Reiters an. Der Jog liegt jedoch genau dazwischen: Er ist ein Trab im Tempo des Schritts.
Den Unterschied zwischen Schritt und Trab kann jeder Reiter zu Fuß an sich selbst ausprobieren: im Schritt bleibt immer ein Bein am Boden. Extrembeispiel dafür sind die Schnellgeher im olympischen Wettkampf. Im Trab ist beim Menschen immer ein Bein in der Luft und eins am Boden. Im Jog verlangsamt sich eigentlich nur das Tempo, aber immer noch sind zwei Beine gleichzeitig in der Luft und zwei am Boden. Die dazwischen liegende Flugphase wird nur noch in der »slow motion« einer Video-Aufnahme richtig deutlich.
Im Trab drückt sich das Pferd mit einer Bein-Diagonale ab (beispielsweise hinten rechts und vorne links), schwebt einen Augenblick in der Luft, um dann auf der anderen Bein-Diagonalen (hier: hinten links und vorne rechts zu landen,

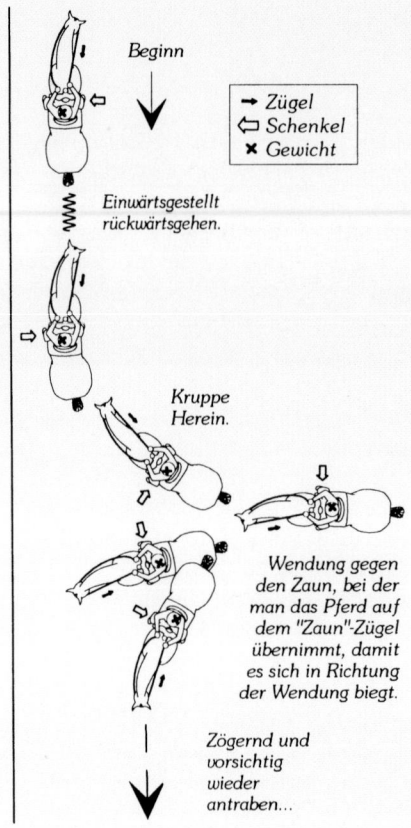

Beginn

→ *Zügel*
⇐ *Schenkel*
✗ *Gewicht*

Einwärtsgestellt rückwärtsgehen.

Kruppe Herein.

Wendung gegen den Zaun, bei der man das Pferd auf dem "Zaun"-Zügel übernimmt, damit es sich in Richtung der Wendung biegt.

Zögernd und vorsichtig wieder antraben...

Korrektur des Jogs

indem man ihm Angst vor dem Schnellerwerden macht, oder indem man ihm erlaubt, im Jog faul auf der Vorhand zu schlurfen.

> ► **Bevor man mit dem Training des Jogs beginnt, wird das Pferd immer gut gelöst und in der Hinterhand aktiviert.**

Man treibt das schrittgehende Pferd taktmäßig in einen fleißigen, energischen Schritt, schließt dann beide Beine weich um den Leib des Pferdes und drückt die Waden an seinen Rippenbogen. Dazu sitzt man sehr aufrecht im Sattel. Sobald das Pferd in den Trab fällt, hört die treibende Einwirkung der Schenkel auf, man tritt die Steigbügel tief und senkrecht aus, um den Sitz noch mehr zu straffen.
Auf keinen Fall streckt man die Beine steif nach vorne oder zieht sie hinter die Senkrechte zurück.
Der straffe Sitz lässt das Pferd das Tempo drosseln. Trabt es dennoch zu eifrig, lässt man es anhalten, 2 Tritte rückwärts gehen, kurz verharren und beginnt wieder vom Schritt aus wie oben.
Diesen Ablauf wiederholt man in aller Ruhe immer wieder.
Versucht das Pferd im Halten und Rückwärtstreten ins Gebiss zu drücken, hebt es den Kopf, drückt es den Rücken nach unten durch und stellt es im Rückwärtsgehen die Hinterbeine hinter den Rumpf – alles Versuche, die Hinterhand zu entlasten – stellt man es einwärts, lässt es so gestellt rückwärts gehen, treibt mit dem zurückgelegten äußeren Schenkel die Kruppeherein, um es dann mit der Vorhand gegen den Zaun wenden zu lassen. Dabei übernimmt man das Pferd auf dem »Zaun«-Zügel, damit es sich in Richtung der Wendung biegt. Auf diese Weise muss es sich zunächst versammeln und die Hinterhand untersetzen, und es muss sich durch den ganzen Körper von der

um sich damit wieder abzudrücken, und so fort. Im Mittel- und besonders im Starken Trab der Dressurpferde wird dieses Schweben deutlich betont. Darauf legt der Westernreiter kaum Wert.
Im Jog wird die Schwebephase dagegen extrem unterdrückt. Das macht die trabende Fortbewegung des Pferdes nahezu erschütterungsfrei für den Reiter. Damit aber die taktmäßige Fußfolge des Pferdes erhalten bleibt, muss das Pferd die unterdrückte Schwebephase in allen Gelenken seiner Gliedmaßen abfangen. Deshalb ist es ungeheuer wichtig, dass das Pferd im Jog völlig losgelassen bleibt, damit es nicht einzelne Gelenke überlastet und auf die Dauer ruiniert. Besonders gefährdet sind hierbei die Hufrollen der Vorderbeine und die Knie (der Hinterbeine natürlich!). Diese Gefahr besteht, wenn man das Pferd in den Jog zwingt,

einen auf die andere Seite biegen. Das löst sämtliche Widerstände im Pferdekörper. Dadurch wird es auf natürliche Weise langsam, weil es sich loslässt. Entscheidend ist jedoch, dass man das Pferd nicht mit Druck in dies Manöver zwingt, sondern im Gegenteil jeden Tritt langsam und gefühlvoll holt. Nur so kann das Pferd mitdenken und geistig und körperlich folgen. Nach der Wendung lässt man es zögernd vorwärts gehen, schließt wieder weich die Beine, damit es – zögernd und vorsichtig – antrabt. Immer wenn das Pferd zu schnell wird, macht es sich irgendwo im Körper steif und baut unerwünschte Spannungen auf. Dann beginnt die o.g. Übung von vorn. Spürt der Reiter dabei einen Unwillen des Pferdes gegen einen Bestandteil dieses Manövers, unterbricht er das Trainieren des Jogs und kehrt zur Verbesserung des Elementes zurück, bei dem das Pferd widerständig geworden ist. Entsprechend helfen die Kapitel: Anhalten, Einwärtsstellung, Kruppeherein, Wendung gegen den Zaun. »Sitzen« alle einzelnen Bestandteile, kann das Trainieren des Jogs wieder aufgenommen werden.

Bleibt das Pferd schlussendlich im Jog, muss man sehr darauf achten, dass es nicht auf die Vorhand fällt. Das erkennt man daran, dass der vordere Teil des Sattels absinkt, das Pferd streckt die Nase nach vorn, drückt den Hals her

unter und tritt mit den Vorderbeinen härter und kürzer auf.

Einwärtsstellung und Kruppeherein in der Vorwärtsbewegung bringen es wieder ins Gleichgewicht. Gibt es den Einwirkungen des Reiters nach, entspannt man sich und lauscht den Bewegungen, um bereit zu sein, wenn das Pferd wieder auseinander fallen möchte. Dann stellt man es wieder einwärts und so fort.

Am Ende muss man nur noch ganz leicht den Zügel anheben und das Pferd begibt sich sofort wieder ins Gleichgewicht.

»Sitzt« der Jog, verfährt man ebenso mit der Entwicklung des Lope, der langsamen Variante des Galopps. Damit beginnt man zunächst aus dem Jog, später kann man ihn dann auch vom Schritt aus verlangen.

Wer seine »Hausaufgaben« gemacht hat, wer also sein Pferd durch sämtliche Übungen der Gymnastizierung (Seite 33 bis 117) gut ausgebildet hat, wird festellen, dass das Pleasure Pferd eigentlich »nur ein Abfallprodukt« eines erfolgreichen Trainings ist. Jetzt muss man allerdings noch an der Disziplin des Pferdes arbeiten, die langsamen Gänge auch in Gegenwart anderer Pferde beizubehalten, vor allem auch, wenn es überholt wird und drumherum ein Volksfest stattfindet – dann ist das Pferd showfertig für Western Pleasure (siehe Seite 207).

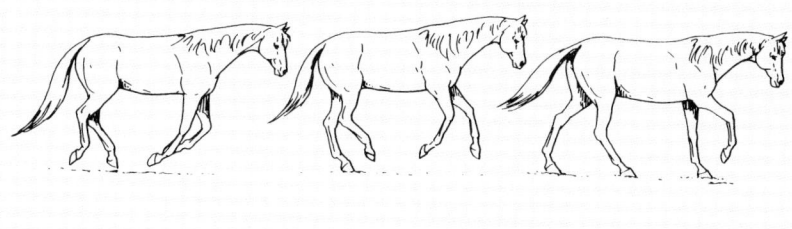

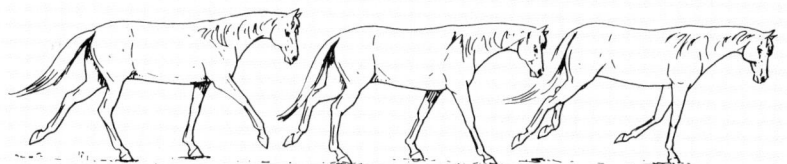

Fußfolge und Haltung des Pferdes im Lope

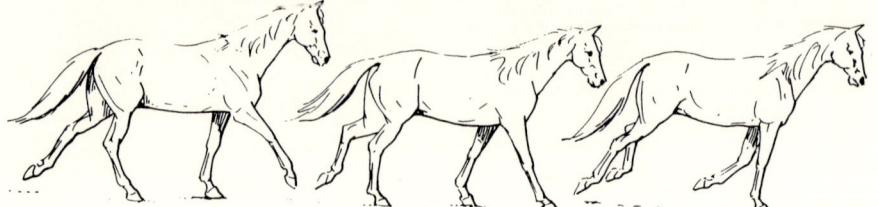

Fußfolge im Galopp

Der Galopp

Während ich den Trab gern als unge-
fährliche Gangart bezeichne, weil er als
laufende Bewegung vom Pferd nur sehr
geringe Schwerpunktverlagerungen verlangt, stellt der Galopp als springende
Bewegung mit ständiger Schwerpunktverlagerung nach vorn erhebliche
Anforderungen an Kraftaufwand und
Balance für das Pferd dar, die durch den
»Störfaktor Reiter« bis zur Undurch-
führbarkeit gesteigert werden können.
Für den gemütlich das Gelände durch-
streifenden Reiter ist es sehr wichtig,
dass sein Pferd sowohl Rechts- als auch
Linksgalopp auf Anforderung darbietet,
damit er es nicht einseitig verschleißt.
Da die Galoppstrecken in unserer von
Reitverboten beschränkten Umwelt
ohnehin recht dünn gesät sind,
bemerken es viele Geländereiter gar
nicht, dass ihr Pferd immer nur einen
Galopp benutzt, wenn das Gelände
diese Gangart endlich einmal zulässt.

▶ Die Vorliebe für einen Galopp und die natürliche Schiefe

Die meisten Pferde bevorzugen den
Linksgalopp. Grund dafür ist die Tatsache, dass sowohl die Mehrzahl der
Pferde als auch die der Reiter Rechtshänder sind. Die »Händigkeit« ist
nichts anderes als die natürliche
Schiefe des Pferdes, die in veralteten
Lehrbüchern auf die Lage des Fohlens
im Mutterleib zurückgeführt wird. Aber
sowohl Menschen- als auch Pferde-
babys drehen sich im Mutterleib von
einer Seite auf die andere, aber beide
sind von Geburt an einer einseitigen
»Händigkeit« unterworfen. Neuere
Forschungen halten dies für einen
Überlebensmechanismus: Wer zu einer
Seite schief ist, geht im Kreis. Das tun
nicht nur Menschen in der Wüste, sondern jedes orientierungslose Säugetier.
Damit trifft das Jungtier zwangsläufig
nach Vollendung des Kreises auf die
Spur der verlorenen Mutter, deren Wie-
derfinden Überleben bedeutet.
Die natürliche Schiefe oder »Händigkeit« ist individuell mehr oder weniger
ausgeprägt. So neigen extrem einseitige
(schiefe) Menschen zu Schwindelanfäl-
len in der Höhe.
Pferd und Mensch sind gleichermaßen
einem Domestikationsprozess unterworfen, der diese natürlichen Mechanis-
men beeinflussen kann.
Tatsache ist jedoch, dass die Mehrheit
beider Spezies rechtshändig ist. Beim
Menschen äußert sich diese Händigkeit

vor allem im Schreiben. Da Pferde nicht schreiben können, ist es für den Reiter nicht so ganz einfach, die Händigkeit seines Pferdes festzustellen. Rechtshändige Menschen und Pferde können die rechte Seite der Wirbelsäule leichter und weiter seitwärts dehnen als die linke. Deswegen reiten die meisten Reiter auch lieber linksherum, indem sie in der inneren, d.h. linken Hüfte einknicken und das Gewicht auf die Außenseite, d.h. nach rechts verlagern (was die Reitkunst nicht gerade fördert!). Diese Vorliebe wird vom Großteil der Pferde geteilt. Auf der linken Hand fällt es ihnen leichter, die gegenüberliegende rechte Außenseite zu dehnen. Deswegen gehen sie auch mit dem gegen das Gleichgewichtsgesetz außen sitzenden, ungeschulten Reiter willig linksherum.

Dies Phänomen kann man auf einem Ausritt als letzter Reiter sehr gut beobachten. Obwohl die Reiter mit Gesäß und Sattel rechts herunterhängen, gehen die Pferde problemlos geradeaus. Das liegt daran, dass sie das Reitergewicht lieber auf der stärkeren und biegsameren rechten Körperhälfte tragen. Treffen also ein rechtshändiger Reiter und ein ebensolches Pferd aufeinander, trachten beide nach dieser beschriebenen schiefen Haltung.

Unterstützt wird die Rechtshändigkeit sowohl beim Menschen als auch beim Pferd dadurch, dass beide rechts kräftiger sind. Beim Menschen äußert sich das vor allem in der rechten Hand, beim Pferd im rechten Hinterbein. Das rechtshändige Pferd bevorzugt unter dem Sattel den Linksgalopp, weil dieser jeden Sprung mit dem rechten Hinterfuß beginnt, so dass von diesem Bein die größte Kraftentwicklung verlangt wird, insbesondere wenn der Reiter von ihm auch noch verlangt, dass es im Gleichgewicht gehen soll, wenn er es ihm also nicht erlaubt, sein Gewicht auf die linke Schulter zu verlagern. Entsprechend kann man die Händigkeit des Pferdes am besten im ungerittenen, unausgebildeten Zustand beobachten. Hier läuft der Rechtshänder lieber im Linksgalopp, weil er die rechte Körperhälfte besser dehnen kann, und sich so besser nach rechts als nach links umschauen kann. Erst wenn das Pferd unter dem Sattel gelernt hat, gerade zu sein, wird es das in seiner Freizeit auch anwenden. Dieses Phänomen zeigen Lipizzaner-Hengste, die nach ihrer Ausbildung in der Wiener Hofreitschule als Deckhengste ins Gestüt zurückkehren. Im Übermut ihres Bewegungsdranges bocken sie im Auslauf nicht großartig herum, sondern zeigen alle Lektionen der Hohen Schule, die sie zuvor gelernt haben. Westernpferde mit Reiningausbildung zeigen auch im Auslauf Sliding Stops

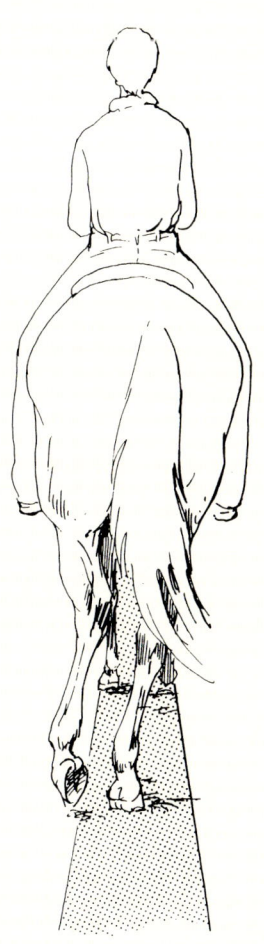

Die natürliche Schiefe des Rechtshänders

und Spins, und ich habe auch schon Trailpferde gesehen, die mit ausgesprochen wissenschaftlichem Gesichtsausdruck rückwärts durch ein Stangen-L gingen, während die Kollegen lustig herumbockten.

Das beweist einerseits die natürliche, nicht zwanghafte oder künstliche Grundlage pferdegerechter Ausbildung, andererseits, dass die Pferde die erlernten Manöver derart verinnerlichen, dass sie sie sogar in ihrer Freizeit freiwillig wiederholen. Nicht zuletzt ist dies auch ein Zeichen dafür, dass das Pferd sehr an einer Perfektionierung seiner natürlichen Bewegungsmöglichkeiten interessiert ist.

Denn im Gegensatz dazu habe ich noch nie ein Pferd beobachten können und weiß auch von keiner Beobachtung anderer, dass ein Pferd sich im Übermut verbeugt oder hinkniet. Auch wenn es diese Bewegungen für seinen Reiter und eine Leckerei bereitwillig ausführt, ist dies in freier Bewegung nur in der Rauferei der Hengste oder Wallache beobachtet worden.

Beim gerittenen Pferd lässt sich die Händigkeit nur noch an der natürlichen Schiefe feststellen, weil ihm im Verlauf der Ausbildung beide Galopps zur Gewohnheit geworden sind. Dagegen tritt die natürliche Schiefe auch beim sehr weit ausgebildeten und unter dem Sattel durch Gymnastik gerade gerichteten Pferd im ungelösten Zustand immer wieder auf. Man kann sie

beobachten, wenn ein Pferd aus der Box in die Weide entlassen wird und wenn der Reiter gerade erst aufgestiegen ist und sein Pferd noch nicht gelöst hat. Nun sind Pferde – und genauso Menschen – von Natur aus unterschiedlich schief. Und mit zunehmendem Training verschwindet die Schiefe fast völlig. Irgendwann kann der Mensch auf dem Schwebebalken gehen, turnen, kann der rechtshändige Mensch mit links schreiben, wenn er es nur lange genug übt. Und irgendwann ist auch das schiefste Pferd in der Lage, sich gerade zu richten, nach ebenso langem Üben.

Dass es von Natur aus nicht so schiefen Pferden und Menschen leichter fällt, das Gleichgewicht zu halten und mit beiden Körperhälften gleich gut zu arbeiten, leuchtet ein.

Hoffentlich wecken diese Betrachtungen der natürlichen Schiefe beim Reiter Verständnis dafür, dass sein Pferd auf der schwachen Seite schlechter arbeitet als auf der starken! Und dass man das Pferd gymnastizieren muss, damit es besser und gleichmäßiger wird. Und vor allem, dass man hier nichts zwingen kann!!

Aus diesen Betrachtungen folgt: Wer sich darüber freut, dass sein Pferd im Gelände überhaupt galoppiert und nicht darauf achtet, in welchem Galopp es läuft, vernachlässigt einerseits das Interesse des Pferdes nach Ausbildung, andererseits läuft er Gefahr, dass sein

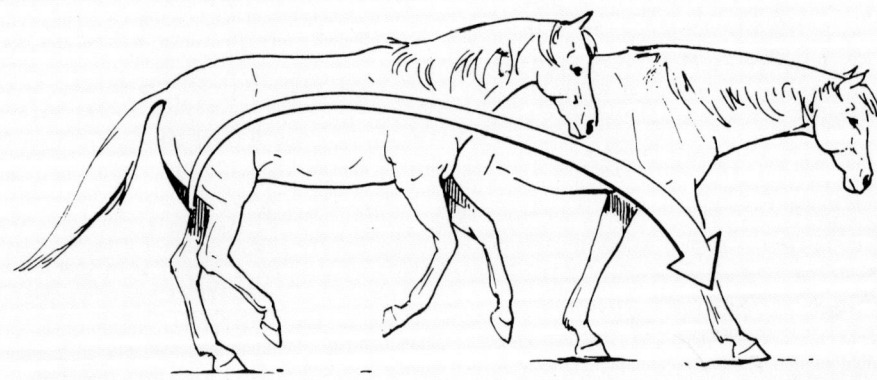

Der Schwung im Angalopp

Pferd ständig und nicht nur im Galopp seiner natürlichen Schiefe folgt, die es veranlasst, eine Körperseite mehr zu belasten als die andere, so dass es auf die Dauer der reiterlichen Benutzung auf der bevorzugten Seite in den Gelenken verschleißt.

Und auch der Reiter erfährt durch die Benutzung seiner vernachlässigten Seite eine Bewusstseinserweiterung, indem er bislang ungenutzte Gehirnzellen mit neuen motorischen Informationen belegt, die nicht nur eine größere körperliche Beweglichkeit beinhalten, sondern gleichzeitig durch ihre Bewusstheit eine größere geistige Beweglichkeit verursachen. Bewusstseinserweiterung für Reiter...

▶ Der natürliche Angalopp

Wie veranlasst man ein Pferd, sowohl rechts als auch links anzugaloppieren? Man achtet darauf, dass im Moment des Angalopps die innere Schulter des Pferdes frei ist um vorzugreifen. Denn die Entwicklung des Schwunges für den Galopp verläuft immer diagonal durch das Pferd: von hinten außen nach vorne innen.

Dazu gibt es zwei Möglichkeiten: Entweder man stellt das Pferd vor dem Angalopp mit Kopf und Hals nach außen, also gegen die Bewegungsrichtung – oder man stellt es vorher einwärts, also in die Bewegungsrichtung und gibt im Moment des Angalopps die innere Hand mit dem einwärts stellenden Zügel deutlich vor, so dass die innere Schulter frei ist.

Weil das ungebildete Pferd zum Angaloppieren seinen Kopf hochreißt und sein Gewicht auf die Vorderbeine bringt, um die Hinterbeine zum Schwungholen leichter zu machen, belastet der Reiter seinen äußeren Sitzbeinknochen und treibt mit dem äußeren Schenkel. Denn das Pferd beginnt den Galopp mit dem äußeren Hinterbein und wird aus Gründen der Balance seinen Hin-

Gewicht auf der Vorhand, um die Hinterfüße leicht zu machen

terfuß unter das nach außen verlagerte Gewicht des Reiters setzen. Der Nachteil des Außensitzes ist allerdings, dass er die Tendenz des Pferdes, sich durch Hereinnehmen der Hinterhand im Galopp schief zu machen, massiv fördert.

Derart gerittene Pferde sind in der Folge im Galopp auf beiden Händen nach innen schief – und auf der stärkeren Seite noch schiefer als auf der schwächeren. Bei gut ausgebildeten Pferden genügt ein Vorschieben der inneren Hüfte und eine Idee von angelegtem Schenkel, um das Pferd zum Angaloppieren zu veranlassen.

Achtung! Viele Reiter neigen dazu, sich im Moment des Angalopps nach innen vorwärts zu beugen, vor allem wenn sie sich nicht sicher sind, ob ihr Pferd auch wirklich auf der richtigen Hand angaloppiert. Dabei belasten sie leider die innere Schulter des Pferdes und machen es ihm sehr schwer, auf der richtigen, inneren Hand anzugaloppieren. Wer Schwierigkeiten damit hat, den Rechts- oder Linksgalopp seines Pferdes zu erfühlen, stellt am besten einen Reiterkollegen in die Mitte der Bahn und lässt ihn jedesmal »Falsch!« oder »Richtig!« rufen. Mit der Zeit stellt sich das Gefühl dann schon ein.

▶ Falscher Galopp?

Wer allein arbeiten muss, schaut lieber erst ein paar Galoppsprünge später nach, ob das innere Vorderbein weiter vorspringt als das äußere, und riskiert lieber ein paar Sprünge Außengalopp, als dass er sein Pferd durch Vorbeugen des Oberkörpers nach innen behindert. Stellt er einen Außengalopp fest, nimmt er mit beiden Zügeln Kontakt auf, stellt sein Pferd mit Blickrichtung zum Zaun, schiebt seine dem Zaun zugewandte Hüfte nach vorn, legt den Zaunschenkel an den Gurt und den Bahnschenkel zwei Handbreit hinter den Gurt – und reitet also korrekt und kontrolliert im Außengalopp. Damit das Pferd nicht gleich wieder aufhört,

Korrekte Einwirkung im Außengalopp

treibt er es mit dem Zaunschenkel (der jetzt zum inneren Schenkel passend zum Außengalopp geworden ist) vorwärts und achtet darauf, dass der andere Schenkel nicht nach vorne wegrutscht. Außengalopp ist für das Pferd vergleichsweise anstrengend, da es gegen die Fliehkraft arbeiten muss. Es wird demnach nicht allzu lange dauern, bis es trotz treibender Einwirkung in den Trab fällt. Nach ein paar Trabtritten fordert der Reiter mit korrekter Galopphilfe erneut den Innengalopp. Fällt das Pferd wieder in den Außengalopp, verfährt man wie gerade beschrieben. Irgendwann ist der äußere Hinterfuß des Pferdes müde und es wird in den Innengalopp springen. Nach wenigen Sprüngen lässt man das Pferd in den Trab fallen – und beendet die Reitstunde im Schritt. Sollte man auch aus dem Rollback keinen Erfolg haben, sucht man sich die helfende Unterstützung eines Reitlehrers oder lässt eine Videoaufnahme machen, um herauszufinden, woran es liegt. Wenn die Ursache nicht in körperlichen Problemen des Pferdes zu finden ist, liegt es am Unvermögen des Reiters, der noch nicht gelernt hat, eine korrekte Galopphilfe zu geben.

▶ Wie soll der Reiter im Galopp sitzen?

Die Westernreitweise geht davon aus, dass das Pferd sehr wohl in der Lage ist, allein – ohne Reiter im Sattel – zu galoppieren. (Andersherum könnte man sagen, dass ein Pferd, das dazu nicht in der Lage ist, auch kein Westernpferd ist...) Demnach soll sich der Reiter im Sattel zunächst einmal so verhalten, dass er das Pferd im Galopp auf keinen Fall stört. Während das korrekte Sitzen im Trab dem Reiter die größten Schwierigkeiten bereitet, hat man im Galopp ziemlich schnell »den Bogen raus«. Deswegen wird der Galopp auch von Anfang an ausgesessen. Außerdem fällt es dem Pferd leichter, sich unter dem aussitzenden Reiter im Galopp auszubalancieren.

Damit das Reitergesäß förmlich im Sattel klebt, vollführt man in der unteren Rumpfhälfte Bewegungen wie beim Schwungholen nach vorn auf einer Schaukel. Der Oberkörper sucht die Verbindung zum Erdmittelpunkt, damit er weder vor- noch zurückschaukelt.

Je ruhiger der Reiter seinen Oberkörper hält, desto leichter ist es für das Pferd, das Gewicht auf seinem Rücken zu balancieren. Die Beine lässt man zunächst locker herabhängen. So unterstützen sie als stabiles Gewicht das Sitzenbleiben im Sattel.

Jeder Versuch, sich mit den Oberschenkeln festzuhalten, bringt den Reiter hinter die Bewegung und lässt ihn hart in den Sattel knallen, wenn das Pferd nach der Flugphase wieder auf seinem äußeren Hinterbein landet. Da hört selbst beim nachsichtigsten Pferd die Geduld auf.

Reiterinnen mit Pferdeschwanzfrisur können sich am leichtesten überprüfen: Sie sitzen perfekt, wenn der »Pferdeschwanz« sich nicht mehr bewegt.

»Dann muss das Pferd doch nur einen Hops beiseite machen und man liegt unten!« mögen jetzt viele Leser entgegnen. Weit gefehlt!

Je lockerer und entspannter man auf dem Pferd sitzt, desto unerheblicher werden alle Hopser und Seitensprünge, – eben weil man so locker draufsitzt, dass man in der Lage ist, mit jedem Hops mitzugehen.

Ein gut ausbalancierter Reiter ist in der Lage, sich auf den Zehenspitzen in den Steigbügeln stehend zu erheben, um sich ein paar Galoppsprünge später wieder weich in die Mitte seines Sattels setzen zu können.

Wer durch Mitgehen in der Bewegung seinen Körper an den Galopp anpassen kann, für den besteht kein Unterschied mehr zwischen dem ersten und den weiteren Galoppsprüngen.

Ausbalancierter Sitz im Galopp

▶ Wie soll der Reiter im Galopp treiben?

Da der Galopp im Gegensatz zu Schritt und Trab eine gesprungene, diagonale Bewegung zwischen dem Abdrücken des äußeren Hinterfußes und dem Landen auf dem inneren Vorderfuß ist, sitzt der Reiter wie auf gebogenen Linien mit gut vorgeschobener innerer Hüfte. Entsprechend liegt der innere Schenkel am Gurt und der äußere etwa zwei Handbreit hinter dem Gurt. Der äußere Schenkel vermittelt dem Pferd: »Los, Galopp!«, während der innere für »Vorwärts!«, »Halte dich senkrecht!« und gegebenenfalls für »Biege dich!« zuständig ist. Das können die Schenkel situationsgemäß sehr energisch oder auch nur zart erinnernd mitteilen. Entsprechend werden sie dabei von einem aktiv vorwärts schiebenden oder an die Bewegung lediglich angepassten Gesäß unterstützt.

Da jeder Galoppsprung mit dem äußeren Hinterbein beginnt, muss das Pferd seine Innenseite »leicht machen«: Es senkt seine äußere Körperseite und hebt die innere an. Das lässt den Reiter auf die Außenseite rutschen, wodurch das Pferd seine Hinterhand nach innen dreht und schief wird. Dadurch rutscht der Reiter noch mehr nach außen, so dass auch der Sattel außen herunterrutscht. Bei lockerem

Sattelgurt wird es jetzt gefährlich. Das Reiten einer gebogenen Linie wird unmöglich, denn das Pferd bringt immer mehr Gewicht auf die äußere Schulter. Wenn dann der Reiter auch versucht, es am Ende der offenen Seite mit dem inneren Zügel auf die Zirkellinie zu ziehen, ist zwangsläufig vorprogrammiert, dass das Pferd aus dem Zirkel ausbricht.

> ▶ **Ich unterscheide drei Arten des Treibens im Galopp:**
>
> 1. **Förderung der Dehnungshaltung**
>   Beide Schenkel treiben gleichzeitig bei jedem Vorwärtsschwingen des Gesäßes.
> 2. **Förderung der Vorwärtsbewegung**
>   Der innere Schenkel treibt, während der äußere gleichmäßig anliegt.
> 3. **Förderung des Schwunges**
>   Jeder Galoppsprung wird mit dem Gesäß energisch angeschoben. Auch ein ruhiger Lope soll taktmäßig und schwungvoll sein!

Der Reiter muss sich also ständig darum bemühen, sein Gewicht auf der Innenseite des Pferdes zu halten, damit er im Ausgleich der Fliehkraft mindestens gerade, d.h. senkrecht zum Erdmittelpunkt sitzt.
Im Galopp wirken die Fliehkräfte aufgrund des diagonalen Schubs und der ausgeprägten Flugphase am stärksten. Wenn dem Reiter der Galopp gut gefällt, passt er sich im Sitz der Bewegung an und hält mit beiden Schenkeln hauchzarten Kontakt zum Pferdeleib.

▶ *Probleme im Angalopp*

Das Angaloppieren aus dem Schritt fällt ungeübten Reitern und Pferden ziemlich schwer. Ganz junge Pferde reitet man deswegen immer schneller im Trab, bis sie irgendwann in den Galopp fallen. Damit sie nicht der Meinung sind, man möchte einen Renntraber aus ihnen machen, hilft man ihnen, indem man leichttrabt (auf dem richtigen Fuß! siehe Seite 122), zuerst einmal ganz ruhig auf dem Zirkel. Ist der Reitplatz eingezäunt, befindet sich die beste Stelle zum Angaloppieren beim Erreichen der langen Seite. Das liegt daran,

Galopp in Dehnungshaltung

dass alle Pferde auf der offenen Seite des Zirkels aufgrund der Fliehkraft nach außen driften. Um beim Erreichen der langen Seite nicht aus dem Zirkel auszubrechen, müssen sie mit dem äußeren Hinterfuß weit und kräftig untertreten, um ihren Körper auf der Zirkellinie halten zu können. Als Nächstes muss der Reiter begreifen, dass das Pferd keine Maschine ist, die auf den Knopfdruck »Galopphilfe« ein anderes Gangprogramm fährt. Das Pferd kann mit dem Innengalopp immer nur dann beginnen, wenn der äußere Hinterfuß vorschwingt. Damit dieser noch ein bisschen weiter vorschwingt, um zum Galopp abdrücken zu können, treibt man das Pferd bereits im Leichttrab mit dem äußeren Schenkel an – immer dann, wenn man sich hinsetzt – mit jedem Tritt ein bisschen energischer, um nach drei bis fünf Trabtritten zwei geschnalzte Küsschen oder »Galopp!« verlauten zu lassen.

Aber Achtung! Behält der Reiter dabei den Takt des Leichttrabens nicht bei und sitzt stattdessen zweimal oder mehrfach aus, wird das Pferd die Gelegenheit nutzen, um mit dem äußeren Hinterfuß einen kurzen Tritt zu machen, den inneren vorschwingen lassen, um in den Außengalopp zu springen. Das passiert vor allem, wenn man vom Pferd den schlechteren Galopp auf seiner schwachen Seite verlangt. Bleibt der Reiter im Takt, kann er gar nichts falsch machen, weil er das Pferd immer im richtigen Moment antreibt.
Die sicherste Methode, immer im richtigen Galopp zu landen!
Ältere, erfahrene Pferde nutzen hier gern die Schwäche ihres Reiters aus und fallen in den so genannten »Schlachtertrab«, einen schnellen, für den Reiter sehr unbequemen Trab, anstatt anzugaloppieren. Solche Pferde lässt man am besten aus der Wendung gegen den Zaun angaloppieren.
Dazu treibt man sie im letzten Drittel der Wendung außen, also auf der Zaun-

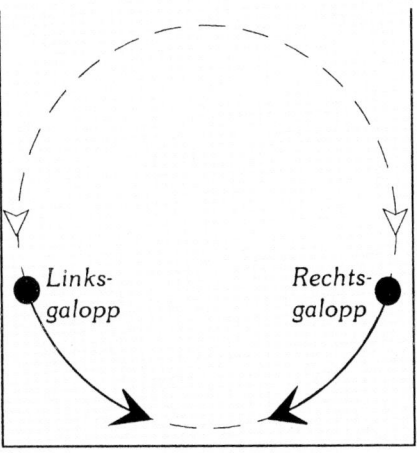

Der günstigste Punkt für den Angalopp

seite an. Hartnäckige Faulenzer benötigen dabei den Einsatz von Sporen oder Gerte. Kommt das Pferd im Trab aus der Wendung, versucht man nicht, es danach noch in den Galopp zu scheuchen, sondern lässt es wieder gegen den Zaun wenden, immer wieder, bis es im Galopp herauskommt.
Viele Pferde verweigern den Galopp, weil ihnen der Reiter gleich nach dem Anspringen ins Maul fällt. Er lässt die Zügel nicht lang genug oder ist steif in den Ellenbogen, so dass das Pferd bei jedem Galoppsprung einen harten Ruck im Maul bekommt. Das liegt daran, dass der Reiter vom Schwung des Pferdes jedesmal dann zurückgeworfen wird, wenn das Pferd gleichzeitig seinen Kopf und Hals streckt. Das ist der Moment, indem das Pferd seine Hinterfüße untersetzt, um für den nächsten Galoppsprung Schwung zu holen. Das ist bei jungen und unausbalancierten Pferden besonders ausgeprägt.

▶ Zügelführung im Galopp – Das Pferd am Bindfaden

Damit das Pferd nicht mit jedem Galoppsprung »einen aufs Maul kriegt«, muss der Reiter sich darin schulen, seine Zügelführung an das Heben und Strecken des Pferdehalses anzupassen. Dazu zieht man seinem

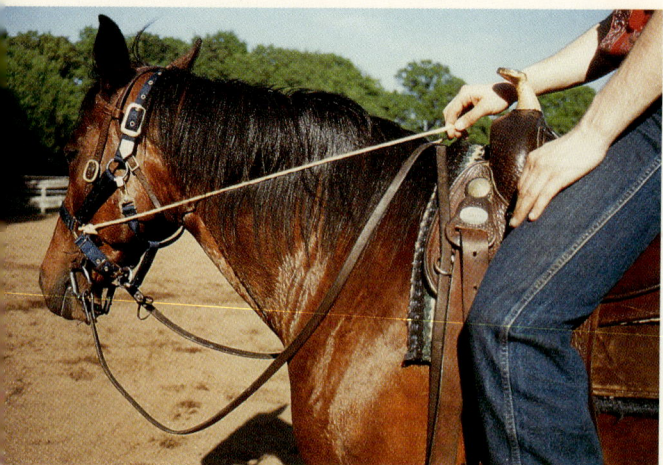

Richtige Länge des Bindfadens

Das schult die weiche Zügelführung!

chen im Schritt und Trab, um sich daran zu gewöhnen, aber dann im Galopp auf der Zirkellinie. Schnell wird der Reiter merken, dass sich der Bindfaden für jeden Galoppsprung in der Hand unangenehm spannt. Das ist in etwa der Druck, den das Pferd für jedesmal im Maul zu spüren bekommt, wenn der Reiter mit der Hand nicht mitgeht. Um das zu üben, versucht man nun, den Bindfaden gleichmäßig unter Spannung zu halten. Das funktioniert nur, wenn man seinen Arm im Ellenbogen bewegt. Diese Bewegung kann man am deutlichsten bei Rennreitern im Finish beobachten.

Und so übt man: Bindfaden mit beiden Händen haltend, einhändig mit der inneren und mit der äußeren Hand führend. Was funktioniert am besten? Viele Pferde bleiben nur für ein paar Sprünge im Galopp und fallen dann wieder zurück in den Trab. Bei jungen Pferden ist das ganz normal. Sie haben große Schwierigkeiten, sich im Galopp unter dem Reiter auszubalancieren. Außerdem sehen sie keinen Sinn darin, in dieser noch so anstrengenden Gangart herumzuschuften. Zwingt man sie, im Galopp zu bleiben, werden sie im Angalopp immer widerspenstiger, weil sie erfahren haben, was ihnen da an Arbeit blüht. Und wer möchte bei solchen Aussichten noch angaloppieren? Also lässt man die jungen und die ungeschickten Pferde gewähren, lässt sie in den Trab fallen, aber nicht in den Schritt, damit sie nicht auf die Idee kommen, die Vollbremse zu ziehen. Im Trab bringt man den Zirkel in Ordnung, wartet, bis das Pferd wieder gleichmäßig und entspannt läuft und galoppiert dann wieder an. Nur ein paar Sprünge? Okay, das Ganze von vorn! In den nächsten Tagen macht man einen schönen Ausritt. Da ist die Lust am Galopp doch gleich viel größer! Pferde müssen gar nicht wissen, wie schnell sie wirklich sein können. Das können sie als Reiningpferd auf dem Zirkel und im Run Down herausfinden!

Pferd das Stallhalfter an und knotet einen Bindfaden wie einen geschlossenen Zügel in die seitlichen Ringe. Der Bindfaden – eine dünne Strohkordel tut's auch – wird so kurz geknotet, dass er bei normal stehendem Pferd leicht ansteht. Wer seinem Pferd nicht so ganz traut, lässt den Trensenzaum unter dem Halfter und zieht die Zügelenden durch die Vorderzeugringe des Sattels, so dass sie sich über dem Widerrist des Pferdes kreuzen. Im Zweifelsfall findet man dort den Zügel mit einem Griff wieder. Sollte der Sattel keine Vorderzeugringe haben, kann man die Zügelenden auch unter die Oberschenkel legen. Jetzt wird das Pferd am Bindfaden geritten – ein biss-

Ältere, ungeschickte Pferde lässt man auch in den Trab fallen und sich völlig entspannen. Sie haben unter Umständen echte Angst vor dem Galopp, weil sie befürchten, ihr Gleichgewicht nicht halten zu können und deswegen hinzufallen, und weil sie sich nicht vorstellen können, wie sie wieder anhalten sollen. Das ist so wie im Spielfilm, wenn bei der Autoverfolgungsjagd bergab auf der Passstraße die Bremsen ausfallen, die Handbremse auch, die Motorbremse auch, weil das Auto Automatikschaltung hat. Da weiß man auch nicht, wie man das anhalten soll. So fühlen sich diese Pferde! (siehe auch Seite 21)

Man lässt sie ausgiebig gegen den Zaun wenden und reitet sie über die äußere Schulter, auf der Diagonalen und in der auswärts gestellten Volte (siehe Abbildung Seite 96). Das verbessert ihre Flexibilität und ihr Gleichgewicht. Je mehr sie ihren eigenen Kräften trauen können, desto lieber und länger werden sie galoppieren.

▶ Wie man den Galopp des Pferdes verbessert

Das ideale Reitpferd ist ein solches, das gleich beim ersten Angalopp seines Lebens unter dem Reiter völlig ausbalanciert, taktrein und ruhig galoppiert, als wäre es das Selbstverständlichste, was man von einem Pferd fordern kann. Wer solch ein Pferd irgendwann einmal angeritten hat, weiß, wie viel alle anderen Durchschnittspferde bis dahin noch lernen müssen. Nun kaufen sich die wenigsten Reiter ihr Pferd unter dem Gesichtspunkt ausbalancierter Gänge. Und entsprechend lange dauert es, bis diese Pferde in der Lage sind, ruhig und trotzdem taktrein zu galoppieren.

Alle ursprünglichen Ponyrassen sind Trabpferde. Sie laufen stundenlang in einem kilometerfressenden Trab, ohne sich dabei großartig anzustrengen. Der Galopp ist von Natur aus nicht ihre bevorzugte Gangart.

Den flachen, leicht zu verkürzenden Galopp, den die Westernreitweise und ihr verfallene, bequem faule Reiter so lieben, bringt außer den typischen Westernpferderassen Quarter Horse, Paint Horse (die gescheckte Variante des Quarter Horses) und Appaloosa höchstens noch der Araber mit sich. Und sicherlich gibt es das eine oder andere Kreuzungs- oder rasselose Pferd mit natürlicher Begabung für den Galopp. Aber der gesamte Rest bevorzugt es, in dieser Gangart unkontrolliert loszutölpeln.

Diesen Pferden fehlt die Möglichkeit, ihren Schwerpunkt im Galopp auf die Hinterhand zu verlagern, und das müssen sie mit viel Geduld und Zeit lernen. Wenn sie erst einmal können, bieten sie den kurzen Galopp auch gern an.

Auf dem Weg dorthin empfehlen sich für den Reiter die Wendungen gegen den Zaun, das Abstoppen – bei zu hohem Tempo, Taktfehler (= Hoppeln) oder fehlender Nachgiebigkeit im Hals – mit Rückwärtstreten und erneutem Angalopp. Dabei achtet man immer darauf, dass das Pferd weich und nachgiebig im Hals bleibt, nicht gegen das Gebiss drückt oder hektisch wird. Dieser lange Lernweg nähert sich seinem Ende, wenn das Pferd in der Lage ist, beim Angaloppieren aus dem Schritt oder dem Halten seinen Widerrist zu heben, so dass der erste Tritt ein Galoppsprung ist. Dabei zeigt es keinen steif aufgerichteten Hals, kein Hochreißen des Kopfes und kein Ziehen am Zügel. Es springt ruhig und gesittet in einen langsamen Galopp.

▶ Entwicklung eines ausbalancierten Galopps

Erstes Ziel im Galopp sollte es sein, das Pferd in kontrolliertem Tempo ohne Zügelkontakt auf dem Zirkel reiten zu können. Da der Reiter ihm erlaubt, jederzeit in den Trab zu fallen, wird es wenig Ambitionen haben, im Galopp davonzustürmen, vorausgesetzt, dass der Reiter es nicht durch schlechten Sitz oder harte Zügelführung in die Flucht jagt – es sei denn, es hat vorher zuviel Kraftfutter gefressen...

Das Pferd wird sehr schnell lernen, dass es nicht galoppieren muss, und wird deswegen faul werden, so dass der Reiter treiben kann. Hier liegt einer der größten Irrtümer des unerfahrenen Reiters zugrunde, wenn er glaubt, dass ein Pferd durch Treiben immer schneller wird, so wie ein Auto durch Gasgeben beschleunigt. Das Pferd hat aber immer zwei Möglichkeiten, eine treibende Hilfe aufzufassen: »Drück mit den Hinterfüßen fester ab!« oder »Setz deine Hinterfüße zum Tragen ein!«. Der Reiter kann den Unterschied durch verschiedenes Treiben und Sitzeinsatz deutlich machen, aber letztendlich entscheidet immer noch das Pferd. So kann es passieren, dass ein Pferd aufgrund energischen Einsitzens im Galopp plötzlich beide Hinterfüße unter den Körper schiebt und stoppt – obwohl der Reiter gar nicht anhalten wollte. In dem Fall, der genau genommen eine Verweigerung ist – zumindest in der Auffassung des Reiters –, lässt man das Pferd gegen den Zaun wenden, wobei man in der zweiten Hälfte der Wendung die Zügel loslässt und auffordernd treibt. Das kann auch mal mit dem Zügelende auf der Kruppe sein. Sollte das Pferd dann immer noch die Vorwärtsbewegung rigoros verweigern, ist eine Untersuchung durch den Tierarzt mit Verdacht auf Herzprobleme angeraten.

Generell ist das Pferd aber bemüht, die Anweisungen seines Reiters richtig auszuführen. Entsprechend sollte man sich im Zweifelsfall immer fragen, was man wohl gerade angewiesen hat. Durch das Treiben kann der Reiter das Pferd auffordern, seine Hinterfüße vermehrt unter den Körper zu setzen. Unterstützung findet er dabei in einem ansonsten eher schwierigen Phänomen: der Fliehkraft auf der offenen Seite des Zirkels. Wenn man hier bei leichtem Kontakt des inneren Zügels den äußeren rückwärts wirken lässt, schiebt das Pferd den inneren Hinterfuß vermehrt unter den Körper. Der Reiter kann das daran feststellen, dass das Pferd als Reaktion »vorne größer« wird und einen energischeren Galoppsprung macht. Beim Erreichen der geschlossenen Seite lässt man die Zügel los, um sie an der offenen Seite wieder wirken zu lassen. Denn kein ungeübtes Pferd ist in der Lage, sein Gewicht für eine ganze Zirkelrunde auf der Hinterhand zu tragen. Also lässt man es an der geschlossenen Seite in seinen natürlichen Galopp zurückfinden, um ihm an der nächsten offenen Seite wieder auf die Hinterhand zu helfen. Deren Kraft wird jeden Tag ein bisschen zunehmen, so dass das Pferd immer mehr Galoppsprünge im Gleichgewicht ausführen kann.

Um festzustellen, wie gut das Pferd im Galopp ausbalanciert ist, kann man es nach einem Anhalten fragen. So gut wie der Galopp ist, so gut wird das Anhalten sein. Dadurch, dass der Reiter im Galopp zum Treiben kommt, besteht kein Unterschied mehr zwischen dem ersten Galoppsprung, also dem Angaloppieren, und den weiteren Galoppsprüngen. Man kann demnach sagen:

> ▶ **So gut wie der erste Galoppsprung werden auch die weiteren sein.**

So gut wie der erste Galoppsprung werden auch die weiteren sein!

Warum Pferde schnell werden

Wie lange tobt ein Pferd fröhlich bockend herum, wenn man es auf die Weide lässt? Selbst wenn es – nicht artgerecht! – lange in der Box gestanden und dazu noch reichlich Kraftfutter gefressen hat – sehr ungesund! – und obendrein auch noch ein sehr bewegungsfreudiges Pferd ist, wird so ein »Anfall« doch spätestens nach zwanzig Minuten vorbei sein. Es wird sich wälzen und grasen. Auch unter dem Sattel kann ein Pferd recht »stallmutig« sein, auch das ist nach zwanzig Minuten unter dem Sattel sicher erledigt.

Wenn ein Pferd sich erschrickt, springt es zur Seite und läuft vielleicht los. Aber nach einigen Metern wird es anhalten und sich umschauen, um festzustellen, ob es noch weiter weglaufen muss.

Ist das Pferd weder stallmutig, noch hat es sich erschreckt, und wird trotzdem schnell, hat es Angst! Das kann durch die Umgebung, den Reiter oder Überforderung ausgelöst werden. Angsteinflößende äußere Reize kann jeder Reiter leicht erkennen. Sein Pferd wird sie ihm durch Hochreißen des Kopfes, Scheuen, Tänzeln und deutlich erhöhte Pulsfrequenz unverkennbar mitteilen.

Überforderung kann zwar geistiger oder körperlicher Natur sein, wird sich aber beim Pferd immer körperlich äußern. Handelt es sich

um eine geistige Überforderung, dass das Pferd etwas nicht verstanden hat und deswegen verwirrt ist und nervös wird, wird es sich beruhigen, wenn die Forderung nicht mehr gestellt wird und es Gelegenheit hat, sich in zwangloser Haltung zu entspannen.
War die Überforderung körperlicher Natur, wird es sich nicht mehr beruhigen, wenn die Muskulatur ermüdet ist und unter Umständen sogar sein Stoffwechsel Schaden genommen hat.

Arbeite niemals mit einem erschöpften Pferd!

Zum Schnellwerden reicht aber bereits ein mangelhaftes Gleichgewicht. Das Pferd läuft dann förmlich seinem eigenen Schwerpunkt hinterher. Wenn die Hinterbeine nicht genügend zum Tragen der Körperlast eingesetzt werden, verlagert sich der Schwerpunkt, der bereits im Stand etwa in Höhe der Gurtschnalle liegt, durch den Schub der Vorwärtsbewegung noch weiter nach vorne. Die Hinterbeine werden immer leichter und führen nach dem Pendelgesetz immer größere Schwünge aus, die die Körperlast wiederum noch mehr nach vorne drücken lassen – eine Spirale des Wahnsinns....

Gefährliche Schräglage auf dem Zirkel   Ausgerichtet in der Senkrechten

▶ Dreieckige Zirkel

Wieder ist das Ziel der langsame Galopp, diesmal aber mit besonderem Schwerpunkt auf der Losgelassenheit und Dehnungshaltung.

Technik: Man stellt drei Pylonen am Rand des Zirkels auf: eine in jede Ecke und eine auf die Mitte der offenen Seite (Punkt X). Dann beginnt man am besten auf der Seite, auf der das Pferd vermehrt nach außen drängt, zunächst im Schritt, um die Technik zu üben, indem man dreieckige Zirkel reitet. Dazu reitet man den Zirkel in geraden Linien und wendet das Pferd vor jeder Pylone deutlich nach innen in den Zirkel. Das Wenden vollzieht sich durch den Einsatz beider Zügel nach innen, Gewichtsverlagerung nach innen und gegebenenfalls den Einsatz des äußeren Schenkels.

Sobald man das Pferd derart gewendet hat, lässt man die Zügel los, um es erst vor der nächsten Pylone wieder aufzunehmen.

Dabei ist es nicht schlimm, wenn die

Dreieckige Zirkel im Galopp

Geraden weit innerhalb der Pylonen verlaufen.

Danach probiert man es im Trab oder gleich im Galopp. Unter der Voraussetzung, dass man das Pferd nach jeder Wendung deutlich loslässt, tritt sehr schnell eine Dehnung nach vorwärts-abwärts als Reaktion auf die Wendung ein – und nach einigen Runden wird das Pferd entspannter und langsamer. Stellt man danach beim Reiten runder Zirkel fest, dass das Pferd wieder an

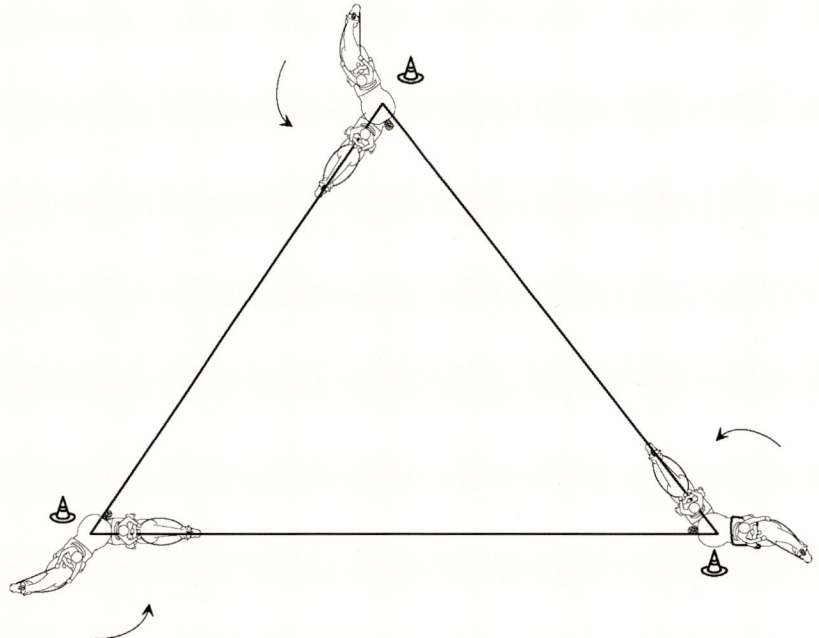

Dreieckige Zirkel

Tempo und Festigkeit zulegt, hat man die Übung zu früh verlassen. Man wird sie wohl noch eine ganze Zeitlang reiten müssen.

Sollte das Pferd in dieser Übung schneller statt langsamer werden, hat der Reiter es entweder mit seiner Hilfengebung an der Pylone überfallen und dadurch verschreckt, oder es liegt ein körperliches Problem vor.

Speed Control

In Reiningprüfungen sind die großen schnellen und kleinen langsamen Zirkel und die Übergänge dazwischen ein wesentlicher Bestandteil. Der Begriff »Speed Control« bezieht sich vor allem auf den Übergang vom großen schnellen zum kleinen langsamen Zirkel – und nicht auf die Tatsache, dass ein Reiter das Tempo einer Gangart nach Belieben zulegen und zurücknehmen kann, was an sich sehr nützlich ist.

In großen Reiningprüfungen werden die großen schnellen Zirkel an der Grenze des Machbaren geritten, die durch Athletik des Pferdes, die Fliehkraft, die Größe der Arena und die Beschaffenheit des Bodens bestimmt wird. Der Übergang zum kleinen langsamen Zirkel ist für das Pferd ein enormer Kraftakt, indem es sein Gewicht auf die Hinterhand verlagern muss, um die hohe Geschwindigkeit des großen Zirkels so weit abbremsen zu können, dass es danach einen sichtbar kleineren und langsameren Zirkel galoppieren kann. Im Gegensatz zum Sliding Stop, wo es mit Hilfe der Bauch- und Rückenmuskulatur die Hinterhand unter den Körper zieht und dort festhält, muss es hier das Tempo in wenigen Galoppsprüngen auffangen und gleichzeitig weitergaloppieren. Damit der Reiter eine Vorstellung davon bekommt, was er hier von seinem Pferd verlangt, sollte er sich den Übergang vom großen schnellen zum kleinen langsamen Zirkel in einer Video-Aufzeichnung in Zeitlupe anschauen und damit vergleichen, wie ein Rennpferd nach dem Ziel über Hunderte von Metern ausläuft, bevor es in den Trab und in den Schritt fällt. Wenn man außerdem das Rennen des Reiningpferdes auf dem Zirkel mit dem des Rennpferdes im Video in Realzeit und Zeitlupe vergleicht, erfährt man viel über Geschwindigkeit, Kraft und Gleichgewicht.

▶ Große schnelle Zirkel

Voraussetzung, um im Tempo überhaupt zulegen zu können, ist, dass das Pferd den Zirkel in gleichmäßigem, kontrolliertem Tempo ohne jede Zügeleinwirkung im natürlichen Gleichgewicht bewältigen kann. Es fällt weder auf die innere noch auf die äußere Schulter. Eine leichte Innenstellung ist wünschenswert, aber nicht zwingend. Um schneller zu werden, muss der Reiter treiben – treiben dürfen! Wird das Pferd von sich aus schneller, erfüllt es die Grundvoraussetzung nicht, weil es entweder Gleichgewichts- oder Temperamentsprobleme oder sogar Angst hat. Treibt der Reiter weniger, muss das Pferd logischerweise langsamer werden.

Technik: Zunächst wird das im natürlichen Gleichgewicht auf dem Zirkel galoppierende Pferd, das man gut warmgeritten und gelöst hat, durch Treiben mit gleichmäßig zudrückenden Waden moderat in ein etwas zügigeres Tempo beschleunigt. Rhythmisch klopfende Schenkel können es dann in der Dehnungshaltung fördern, denn es ist völlig normal, wenn das Pferd versucht, Kopf und Hals zu heben. Dadurch belastet es vermehrt die Vorhand, um die Hinterhand für vermehrtes Schwungholen und Abdrücken zu entlasten. Es ist also sehr wichtig, dass der Reiter ihm hilft, auch bei fleißigerem Tempo losgelassen zu bleiben. Es kann sein, dass das Pferd durch den klopfenden Schenkel wieder langsamer wird. Das ist kein Fehler, wenn es in Verbindung mit der Dehnungshaltung geschieht. Das Pferd hat richtig reagiert und durch vermehrtes Zusammenziehen der Bauchmuskeln den Rücken aufgewölbt und die Hinterhand unterschiebend gesenkt – das macht langsam! Der Reiter wird seine Waden wieder um den Pferdeleib schließen und mit dem Gesäß anschieben, damit es wieder etwas schneller wird.

In diesen ersten, flotteren Zirkeln kann der Reiter feststellen, wie sein Pferd mit dem höheren Tempo fertig wird. Bestimmt wird es den Zustand der Losgelassenheit noch üben müssen. Nicht nur deswegen wird man das Pferd nicht gleich losrennen lassen. Die Gefahr, dass es in hohem Tempo Angst vor der Summe aus Vorhandbelastung und Fliehkraft bekommt, ist sehr groß. Und Angst lässt ein Pferd nur noch schneller und unkontrollierter werden! Entsprechend lässt man das Pferd nach ein, zwei schnelleren Zirkeln wieder zurück in sein Grundtempo fallen, lässt es traben und anhalten und gönnt ihm eine Verschnauf- und Denkpause.

Als Nächstes achtet man darauf, dass das Pferd exakt zwischen den Zügeln bleibt. Damit ist gemeint, dass der Abstand zwischen dem inneren Zügel und dem Pferdehals genauso groß ist wie der zwischen dem äußeren Zügel und dem Hals. Anders gesagt: Ist der Abstand zwischen dem inneren Zügel und dem Hals kleiner, läuft das Pferd auf der äußeren Schulter. Ist der Abstand zwischen dem äußeren Zügel und dem Hals kleiner, läuft es auf der inneren Schulter. Beides ist nicht gesund. Für den Reiter ist es hilfreich, sich den Zirkel wie das Zifferblatt einer Uhr vorzustellen, auf dem er das Pferd auf kleinen Geraden von einer Ziffer zur anderen reitet.

In welcher Zeit man ein Pferd auf dem Zirkel richtig schnell machen kann, hängt von vielen Faktoren ab, die der Reiter bei langsamer Steigerung des Tempos herausfindet, indem er die Körperhaltung und innere Einstellung des Pferdes mit seinem Galopp-Grundtempo vergleicht. Um das Pferd zu beschleunigen, kann man neben dem Treiben mit den Beinen und dem Gesäß auch schnalzen. Wichtig ist, dass das Pferd dann auch auf jedes Schnalzen deutlich schneller wird. Ob man im schnellen Galopp aussitzt oder in den Entlastungssitz geht, hängt in erster Linie vom Pferd und in zweiter vom persönlichen Stil des Reiters ab. Einerseits gibt es Pferde, die im schnellen Galopp unbequem zu sitzen sind, andererseits kann es auch sein, dass sich das Pferd unter dem entlastet sitzenden Reiter besser im Tempo entfalten kann. Ein sehr faules Pferd wird man sicher mit Gesäß und Beinen intensiv antreiben wollen, damit es überhaupt schneller wird. Das ist auf jeden Fall eine bessere Voraussetzung, um wieder langsamer werden zu können, als ein Pferd, das gerne rennt, aber nicht gerne das Tempo zurücknimmt. Verlangt das Pattern den Beginn eines großen schnellen Zirkels aus dem Stand, lässt man das Pferd besser nicht vom Fleck weg explodieren, sondern gibt ihm ein paar Galoppsprünge Zeit, um auf Tempo zu kommen. Sonst werden die Pferde beim Verharren im Mittelpunkt schnell zappelig.

▶ Kleine langsame Zirkel

Um dem Pferd den Übergang vom großen schnellen zum kleinen langsamen Zirkel schmackhaft zu machen, lenkt man es in den Zirkel hinein, sagt ihm ohne Zügel, dass es in den Trab fallen darf, hält es an und lässt es verschnaufen. Während der Reiter auf dem großen Zirkel das Pferd mit Sitz und Schenkel recht aktiv vorwärts getrieben hat, setzt er sich auf dem kleinen Zirkel mit aufrechtem Oberkörper tief in den Sattel. Der äußere

Schenkel erhält den Galopp, der innere biegt das Pferd, wobei er vom äußeren Zügel am Hals unterstützt wird.

Da übermäßiges Sprechen mit dem Pferd in Prüfungen mit Punktabzügen bestraft wird, summen manche Reiter, andere murmeln: »iiihss« (von »easy« für langsam), wenn sie das Pferd auffordern, den kleinen Zirkel langsam zu machen. Wenn das Pferd auf dem kleinen Zirkel erkannt hat, dass es traben darf, indem es von selbst in den Trab fällt, ändert man seine Strategie und galoppiert einen viertel oder halben kleinen Zirkel, während man ein Geräusch für »Langsam« von sich gibt, stoppt das Pferd und lässt es verschnaufen. Das macht man so lange, bis das Pferd die Abfolge auswendig gelernt hat. Später reitet man zwei oder mehr kleine Zirkel, um dem Pferd Zeit zu geben, sich im langsamen Galopp biegen und dehnen zu können. Außerdem lernen sie sonst sehr schnell, dass dem kleinen Zirkel ein Anhalten im Mittelpunkt folgt, und versuchen, dies dem Reiter vorwegzunehmen, indem sie in den Trab fallen oder stoppen. Beides kostet teure Fehlerpunkte.

Das Reiten von zwei oder mehr kleinen Zirkeln bietet sich auch an, wenn man die Abfolge groß-klein-groß übt, wie sie in einigen Pattern verlangt wird.

Insgesamt wird man beim Training des Reiningpferdes immer darauf achten müssen, dass man variationsreich arbeitet. Intelligente Pferde lernen allein durch das Showen Manöverfolgen der Pattern auswendig und versuchen, sie dem Reiter vorwegzunehmen, was angesichts der enormen Anstrengung, die Reining bedeutet, zwar verständlich, aber dem erfolgreichen Vorstellen nicht gerade förderlich ist.

Der Übergang vom großen schnellen zum kleinen langsamen Zirkel wird mit Pluspunkten belohnt, wenn das Pferd möglichst ohne Zügeleinwirkung sein Tempo im Mittelpunkt deutlich sichtbar zurücknimmt – und nicht erst einen Viertelzirkel später.

Kruppeherein und Außengalopp

Hat das Pferd das Kruppeherein gelernt, hilft es sehr beim Anspringen im gewünschten Galopp. Denn das Kruppeherein in Richtung des gewünschten Galopps bringt das Gewicht des Pferdes auf den äußeren Hinterfuß, so dass es ihm schwerer fällt, falsch anzuspringen, es sei denn, es macht ein paar Trippeltritte und drückt sich dabei vom Reiter unbemerkt auf die innere Schulter, um so die äußere frei zu haben, um falsch anspringen zu können. Oder es hat die Lücke genutzt, die der Reiter ihm unbemerkt im durchhängenden äußeren Zügel gelassen hat, die es ihm ermöglicht, die äußere Schulter weit ausholen zu lassen, auf den Boden zu setzen und damit in den Galopp auf der falschen Hand zu springen – und das auch noch schlecht, nämlich auf der Vorhand. (Das richtige Anspringen auf der Hinterhand veranschaulicht die Zeichnung auf Seite 134.)

Das Kruppeherein vor dem Angalopp kombiniert man am besten mit Außengalopp, denn der zwingt den Reiter ohnehin, präzise Hilfen zum Angaloppieren zu geben.

Also Nase zum Zaun, Schulter in die Bahn, Kruppe zum Zaun, beide Hände zeigen in die Bahn, der bahnzugewandte Schenkel treibt zwei Handbreit hinter dem Gurt das Pferd in den Außengalopp. Das verhindert auch ein wenig den Nachteil dieser Übung. Die Pferde lernen durch das Kruppeherein vor dem Angalopp, sich in Richtung des Galopps schief zu machen, so dass der Reiter das Gefühl bekommt, dass die Hinterhand des Pferdes (beim Innengalopp) förmlich auf dem zweiten Hufschlag neben ihm her springt, während er samt Sattel unangenehm auf die Außenseite rutscht.

Hat das Pferd zuvor auch noch gelernt, fliegend zu wechseln, wird es für den

Kruppeherein im
Außengalopp

Reiter jetzt ganz fatal. Legt er nämlich schlicht den inneren Schenkel zurück, um die Hinterhand wieder nach außen – sozusagen hinter die Vorhand – zu treiben, wechselt das Pferd den Galopp. Zurücklegen eines Schenkels bedeutet doch Wechsel – oder? Alles was man ihnen beibringt, werden sie garantiert gegen den Reiter verwenden. Das erfordert Humor seitens des Reiters – und Intelligenz, um Abhilfe zu schaffen. Was also der innere Schenkel durch Zurücklegen nicht erreichen kann, schafft vielleicht der äußere Zügel. Der schiebt die herausgedrückte äußere Schulter zurück in die Längsrichtung, bringt so die Vorhand vor die Hinterhand und das Pferd damit gleichzeitig auch auf die Hinterhand – und schon ist es wieder gerade. Allerdings muss der innere Zügel Verbindung zum Pferdemaul halten, sonst ist es jetzt in Außenstellung. Hat man seinem Pferd via Kruppeherein und viel Biegearbeit mit dem inneren Zügel diese Möglichkeit des bequemen Schiefgehens erstmal beigebracht, hilft so der Außengalopp, damit es wieder gerade wird. Außerdem übt man schleunigst mit dem Pferd, aus gerader Haltung korrekt anzugaloppieren:

Auswärtsgestellte Hinterhandwendung und Innengalopp

Damit ein Pferd im falschen Galopp anspringen kann, fällt es gern zuvor auf die innere Schulter. Dagegen helfen auswärts gestellte, ruhig gerittene Hinterhandwendungen, in denen man dem Pferd jeweils in der geplanten

Bewegungsrichtung (z.B. dem Zirkel) die Möglichkeit zum Angaloppieren eröffnet. Fällt es auf die Galopphilfe gezielt auf die innere Schulter, dreht man es ruhig weiter auswärts gestellt um die Hinterhand, bis es sein Gewicht auf dem äußeren Hinterfuß hält und dadurch im korrekten Galopp anspringt.

Technik: Man beginnt auf dem Zirkel und lässt das Pferd aus dem Schritt angaloppieren. Fällt es in den Außengalopp, geht der Reiter wie auf Seite 136 beschrieben zunächst darauf ein und lässt es einige Runden im Außengalopp machen. Da der Außengalopp anstrengender ist als der Innengalopp, wird das Pferd recht schnell signalisieren, dass es damit aufhören möchte. Die Chancen, dass es beim nächsten Versuch den Innengalopp wählt, stehen jetzt besser. Einsitzen, gegenhaltender Zügel und Stimme bringen das Pferd in den Schritt. Angenommen, man befindet sich auf einem Rechtszirkel, stellt man das Pferd jetzt einwärts nach rechts und führt es mit beiden Händen seitwärts nach links weisend in eine auswärts gestellte Hinterhandwendung nach links. Dabei treibt der rechte Schenkel am Gurt, und der linke wird zwei Handbreit zurückgenommen,

Auswärts gestellte
Hinterhandwendung
und Angalopp

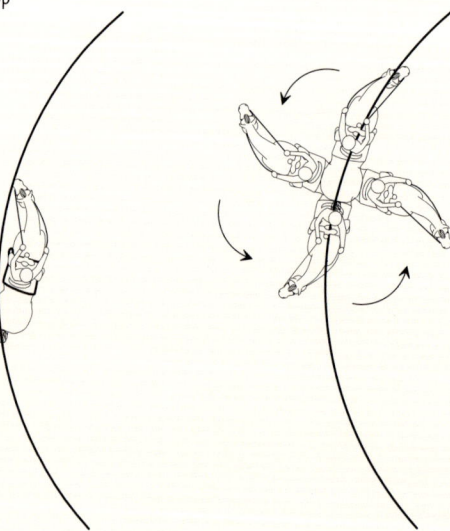

ohne Kontakt zum Pferd aufzunehmen. So sitzt der Reiter bei leichter Gewichtsverlagerung nach links perfekt vorbereitet auf den Rechtsgalopp – und das Pferd hat mindestens eine Hinterhandwendung von 360 Grad lang Zeit, sich auch darauf einzustellen. Erreicht man nach Vollendung der Hinterhandwendung wieder die Zirkellinie, lässt man das Pferd noch zwei weitere Tritte in Drehrichtung – hier nach links – machen, um es aus dieser Position erneut anzugaloppieren. Stellt man sich die Hinterhandwendung wie das Zifferblatt einer Uhr vor und stellt man sich weiter vor, dass 12 Uhr auf der Zirkellinie liegt, dreht man das Pferd entsprechend weiter bis zehn Uhr, um es von dort anzugaloppieren. Fällt das Pferd wieder auf die innere Schulter und macht ein paar Trabtritte anstatt anzugaloppieren, bringt man es wieder in den Schritt und wiederholt die Hinterhandwendung, macht aber diesmal besser gleich zwei. Wenn das Pferd in dieser Übung zunächst mit hohem Hals geht, muss man das nicht kritisieren. Vielen Pferden fällt es so leichter, ihren äußeren Hinterfuß zu belasten. Wenn das Anspringen im Innengalopp »sitzt«, kann man das Angaloppieren mit tiefer Nase üben.

(Für weiter ausgebildete Pferde siehe auch Möglichkeit 6 gegen das Fallen auf die innere Schulter.)

Sidepass und Angalopp in der Zirkelmitte

Dies ist eine Übung speziell für Reiningpferde. Denn sie müssen lernen, korrekt aus dem Halt oder aus dem Schritt in den richtigen Galopp zu springen.

Dazu begibt man sich genau in die Mitte der Reitbahn, hält dort an und lässt das Pferd zur Ruhe kommen. Da im Reining viele Manöver in der Mitter der Reitbahn stattfinden, ist es sehr wichtig, dem Pferd an diesem Punkt immer wieder Momente der Ruhe und Entspannung zu bieten, damit sie nicht versuchen, diesen Punkt zu meiden. Möchte man jetzt mit einem Rechtszirkel im Galopp losreiten, beginnt man mit einem Sidepass nach links, wobei man die Nase und die Kruppe des Pferdes nach links stellt. Beide Hände halten die Schulter rechts,

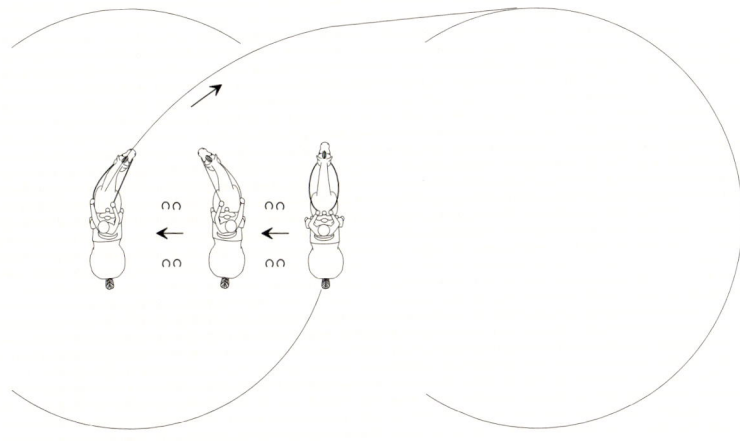

Sidepass und Angalopp in der Zirkelmitte

während der rechte Schenkel das Pferd Tritt für Tritt nach links treibt. Nach zwei, drei Tritten im Sidepass nach links, übernimmt man das Pferd im rechten Zügel, der vorwärts-seitwärts in Richtung des Zirkels zeigt und treibt es mit dem linken Schenkel und »zwei Küsschen« in den Rechtsgalopp auf dem Zirkel.

Nach einem oder mehreren Zirkeln, je nach Hektik des Pferdes, stoppt man es wieder in der Mitte der Bahn und möchte als Nächstes mit einem Linkszirkel starten.

Dazu reitet man das Pferd ein paar Tritte im Sidepass nach rechts und startet daraus den Linkszirkel.

Der einfache Galoppwechsel

Diesen Begriff hat die Westernreitweise aus der konventionellen Dressur übernommen. Eigentlich ist er unpassend, denn er beschreibt die Aneinanderreihung unterschiedlicher Gangarten in einer bestimmten Abfolge.

Während die konventionelle Dressur unter einem einfachen Galoppwechsel ein Durchparieren in den Schritt, aus dem nach zwei bis drei Tritten im anderen Galopp wieder angesprungen wird, versteht, können in der Westernreitweise anstelle des Schritts auch ein paar Trabtritte vorkommen. (Aber nicht erst Trab und dann Schritt und dann wieder Trab und dann irgendwann der andere Galopp!)

In den Einsteiger-Reining-Prüfungen und der Jungpferde-Reining wird der einfache Galoppwechsel zur Zeit über Trab geritten.

In Horsemanship-Prüfungen bestimmt der Richter, ob der einfache Wechsel über Trab oder Schritt geritten werden soll.

Ein guter einfacher Galoppwechsel zeichnet sich dadurch aus, dass das Pferd gerade ist und bei weicher Hilfengebung des Reiters in losgelassener Haltung vom Galopp in den Schritt bzw. Trab übergeht, um daraus ebenso wieder anzugaloppieren.

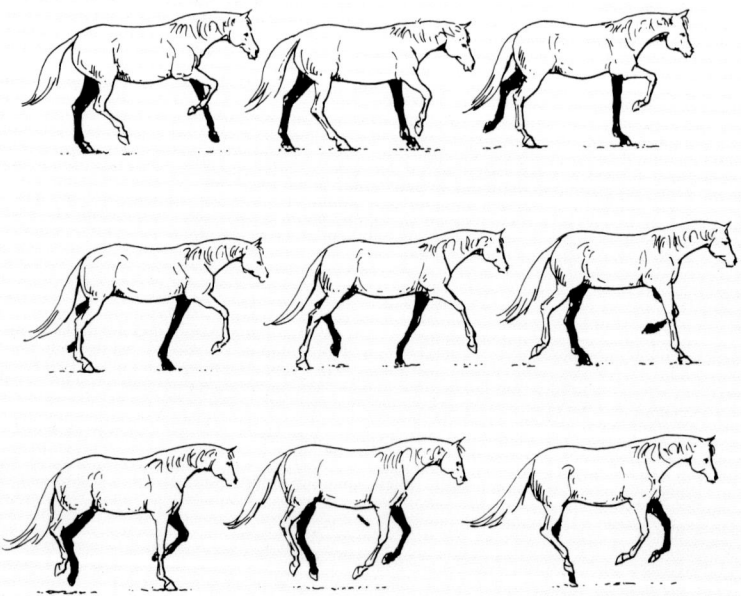

Fußfolge im einfachen Wechsel über Trab

Der Videofilm im Kopf des Reiters

Vereinfacht könnte man sich den Galoppwechsel so vorstellen: Das Pferd macht ihn wie der Mensch, nur eben mit vier Beinen. Ich halte es für sehr wichtig, dass der Reiter sich die Gangarten des Pferdes im Geiste vorstellen kann, dass sie hinter seiner Stirn wie ein kleiner Videofilm ablaufen. Das scheint allerdings sehr schwer zu sein, was vermutlich daran liegt, dass unsere Vorfahren, als sie noch auf Bäumen lebten, Passgänger waren. Aber wenn der Reiter auf die Bewegungen des Pferdes Einfluss nehmen möchte, muss er sich vorstellen können, wie es sich bewegt. Zum Üben kann man »Strichmännchen-Pferde« mit Hilfe der Zeichnungen unten machen und dabei die rechten Beine des Pferdes grün und die linken rot anmalen. Auch das Anschauen von Videofilmen mit gut gehenden Pferden und vom eigenen ist sehr zu empfehlen, in normaler und Zeitlupengeschwindigkeit. Außerdem kann man sich die Gangarten anstelle des Schäfchenzählens vor dem Einschlafen vorstellen. Aber immer nur eine Gangart pro Abend, sonst kommt man noch durcheinander! Fliegende Galoppwechsel sind dann für Fortgeschrittene. Spins sind auch spannend! Wenn sich der Reiter bei komplexen Hilfengebungen wie Kruppeherein oder fliegendem Wechsel beim Reiten die einzelnen Hilfen wie die Zutaten eines Kochrezeptes laut vorsagt, erscheint bestimmt bald ein Videofilm seiner Reiterei im Kopf, dem er dann lediglich nachreiten muss. Außerdem ist man ja der Regisseur dieses Videos im Kopf, so dass man jederzeit »Schnitt!« rufen kann, wenn eine Szene nicht zur Zufriedenheit ausgefallen ist. Man kann sie beliebig oft nochmal »drehen lassen«. Das gilt vor allem auch für »Horrorszenen«, die man natürlich sofort »schneidet«, um sie durch »Happy Ends« zu ersetzen. ..

Fußfolge im fliegenden Galoppwechsel

▶ Fliegende Galoppwechsel

Der fliegende Galoppwechsel bezeichnet das Umspringen des Pferdes von einem Galopp zum andern, wobei es in der Flugphase Vorder- und Hinterbein des neuen Galopps gleichzeitig vorführt, um auf dem neuen äußeren Hinterbein zu landen.

▶ Naturwechsler

Naturwechsler haben immer einen leichtfüßigen, federnden – ja dahingetupften Galoppsprung. Sie bieten diese Gangart gern freiwillig an, und es ist kein Problem, sie in der Geschwindigkeit des Galopps bis auf ein Minimum zu verkürzen.

Dafür sind sie oft vergleichsweise schlecht im Trab, vor allem in seinen Verstärkungen.

Der Naturwechsler hat allerdings auch einen Nachteil: Er wechselt schon mal, wenn es der Reiter nicht wünscht. Das

kann in Turnierprüfungen sehr unangenehm sein, weil es mit Fehlerpunkten belegt wird.

Solche Pferde wird man im Training sehr wenig, wenn nicht sogar überhaupt nicht wechseln lassen. Mit ihnen übt man vor allem, dass sie nicht wechseln, indem man sie über die Diagonale galoppieren lässt, um beim Erreichen der langen Seite im Außengalopp zu bleiben.

▶ Kreuzgalopp

Damit bezeichnet man eine Bewegung, in der das Pferd mit der Vorhand den einen und mit der Hinterhand den anderen Galopp zeigt. Kreuzgalopp ist unerwünscht und unbequem. Die Ursache kann sowohl beim Pferd als auch beim Reiter liegen. Wechselt das Pferd vom korrekten in den Kreuzgalopp, indem es in der Hinterhand umspringt, entlastet es den äußeren Hinterfuß, weil diesem die Kraft fehlt, die aufgewendet werden muss, um zu Beginn jedes Galoppsprungs das gesamte Körpergewicht aufzufangen, abzustützen und hochzuheben. Es kann aber auch daran liegen, dass das Kniegelenk des äußeren Hinterbeins aufgrund einer Funktionsstörung nicht gebeugt werden kann. Das lässt sich bei kleinen Hunderassen besonders gut beobachten: Sie halten das betroffene Bein in der Luft und galoppieren auf drei Beinen weiter. Pferde, die an einer Sprunggelenksentzündung (Spat) erkrankt sind, versuchen das manchmal auch und landen deswegen im Kreuzgalopp. Aber auch der Reiter kommt als Auslöser in Frage, indem er im Galopp so weit außen sitzt, dass er das äußere Hinterbein überlastet. Damit dürfte geklärt sein, warum einige Pferde unter dem einen Reiter ständig in den Kreuzgalopp springen und unter einem anderen überhaupt nicht.

Für die andere Form des Kreuzgalopps ist immer der Reiter verantwortlich. Sie

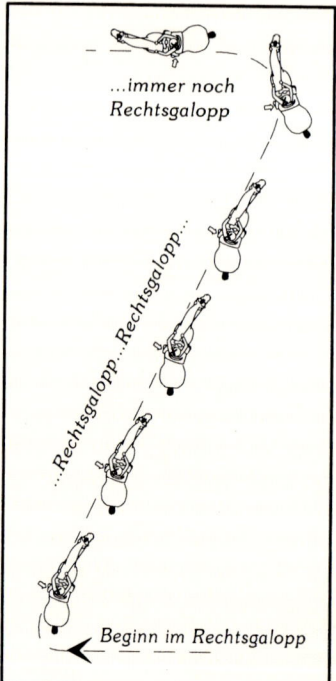

...immer noch Rechtsgalopp

...Rechtsgalopp...Rechtsgalopp...

← Beginn im Rechtsgalopp

»Man übt, dass sie nicht wechseln!«

entsteht beim Versuch, den Galopp fliegend zu wechseln, indem das Pferd in der Vorhand wechselt und in der Hinterhand im alten Galopp bleibt. Hier hat sich der Reiter auf die Innenseite des neuen Galopps gelehnt, mit der Folge, dass dadurch das Pferd auf die Schulter des neuen Galopps gefallen ist, während die Hinterhand auf dieser Seite so belastet war, dass sie zum Wechsel nicht vorgeführt werden konnte. Springt ein Pferd mit dem ersten Galoppsprung in den Kreuzgalopp, liegt entweder ein Fehler beim Anreiten vor, weil das Pferd zu früh und zuviel einwärts gestellt worden ist, oder es handelt sich um ein massives Koordinationsproblem aufgrund eines Unfalls, einer Infektion oder einer Missbildung.

▶ Wie soll sich der Reiter im Kreuzgalopp verhalten?

Ist man der Auffassung, dass dem Kreuzgalopp ein körperliches Gebrechen zugrunde liegt, bringt man das Pferd mit sanftem Zügeldruck, beruhigender Stimme und entlastetem Sitz in den Trab – und verschafft sich fachkundige Hilfe!

Ist der Kreuzgalopp aufgrund mangelnder Balance, die auch durch einen Reiterfehler hervorgerufen worden sein kann, entstanden, lässt man das Pferd weitergaloppieren und unterstützt es durch in Abständen energisches Treiben, z.B. bei jedem sechsten Galoppsprung, idealerweise auch beim Erreichen der Bande nach der offenen Seite. Würde man das Pferd ständig treiben, bekäme es Angst und würde im Kreuzgalopp losrennen, ohne sich um eine Korrektur auch nur Gedanken zu machen.

Springt das Pferd aufgrund des unterstützenden Treibens in einen richtigen Galopp – dabei ist es erstmal gleichgültig, ob das ein Innen- oder Außengalopp ist, kann man es im Schritt in eine Verschnaufpause entlassen und es für sein gutes Bemühen loben. Danach kann man wieder angaloppieren.

Pariert man das Pferd für jeden Kreuzgalopp zum Schritt oder Trab, vermittelt man ihm damit das Gefühl, unfähig zu sein, das Dilemma des Kreuzgalopps beheben zu können. Das kann vor allem junge Pferde so frustrieren, dass sie es sich nicht mehr zutrauen. Dieses Gefühl des Versagens kann auf die gesamte Lernsituation übergreifen.

▶ *Das Durchschnittspferd und der Galoppwechsel*

Fast jedes Pferd ist in der Lage, den Galopp fliegend zu wechseln. Aber nicht jedes bietet den Wechsel so gern an wie ein Naturwechsler. Vor allem Pferde mit langem Rücken tun sich hier etwas schwerer, weil sie mehr Gewicht mit dem äußeren Hinterbein anheben müssen. Wenn man sich das Pferd wie eine Longierpeitsche vorstellt, wobei der Griff die Hinterhand darstellt und der Peitschenstiel Rumpf, Vorhand, Kopf und Hals ist, wird sicher deutlich, was das Pferd beim Angaloppieren leisten muss.

Technik: Um den Galopp fliegend zu wechseln, muss der Reiter zunächst seinem Pferd helfen, die neue Innenseite leicht zu machen, damit es Vorder- und Hinterbein dieser Seite in der Flugphase vorführen kann. Für den Wechsel selbst gibt man dieselbe Hilfe, wie man sie zum Angaloppieren aus einer anderen Gangart geben würde. Im Hinblick auf die Mechanik macht es keinen Unterschied, ob der erste Galoppsprung aus dem Schritt, dem Trab, dem Rückwärtsgehen oder aus dem anderen Galopp erfolgen soll. Die Schwierigkeit des fliegenden Galoppwechsels besteht daher weniger in der Ausführung desselben als in der Unfähigkeit des Reiters, ihn vorzubereiten und anzufordern.

Wer darüber hinaus nicht spürt, ob und wann sein Pferd wechselt, sucht sich einen Helfer, der in der Lage ist, den

Wechsel als Zuschauer zu erkennen, und veranlasst ihn loszujubeln, sobald das Pferd umspringt.

Es scheint, dass alle Reiter zunächst demselben Fehler beim Reiten des fliegenden Wechsels unterliegen – bewusst oder unbewusst: sie verlagern ihr Gewicht in die neue Bewegungsrichtung – wie beim Polka tanzen.

Um dem Pferd den Richtungswechsel zu verdeutlichen, verlagert man sein Gewicht auf die neue Seite, also von links nach rechts – sieht auch noch unten nach, ob das Pferd wirklich gewechselt hat. Falsch!!!

Das Pferd springt im besten Falle vorne um und verbleibt im Kreuzgalopp. Außerdem unterliegt der Reiter zuerst einmal dem Irrglauben, der Galoppwechsel hätte etwas mit Richtungswechsel zu tun. Wenn das so wäre, müsste das Pferd ja zwangsläufig auf die innere Schulter fallen! So ist es auch kein Wunder, dass der Reiter glaubt, man trainiere den Wechsel am besten von einem Zirkel auf den anderen. Selbst wenn das Pferd dabei den Galopp korrekt fliegend wechselt, weil es ein Naturwechsler ist, schafft man sich so die besten Voraussetzungen für eine Menge Probleme, vor allem wenn man Reining reiten will. Man stelle sich dazu vor, dass man auf dem einen Zirkel galoppiert und hinter dem anderen Zirkel liegt der Ausgang. Da ist es doch für ein derart trainiertes Pferd naheliegend, unaufgefordert mal eben schnell auf den anderen Zirkel zu wechseln, nach dem Motto: »Ich geh' schon mal, du kannst ja nachkommen!« Selbst wenn man es schafft, das Pferd ohne grobe Einwirkung in den richtigen Galopp zurückwechseln zu lassen und auf dem vorgeschriebenen Zirkel zu bleiben, kassiert man auf jeden Fall einen Fehlerpunkt für den zusätzlichen Galoppwechsel.

Anmerkung: Mit dem Begriff »Sidepass« bezeichnet die Westernreitweise jede Art von Seitengang. Hier handelt es sich um ein Gehen über die äußere Schulter mit verkürzter Vorwärtsbewegung. Das Pferd ist gegen die Bewegungsrichtung gestellt.

▶ **Galoppwechsel werden nie aus dem Zirkel wechselnd trainiert!**

Damit ist nicht gemeint, dass man im Rahmen eines Übungs-Patterns nicht auch das Wechseln von einem Zirkel auf den anderen üben darf. Aber zu diesem Zeitpunkt muss das Pferd den fliegenden Wechsel bereits sicher beherrschen. Dann ist es eine Frage des persönlichen Trainingskonzepts, ob man das Pferd zuhause aus dem Zirkel wechseln lässt. Nach meiner Auffassung sollte man das auf den Zeitpunkt vertagen, nachdem das Pferd im Turnier den Wechsel wie oben beschrieben vorweggenommen hat – wenn überhaupt. Ich halte es für besser, wenn man stattdessen an der eigenen korrekten Hilfengebung im Galopp arbeitet. Dann wird das Pferd auch nur wechseln, wenn der Reiter es dazu auffordert – ein schwerwiegendes Argument, warum der Reiter immer Kontakt mit den Schenkeln zum Pferdeleib halten soll (den inneren am Gurt, den äußeren zwei Handbreit dahinter), was bei hohem Tempo auf dem schnellen Zirkel gar nicht mehr so leicht ist. Wer von uns ist schon so gut, dass er das seinem Pferd dann immer noch nur mit dem Sitz vermitteln kann?

▶ *Vorbereitung für den fliegenden Galoppwechsel*

Nachdem geklärt ist, dass der fliegende Wechsel besser nicht mit einem Richtungswechsel zusammenfällt, kommen alle Reitmuster, bei denen das Pferd zu einem Richtungswechsel gezwungen ist, nicht mehr in Frage. Der Reiter muss stattdessen immer die Möglichkeit haben, sein Pferd in der »alten« Richtung weiterlaufen zu lassen. Damit bleibt in unseren engen Reitbahnen eigentlich nur die Mittellinie und das Durch-den-Zirkel-Wechseln (= Schlangenlinie) übrig. Beginnen wir also mit der Mittellinie, weil sie den meisten Platz bietet.

Los geht's im Schritt.

Das nenne ich auch gern »theoretische

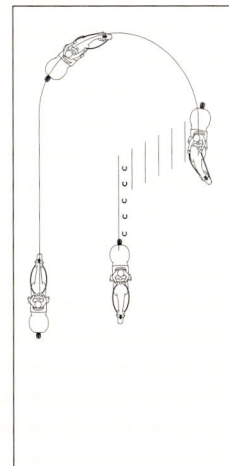
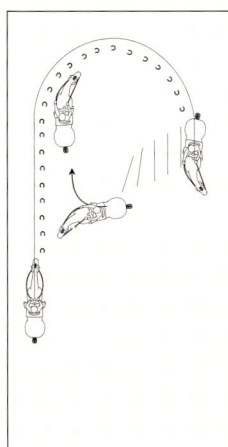
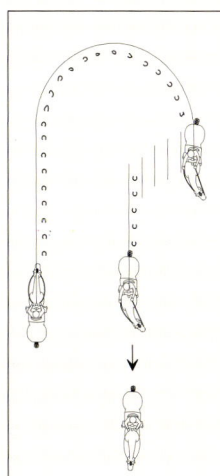

Fliegende Galopp-
wechsel aus dem
Sidepass

Galoppwechsel«: Man reitet im Schritt (1) und stellt sich vor, man wäre im Galopp. Starten wir auf der rechten Hand, also im »Theoretischen Rechtsgalopp«: Mitte der kurzen Seite auf die Mittellinie abwenden, ein paar Tritte im Sidepass* nach rechts (2).

Dabei verlagert der Reiter sein Gewicht ein wenig auf die rechte Seite, stellt das Pferd ein wenig nach links, führt es mit beiden Händen seitwärts nach rechts und treibt es dabei mit dem linken Schenkel am Gurt, immer wenn das linke Vorderbein vortritt. Der rechte Schenkel liegt etwa zwei Handbreit hinter dem Gurt und »hält« die Hinterhand. Die Schulter des Pferdes darf ein wenig nach rechts sein. So sind Pferd und Reiter bestens für das Angaloppieren im Linksgalopp vorbereitet. Wer will, kann also jetzt schon in den Linksgalopp starten – aber schön geradeaus parallel zur langen Seite (3). Wer nicht will, bleibt noch im Schritt, entlässt das Pferd geradeaus aus dem Sidepass und stellt sich vor, er wäre im Linksgalopp. Nach einigen Metern geradeaus im Linksgalopp kann man auf der linken Hand zur langen Seite zurückkehren (4), um dort vor der nächsten Ecke in den Schritt zu gehen (5). Auf die Mittellinie abwenden, Sidepass nach links (6), geradeaus rechts angaloppieren oder weiter im Schritt bleiben (7).

Wer möchte, kann jetzt die Schrittphasen und den Sidepass im Trab reiten. Allerdings würde ich Pferden, die ständig ausprobieren, ob man im Galopp auch mit den Hinterbeinen traben kann, diese Phase lieber nicht zugestehen. Die sollten lieber noch etwas an der Galopptechnik arbeiten, bevor man das Wechseln versucht. Als Nächstes versucht man sich am Sidepass im Galopp, wobei man die Hufschlagfigur dieser Übung beibehält. Wird das Pferd hektisch, geht man in den Schritt, ein paar Tritte geradeaus und verlangt dann den Sidepass nochmal im Schritt. So lernt das Pferd, dass es sich nicht aufregen muss, dass es den Sidepass noch nicht im Galopp kann, aber Gelegenheit hat, daran zu üben. Die Zeit muss man dem Pferd lassen. Gleichzeitig kann sich der Reiter überprüfen: War das Gewicht auf der Außenseite? Bin ich etwa nach vorne gefallen? Lag der äußere Schenkel hinterm Gurt? Waren die Zügel zu lang?

Wenn das Pferd den Sidepass im Galopp beherrscht, wendet es der Reiter danach in der alten Richtung ab, um das Ganze nochmal zu machen. Das sieht dann so aus: Abwenden auf die Mittellinie im Rechtsgalopp, Sidepass nach rechts, Abwenden über die rechte Schulter in leichter Linksstellung

Sidepass im Galopp

zurück zum Hufschlag, Abwenden auf
die Mittellinie usw. – alles im Linksgalopp. Dabei verlagert das Pferd im Sidepass nach rechts sein Gewicht auf die
rechte Seite. Wenn man das ein paarmal hintereinander gemacht hat, spürt
man die Gewichtsverlagerung des Pferdes recht deutlich: Man wird nach
rechts gesetzt! Damit sind alle Voraussetzungen für den Wechsel in den
Linksgalopp gegeben.
Wenn der Reiter jetzt im Sidepass
spürt, wie er nach rechts gesetzt wird,
treibt man mit dem zurückgelegten
rechten Schenkel – und das Pferd
wechselt – wenn es das bis dahin noch
nicht schon allein aufgrund seiner
Gewichtsverlagerung getan hat. Wenn
es losstürmt, war es wohl zu viel
Druck... Nicht so schlimm, denn ein
paar Galoppsprünge nach dem Wechsel
geht es ohnehin in den Schritt –
entspannen, ausgiebig loben, Zeit
lassen. So lernt das Pferd, dass nach
dem Wechsel eine Pause kommt. Statt
loszustürmen, wird es in Erwartung
der Pause langsam. Das macht man am
besten so lange so, bis das Pferd von
selbst in den Schritt fällt oder sogar
stoppt. Nur so schafft man eine sichere

Voraussetzung dafür, dass man den
Wechsel treiben kann, ohne dass das
Pferd hektisch wird.

▶ Fliegende Galoppwechsel auf der Schlangenlinie

Wer Ambitionen für Western Riding
hat, sollte sein Pferd jetzt nicht mehr
auf der Mittellinie wechseln lassen. In
Western Riding werden die Galoppwechsel auf flachen und großen
Schlangenlinien verlangt. Wird hier auf
der Mittellinie geritten, führt sie ohne
Wechsel zum Halten und Rückwärtsgehen am Ende der Prüfung. Zusätzliche,
unverlangte Wechsel werden empfind-
lich mit Strafpunkten belegt.
Die Technik bleibt dieselbe wie zuvor
auf der Mittellinie. Am besten verschafft man sich im »theoretischen
Galopp« einen Überblick über die
räumlichen Verhältnisse. Starten wir
im Rechtsgalopp – theoretisch oder
praktisch! Für eine große Schlangenlinie von einer langen Seite zur anderen
biegt man in einer schönen Viertelvolte
von der langen Seite in die Bahn ab,
stellt sein Pferd ein wenig nach links,

schiebt es mit beiden Händen nach rechts, unterstützt vom linken Schenkel am Gurt, und signalisiert dann mit dem zwei Handbreit hinter dem Gurt treibenden rechten Schenkel den Wechsel geradeaus in den Linksgalopp beim Überqueren der Mittellinie. Wechselt das Pferd hier nicht, würde es nach dem Überqueren der Mittellinie räumlich eng in unseren kleinen Reitbahnen. Deswegen wendet man dann in Linksstellung nach rechts ab und kehrt im Bogen wieder auf den Hufschlag der langen Seite zurück zu dem Punkt, an dem man gestartet ist, um es nochmal zu versuchen. Damit hat man einen Ausweg und ist nicht gezwungen, aufgrund eines Richtungswechsels auch den Galopp wechseln zu müssen. Die große Schlangenlinie bietet sich auch für das Galoppwechseltraining der Reiningpferde an. Für sie ist das Überqueren der Mittellinie doch eigentlich dasselbe wie der Mittelpunkt der Arena – nur an einer anderen Stelle der Reitbahn! Pferde haben ein sehr gutes Ortsgedächtnis. Reitet man seine Galoppwechsel im Training auf einer Schlangenlinie im Abstand von etwa 10 Metern zur kurzen Seite, verbinden sie den Galoppwechsel nicht mit dem Mittelpunkt. Damit ist die Gefahr, dass sie dort wechseln, wenn es der Reiter nicht möchte, eingeschränkt.

Kleiner Ausflug in die Trainingslehre

Westernpferde werden oft sehr hart trainiert, vor allem wenn sie für Reining, Cutting, Working Cowhorse oder die Renndisziplinen ausgebildet werden. Im Gegensatz zu Vielseitigkeits- oder Distanzreitern wissen die Westernreiter heutzutage jedoch recht wenig über die Belastungen ihres Pferdes und den Aufbau seiner Kondition.

In der Ruhe liegt der Pulsschlag eines Pferdes zwischen 24 und 36 Schlägen pro Minute. Mit dem Satteln kann er bereits auf 40 bis 50 Schläge steigen, und je nach Belastung erhöht er sich in der Arbeit. Gut trainierte Pferde weisen nach Trab oder Galopp etwa 64 bis 72 Schläge auf; schwere Ponys etwa 80 bis 88, Kaltblutpferde auch mehr. Unter Extrembelastungen (im Renngalopp beispielsweise) klettert der Puls bis auf 360 Schläge pro Minute, fällt jedoch direkt danach rapide auf etwa 120 bis 140 zurück, um je nach Trainingszustand in den nächsten Minuten weiter zu sinken. Die Höhe der Pulsfrequenz während der Arbeit sagt aus, wie anstrengend sie für das Pferd ist, je schneller der Puls nach der Arbeit absinkt, desto besser ist das Pferd in Kondition. Ist ein so genannter Laufwert von 64 bis 72 Puls (der heißt so, weil das Pferd damit weiterlaufen kann) nach zehn Minuten erreicht, war die Arbeit anstrengend, ist dieser Wert nach zwanzig Minuten nicht erreicht, wurde das Pferd überlastet; gesundheitliche Schäden werden bei weiterer Belastung die Folge sein. In solchen Fällen beendet man die Arbeit mit zwanzig bis dreißig Minuten im Schritt, um den Stoffwechsel des Pferdes zu fördern. Das bedeutet, dass man dadurch Schäden wie Muskelkater und Kreuzverschlag verhindern kann. Danach stellt man das Pferd nicht in die Box, sondern in die Weide oder auf den Auslauf, damit es sich durch Wälzen und ruhige Bewegung erholen kann. Am nächsten Tag sollte man das Pferd unbedingt reiten: mindestens 30 Minuten im Schritt. Zeigt es sich danach fit, kann man mit dem eigentlichen Training in eingeschränkter Form weitermachen. Den Puls des Pferdes kann man bei einigen Pferden in der linken Gurtlage mit flach angelegter Hand fühlen. Ist da nichts zu spüren, empfiehlt sich der Kauf eines einfachen Stethoskops (ist um die 10,- Euro im medizinischen Fachhandel erhältlich), das man an derselben Stelle zum Abhören anlegt. Fühlen an der Ganasche oder an der Schweifrübe halte ich für zu ungenau. Der Atemwert des Pferdes sagt in Bezug auf Belastung und Kondition nur dann etwas aus, wenn man ihn unter verschiedenen Wetterbedingungen bei gleicher Arbeit gemessen hat. Denn je nach Rasse atmen Pferde sehr unterschiedlich. Während für einen Araber, der in der Ruhe vielleicht vier Atemzüge pro Minute macht, vierzig Atemzüge nach leichter Arbeit schon sehr viel sein können, sind sie vielleicht für einen Haflinger bereits in der Ruhe völlig normal. Hier ist also jeder verantwortungsvolle Reiter aufgefordert, die Ruhe- und Laufwerte der Atmung seines Pferdes unter verschiedenen Wetterbedingungen zu überprüfen. Bei hoher Luftfeuchtigkeit atmen Pferde allgemein etwas mehr – vor allem bei Nebel. Manche reagieren auf Hitze; Araber lässt das dagegen völlig kalt...

Die Atmung lässt sich leichter überprüfen als der Pulsschlag: Entweder hält man die Hand vor die Nüstern und spürt so das Ausatmen oder man sieht sie an der Atembewegung in der Flankengegend. Angesichts der Tatsache, dass heutzutage alle Pferde an Atemwegs-Infektionen erkranken und viele in Folge chronisch husten, allergisch oder gar dämpfig werden, sollte jeder Reiter dringend wissen, wann sein Pferd heftiger als normal atmet.

> **Faustregel: Ein gutes Pferd hört man nicht atmen!**

Kennt man die Atemwerte seines Pferdes, liefern sie ebenso wie die Pulswerte Aussagen über die Kondition des Pferdes. Da es hier rassetypisch sehr große Unterschiede gibt, hilft für allgemeine Aussagen nur der früher maßgebliche Laufwert für Distanzpferde weiter: 72 Atemzüge pro Minute galten dort vor einigen Jahren als tolerierbar. Je höher der Wert direkt nach der Arbeit, desto größer die Anstrengung für das Pferd, je schneller er innerhalb von zehn Minuten nach der Arbeit absinkt, desto besser die Kondition. Im Training des Westernpferdes spielt Stress eine wichtige Rolle. Je höher der Stress, desto höher die Atemwerte. Je schneller die Atemwerte absinken, desto besser die Stress-Verarbeitung. Deswegen wartet man beispielsweise im Stop-Training immer so lange stillstehend ab, bis das Pferd »tief seufzend« durchatmet. Westernpferde werden oft ausgiebig im Galopp aufgewärmt. Das stellt für ein austrainiertes und ausbalanciertes Pferd auch kein gesundheitliches Risiko dar, weil es im Verlauf seiner vorangegangenen Ausbildung genügend Zeit hatte, die dazu notwendige Kondition aufzubauen. Vor allem unter

den Reining- und Cutting-Pferden der Rasse Quarter Horse befinden sich viele »Workaholics« (das sind Pferde, die die Arbeit erfunden haben), die erst nach einer gemütlichen halben Stunde Zirkelgalopp für das eigentliche Programm ansprechbar sind. Voraussetzung ist jedoch, dass das Pferd dafür über eine gute Kondition verfügt, damit es nicht Schaden an Muskeln, Sehnen, Bändern, Gelenken und Stoffwechsel nimmt.

Über das Maß der Anstrengung gibt die Pulsfrequenz Auskunft.
Sie sagt aber leider nichts über die Belastbarkeit von Sehnen, Bändern und Gelenken aus.
Hier helfen die Erfahrungen und das Training der Vielseitigkeits- und Distanzreiter: Die Festigkeit der Sehnen (und der unbeschlagenen Hufe) trainiert man im Schritt und später auch im Trab auf Asphalt, die der Bänder auf unebenen Wegen. Die Belastung der Gelenke können nur ein Reiten im Gleichgewicht und ein gezielter Aufbau der Muskelkraft reduzieren.
Das Reiten auf Asphalt und unebenen Wegen kann man idealerweise an das Ende einer Trainingseinheit/ Reitstunde anschließen. Dabei kann man die Trabphasen auf Asphalt von anfänglich wenigen Metern auf bis zu zehn Minuten steigern, indem die Trabstrecke jeden Tag ein bisschen länger wird.
Beim Aufbau der Kondition unterscheidet man ganz grob zwischen Ausdauer- und Intervall-Training. Auf den ersten Blick wird der Westernreiter seine Arbeit mit dem Pferd als Intervall-Training bezeichnen: Aufwärmen, kurzzeitige intensive Belastung, Regeneration, kurze Belastung, Regeneration ... Abwärmen.

Das Pferd und der Stress

Stress ist ein Schlagwort unserer hektischen Zeit. Für die Pferde ist das ein großes Glück. Denn aufgrund der Tatsache, dass ihre Reiter beim Verdienen des Lebensunterhaltes ihres Pferdes weit mehr unter Stress stehen als die Reiter früherer Jahre, leuchtet es dem modernen Reiter durchaus ein, dass auch sein Pferd unter Stress stehen kann. Abgesehen von dem Stress, den eine neue Umgebung für das standorttreue Wild »Pferd« bedeuten kann, übernimmt das herdenbezogene Tier »Pferd« den Stress seines Chefs zwangsläufig.

Wen wundert es da noch, dass Pferde auf dem Turnier oft ganz anders reagieren als daheim in gewohnter Umgebung...? Pferde empfinden es bereits als Stress, wenn der Reiter etwas von ihnen verlangt, was sie nicht können, ganz egal, ob es daran liegt, dass sie es bisher noch nie gemacht haben oder ob sich ihr Reiter einfach unklar ausdrückt.

Jeder Mensch weiß, dass er in einer entspannten, zwanglosen Umgebung die besten Lernergebnisse hervorbringt. Das gilt für das Pferd in einem noch viel höheren Maße, weil es sich in der schwierigen Situation befindet, die in der Regel unklar ausgedrückten Anforderungen seines Reiters richtig deuten zu müssen. Es versteht doch wirklich kein Wort von dem, was der Reiter will! Nur der körpersprachliche Ausdruck dieses Wollens sagt ihm, was es tun soll. Und der ist beim völlig verkopften Wesen »Mensch« oft jämmerlich genug. Wie schön ist es da für jeden Reiter, der sein Pferd liebt, zu sehen, wie es unter dem begnadeten Hintern eines guten Reiters auf einmal alles versteht!

Das darf niemals zum eigenen Frust: »Ich bin zu doof zum Reiten!« führen – und es kuriert auch die Auffassung: »Aber ich liebe doch mein Pferd, warum tut es dann nicht, was ich will?!«, sondern es muss Ansporn sein, über die eigene Ausdrucksfähigkeit dem Pferd gegenüber nachzudenken, es muss den Wunsch wecken, sich selbst klarer ausdrücken zu können – nicht nur technisch, sondern auch zwangloser und damit stressfreier.

Sicherlich gibt es auch unter den Pferden dieselben Ausnahmen wie unter den Menschen, solche, die unter Stress zu Höchstleistungen gelangen. Aber das sind Pferde für die Begnadeten unter den Reitern – und zum Glück die seltene Ausnahme.

Hält man sich jedoch vor Augen, dass das Training des Westernpferdes in erster Linie aus dem Erlernen von Fähigkeiten und Techniken besteht, in denen eigentlich mehr der Geist und die Konzentration des Pferdes als seine maximale Athletik gefordert werden, wird deutlich, dass der Aufbau der körperlichen Kondition hier zu kurz kommt.

Sicherlich trägt das Warmlaufen zu Beginn der Arbeit dazu bei, aber genau genommen lässt ein derartig umfangreiches Lernprogramm in der Bahn gar keine Zeit für ein gezieltes Konditionstraining. Dafür sind Ausritte wie geschaffen, auf denen man sein Pferd wie ein Distanzpferd aufbauen kann. Sie schaffen nicht nur einen psychischen Ausgleich zur geistig anstrengenden Arbeit in der Bahn, sondern fördern auch die körperliche Belastbarkeit des Pferdes.

Erst wenn die Technik sitzt, tritt ein Training der körperlichen Belastbarkeit in den einzelnen Manövern in den Vordergrund.

Sicherlich sind die Anforderungen an die Kondition eines Westernpferdes in hohem Maße davon abhängig, welche Schwerpunkte man sich aus der großen Vielfalt der Westernreiterei aussucht.

So sind sie für die Pferde der »heißen« Disziplinen Working Cowhorse, Cutting und Reining extrem hoch, während sie für ein Trailpferd vergleichsweise niedrig sind.

Turnierteilnehmer sollten sich die Zeit nehmen und in Ruhe ausrechnen, wie lange ihr Pferd unter dem Sattel ist, wenn es in dieser und jener Disziplin starten soll: Warmreiten, Vorbereiten, Warten, Showen und Abwärmen. Da kommen erstaunliche Zeiten zustande! Jeder Reiter erwartet von seinem Pferd, dass es im dritten, vierten Start eines Turniertages immer noch fit und fröhlich und in Bestform ist. Aber zuhause wird es nur jeden zweiten Tag eine halbe Stunde lang geritten... Das kann nicht gutgehen!

Aufbau einer »Reitstunde«

Wie man eine Trainingsstunde beginnt, hängt vor allem davon ab, ob das Pferd aus der Box oder von der Weide bzw. dem Auslauf kommt. Denn in der Box stehen die Pferde sich steif, während sie auf der Weide oder im geräumigen Auslauf Gelegenheit haben, sich selbsttätig zu lösen. Es spricht also nichts dagegen, mit einem Weidepferd im warmen Sommer gleich loszugaloppieren. Ein Boxenpferd benötigt dagegen eine mindestens zwanzig Minuten lange Schrittphase ohne jede Beeinträchtigung durch den Reiter. Vorurteile, dass Weidepferde im Gras augenblicklich jede Kondition verlieren, dürften inzwischen als altertümliche Ammenmärchen abgetan werden (hoffentlich!).

Sicherlich kann man das Boxen-Pferd für diese Phase auch an die Führanlage hängen oder an die Longe nehmen. Aber es braucht diese Zeit, um sich vom zwangsweisen Stillstehen in der auch noch so großen Box zu lösen. Dasselbe gilt übrigens auch für Pferde, die man vom winterlichen Matsch-Auslauf holt.

Westernpferde werden sehr viel und stark gebogen.

Dazu ist es unbedingt notwendig, sie vorher ausgiebig aufzuwärmen, damit sie nicht Schaden an Muskeln, Sehnen, Bändern und Gelenken nehmen. Deswegen halte ich auch überhaupt nichts von der zur Zeit weit verbreiteten Praxis, die Trainingsstunde gleich mit stark biegenden Übungen zu beginnen, um das Pferd auf diese Weise zu lösen. Ich sehe darin entweder das Unvermögen oder die Faulheit dieser Reiter, ihre Pferde vorher im Trab oder Galopp aufzuwärmen. Oder ist es die Angst vor dem Vorwärtsdrang der Pferde und ihrer Bewegungslust, die diese Reiter zu Übungen greifen lässt, die gleichzeitig die Fluchtdistanz des Pferdes unterschreiten, indem sie sie auf kleinem Raum biegen (siehe Seite 10)? Andererseits wissen erfolgreiche Western-Trainer, dass es sinnvoller ist, die oft sehr gehfreudigen Cutting- und Reiningpferde zuerst ausgiebig galoppieren zu lassen, bevor sie mit dem eigentlichen Training beginnen. Das geht natürlich nicht mit einem Pferd, das noch nicht in der Lage ist, sein Gleichgewicht im Galopp selbständig zu halten, »sich selbst zu tragen«, so dass es dauernd auf die Vorhand fällt, gegen den Zügel drückt und wegstürmt. Solche Pferde lässt man traben, denn im Trab ist es für das Pferd viel einfacher, das Gleichgewicht zu halten, weil es seinen Schwerpunkt nicht ständig verlagern muss, wie das im Galopp der Fall ist.

Dass das Pferd sich warmgelaufen hat, erkennt man daran, dass sich seine Haut warm anfühlt und dass die Adern unter der Haut hervortreten. (Letzteres kann man bei einem Pony im dicken Winterfell allerdings kaum wahrnehmen. Stichwort »Winterfell«: Meist sind es die Nordlandponys, die zur Ausbildung eines besonders dichten Winterfells neigen. Wenn man sie auch im Winter reiten will, muss man sie scheren: »Rallye-Streifen« oder Teilschur, auch wenn sie im Offenstall leben. Den meisten tut man damit einen echten Gefallen, weil das Fell so dick ist wie hier kein Winter kalt wird. Unter dem dicken Fell schwitzen sie sich wie in einer Sauna das Unterhautfettgewebe weg – und dann brauchen sie das dicke Fell wirklich, um nicht zu frieren. Zum Reiten lässt man sie lieber etwas mehr Speck auf den Rippen haben – und schert sie.)

Ist das Pferd warmgelaufen, beginnt man je nach Ausbildungsstand mit der Reihenfolge der hier aufgeführten gymnastischen Übungen. Dem erfahrenen Reiter zeigen die Pferde bereits beim Warmlaufen, woran gearbeitet werden muss.

Wer sein Pferd nicht ohne Zügeleinwirkung warmlaufen lassen möchte oder kann, bekommt jetzt eine feine Übung, mit der man bereits im Schritt beginnen kann, wenn man die Reitbahn betritt.

▶ Die »Feine Lösende Übung«

Dazu reitet man im Schritt am hingegebenen Zügel in der Reitbahn herum und beobachtet, zu welcher Seite das Pferd am liebsten seinen Hals dreht, wenn es nicht momentan dringend irgendwohin gucken muss. Kein Pferd ist völlig gerade! Schaut das Pferd nach rechts – und das tun die meisten, weil sie Rechtshänder sind (vgl. das Kapitel über die natürliche Schiefe) –, beginnt die Übung auf dem Linkszirkel in Rechtsstellung. Denn das entspricht der Lieblingshaltung des rechtshändigen Pferdes: nach links zu gehen und nach rechts zu schauen. So geritten, nehmen rechtshändige Pferde den rechten (äußeren) Zügel gern an und geben ihm willig nach. Gleichzeitig erscheint es fast unmöglich, sie in Linksbiegung an den linken Zügel zu bekommen, weil ihr ganzer Körper sich dagegenstellt. Zieht man am linken Zügel, verwerfen sie sich im Hals und machen alle möglichen Anstalten, nur um sich nicht auf der steifen rechten Seite dehnen zu müssen. Wenn also Ziehen nichts hilft, bleibt nur noch das Treiben. Also bringt man das Pferd in eine Position, die es dem Reiter ermöglicht, die scheinbar unerreichbare Linksbiegung durch Treiben zu erreichen.

Dazu geht man auf den Linkszirkel und stellt das Pferd nach außen, bis es dem äußeren, also rechten Zügel nachgibt. Dann treibt man es über die linke Schulter in den Zirkel. Dabei schwingt der Rippenkasten des Pferdes nach links gegen den linken Schenkel des Reiters. Dieser übernimmt das Treiben, während der rechte Zügel loslässt.

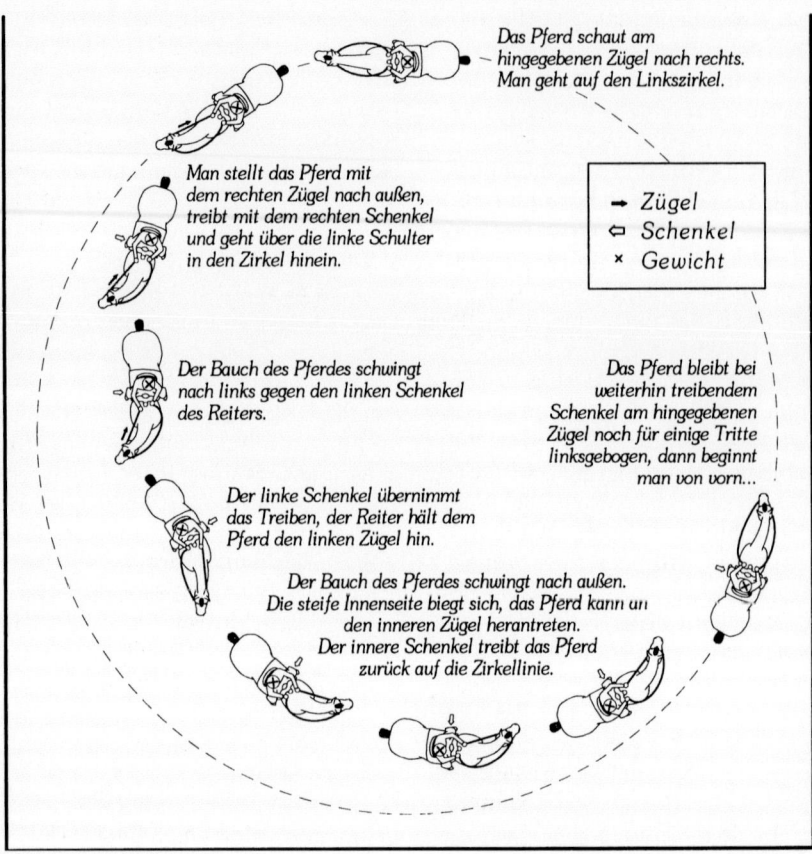

Das Pferd schaut am hingegebenen Zügel nach rechts. Man geht auf den Linkszirkel.

Man stellt das Pferd mit dem rechten Zügel nach außen, treibt mit dem rechten Schenkel und geht über die linke Schulter in den Zirkel hinein.

→ Zügel
⇐ Schenkel
× Gewicht

Der Bauch des Pferdes schwingt nach links gegen den linken Schenkel des Reiters.

Das Pferd bleibt bei weiterhin treibendem Schenkel am hingegebenen Zügel noch für einige Tritte linksgebogen, dann beginnt man von vorn...

Der linke Schenkel übernimmt das Treiben, der Reiter hält dem Pferd den linken Zügel hin.

Der Bauch des Pferdes schwingt nach außen. Die steife Innenseite biegt sich, das Pferd kann an den inneren Zügel herantreten. Der innere Schenkel treibt das Pferd zurück auf die Zirkellinie.

Die »Feine Lösende Übung«

Gleichzeitig hält der Reiter dem Pferd den erhobenen linken Zügel hin, damit es durch das Nach-Rechts-Schwingen des Rippenkastens an den linken Zügel herantreten kann, weil es sich durch das Nach-Außen-Schwingen des Rippenkastens auf der steifen Innenseite biegt. (Dahinter steht ein einfaches Prinzip: Drückt man die Mitte nach außen, schwingen das vordere und hintere Ende nach innen. Das kann man leicht mit einem Grashalm nachvollziehen.) Dann treibt der innere Schenkel das Pferd wieder zurück auf die Zirkellinie. Dabei beobachtet der Reiter den Hals des Pferdes genau, denn hier kann er wie auf einem Monitor ablesen, was die Hinterhand des Pferdes tut. Sobald sich direkt hinter dem linken Ohr des Pferdes ein kleiner, dicker Muskel aufwölbt oder in der Mitte des Halses ein langgestreckter,

bananenförmiger Muskel heraustritt, versucht das Pferd, das linke Hinterbein hängen zu lassen, bzw. versucht es, sich wieder nach rechts auf die angenehme Seite zu biegen (vgl. den Abschnitt über das Verlehnen). Dann beginnt der Reiter wieder auf der Außenseite, lässt das Pferd dem rechten Zügel nachgeben, treibt es über die linke Schulter und so fort. Bleibt das Pferd daraufhin für einige Tritte linksgebogen, nimmt er die Hände nach außen, um so die Schulter außen zu halten, und treibt mit dem zurückgelegten rechten Schenkel die Kruppe nach links. Fortgeschrittene Pferde kann man dabei im Travers nach links gehen lassen. (Travers: Das Pferd schaut (hier) nach links und geht mit Vor- und Hinterhand gleichermaßen nach links). Nach wenigen Tritten wird das Pferd versuchen, sich aus dieser unnatürlichen Haltung zu befreien. Dann beginnt der Reiter wieder mit dem Nachgeben auf der rechten Seite und so fort.

Diese Übung sorgt dafür, dass das Pferd sein schwaches – in diesem Beispiel linkes – Hinterbein unter den Körper setzt und sich so auf natürliche Weise auf beiden Seiten, der starken und der schwachen, gleichermaßen löst. Schon nach kurzer Zeit kann der Reiter beobachten, wie sein Pferd sich beim Heraustreiben mit dem inneren Schenkel an die hingehaltene innere Zügelhand dehnt, indem es den Hals entspannt vorwärts-abwärts wölbt, so dass der Reiter auf einmal einen leichten Druck in der inneren Zügelhand verspürt. Diesem muss er anfangs derartig nachgeben, dass er dem Pferd so viel Zügel gibt, wie es sich vorwärtsabwärts strecken möchte. Hier zeigt sich der wahre Wert guter Trainingszügel, die dem Pferd dieses Dehnen ermöglichen, weil sie lang genug sind. Deswegen verwendet der Westernreiter auch bevorzugt lange, dicke Splitreins (geteilte Zügel; siehe Seite 179). Ihr Segen liegt darin, dass man sie beliebig lang werden lassen kann, um sie im nächsten Moment wieder kurz fassen zu können. Auch wenn das Pferd in dieser Dehnungshaltung »Erdkunde« betreibt, darf sich der Reiter dadurch nicht verwirren lassen: es dehnt wohlig seine gesamte Wirbelsäule und bedankt sich auf diese Weise bei seinem Reiter für die richtige Trainingsanleitung. Und keine Angst, wenn das Pferd in dieser Haltung bleibt! Solange der Hals leicht gewölbt ist, befindet sich das Pferd im Gleichgewicht. Erst wenn er sich nach unten durchbiegt, ist es auf der Vorhand. Außerdem kann man jederzeit leicht überprüfen, ob sich das Pferd trotz der gedehnten Haltung noch im Gleichgewicht befindet, indem man es ohne Zügel stoppen lässt. Stoppt es weich auf der Hinterhand, muss es vorher im Gleichgewicht gewesen sein!

Das Erreichen der Dehnungshaltung nach vorwärts-abwärts ist grundlegender Bestandteil jeder sinnvollen Reitweise, weil es die Pferde in ihrer Gesamtheit löst und entspannt. Nur so kann man ihre Muskeln gezielt spannen und zielgerichtet arbeiten lassen, ohne dem Pferd Schmerzen zuzufügen oder ihm Gewalt anzutun.

Wenn es im Schritt funktioniert, kann man es im Trab reiten, dann auch im Galopp.

Ist das Pferd warmgelaufen, kann man mit dem eigentlichen Training, der Lehrstunde, beginnen. Dabei haben die Pferde dem aufmerksamen Reiter bereits beim Warmlaufen gezeigt, woran gearbeitet werden muss, indem es Steifheiten beim Lösen gezeigt hat. Die »Feine Lösende Übung« ist ein untrüglicher Schlüssel, der den Reiter an einem Tag zu Wendungen gegen den Zaun, an einem anderen vermehrt zum Spin-Training veranlassen wird usw.

> **Wer sich die Zeit nimmt, sein Pferd in der Lösungsphase zu beobachten, bekommt das Trainingsprogramm vom Pferd selbst dargeboten.**

Das eigentliche Lernprogramm ist immer in dem Moment beendet, indem das Pferd dem Willen des Reiters entsprechend freudig und erfolgreich arbeitet. Dieses Ziel darf der Reiter pro Trainingseinheit auf keinen Fall zu hoch ansetzen. Sonst gerät das Pferd in Stress und lernt bestenfalls, wie man es nicht macht – zu Ungunsten des Reiters. Wie das Ende einer Reitstunde aussieht, enstcheidet wieder, wohin das Pferd danach geht.

Boxenpferde benötigen dringend eine Abwärmphase von mindestens zwanzig Minuten, besser einer halben Stunde, bevor sie in die steifstehende Box zurückkehren. Sicherlich kann man ein Pferd dafür wieder an die Führanlage hängen. Besser für sein psychisches Gleichgewicht ist es auf jeden Fall, wenn man es im Schritt ausreitet. Im Schritt über den Asphalt fördert seine Nervenstärke, weil es etwas von der Welt zu sehen bekommt. Es verbessert seine Hufe und seine Sehnen, weil sie auf gleichmäßig festem Untergrund fußen.

Zehn Minuten auf unebenem Weg festigen seine Bänder, die die Gelenke halten. Ein **Weide- oder Auslaufpferd** kann man direkt nach noch so anstrengender Arbeit in Auslauf oder Weide entlassen. Es hat dort ausreichend Gelegenheit, für seine körperliche Entspannung zu sorgen. Ebenso kann es dort sich selbst überlassen in Ruhe über das Gelernte nachdenken (und Pferde tun das!), herumgehen, sich wälzen usw.

Wer die Möglichkeit hat, sollte sein Pferd an der Stätte der Arbeit, also auf dem Reitplatz oder in der Reithalle, nach getaner Arbeit frei herumlaufen lassen. Erstens verbinden die Pferde dadurch den Ort harter Arbeit mit dem wohligen Gefühl von Freizeit, indem sie sich dort nach Herzenslust wälzen können, zweitens nutzen die »Workaholics« unter den Pferden diese Zeit gern, um das Gelernte immer wieder in aller Ruhe zu wiederholen.

> ▶ **Pferde lieben die Wiederholung!**

Vom Kruppeherein zum Travers

Ist das Pferd erst einmal in der Lage, mit der Kruppe in Stellungsrichtung zu weichen, ist die Entwicklung von Travers und Traversale kein Problem. Im Travers schaut das Pferd in Bewegungsrichtung und bewegt sich vorwärts-seitwärts in dieselbe Richtung. Für eine reine Gebrauchsreiterei im Gelände sind Travers und Traversale

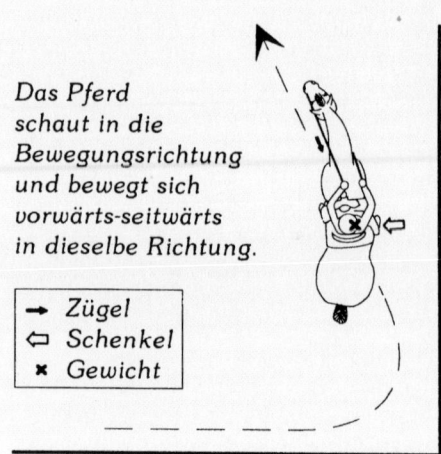

Das Pferd schaut in die Bewegungsrichtung und bewegt sich vorwärts-seitwärts in dieselbe Richtung.

→ Zügel
⇦ Schenkel
✕ Gewicht

völlig überflüssig, aber sie tragen enorm zur seitlichen Flexibilität des Pferdes bei und helfen derart vor allem beim Training des fliegenden Galoppwechsels am Punkt. Darüber hinaus verbessern sie Stop und Spin des

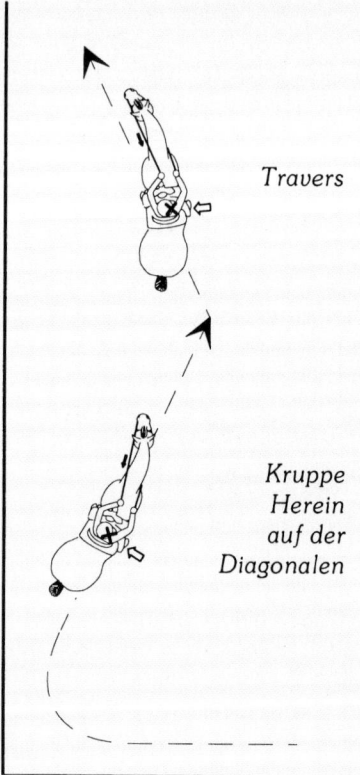

Travers

Kruppe Herein auf der Diagonalen

Vom Kruppeherein zum Travers

Reiningpferdes und fördern die Athletik für Cutting und Working Cowhorse.

Die Pferde werden allerdings diese Idee des Reiters, dass sie sich jetzt in Stellungsrichtung vorwärts bewegen sollen, gar nicht witzig finden, da es überhaupt nicht ihrer Natur entspricht.

Sobald sie bemerken, was der Reiter da vorhat, werden sie protestieren: »Das ist anatomisch völlig unmöglich!«, indem sie den Kopf hochreißen und so versuchen, sich der reiterlichen Einwirkung durch Kontra-Stellung zu entziehen. Aber der Reiter geht liebevoll auf diesen Protest ein, stellt das Pferd auswärts, lässt es in der Schulter nachgeben, übernimmt den nach innen schwingenden Bauch mit dem innen treibenden Schenkel, treibt ihn nach außen, so dass das Pferd an den inneren Zügel herantritt, hebt beide Hände nach außen, damit die Schulter außen bleibt, wechselt den treibenden Schenkel und treibt das Pferd mit dem zurückgelegten, äußeren Schenkel wieder in den Travers. Bis das Pferd von neuem protestiert. Dann fängt er wieder von vorn an.

Mit der Zeit wird das Pferd im Rippenbogen immer flexibler und damit williger im Travers.

Vor allem Hengste werden diese Übung zu schätzen wissen, da sie ihrem Imponiergehabe bei der Annäherung an eine Stute den nötigen Ausdruck verleiht.

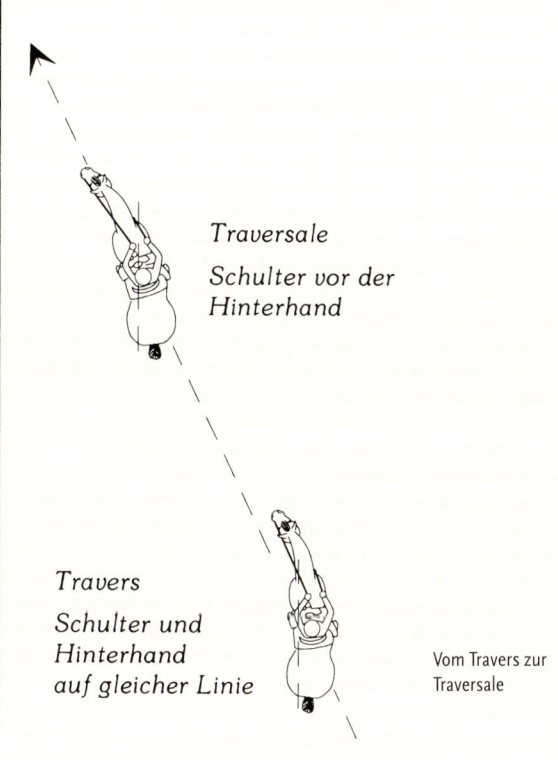

Traversale
Schulter vor der Hinterhand

Travers
Schulter und Hinterhand auf gleicher Linie

Vom Travers zur Traversale

Die besondere Schwierigkeit: Die Schulter ist vor der Hinterhand, ohne belastet zu werden. Beispiel: Aus dem vorbereitenden Linkszirkel geht das Pferd auf die Diagonale. Es schaut nach links und kreuzt die Vorder- und Hinterbeine

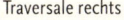

Traversale rechts

Vom Travers in die Traversale

Da der Reiter immer weich und liebevoll bleibt, wird sich das Pferd immer besser in den widernatürlichen Travers fügen. Damit an dieser Stelle keine Langeweile im täglichen Training aufkommt, entwickelt man aus dem Travers die Traversale. Hier geht das Pferd in Stellungsrichtung auf die Diagonale.

Traversale rechts

Zirkel und lässt das Pferd aus dem Zirkel wechseln, ohne den Galopp zu wechseln. Damit das Pferd den Galopp nicht wechselt, behält man die Einwärtsstellung des ersten Zirkels bei und reitet das Pferd über die äußere Schulter auf den anderen Zirkel.

2. Man beginnt im Schritt auf dem Zirkel, stellt das Pferd mit der Nase nach außen, treibt es über die Schulter ein paar Tritte in den Zirkel hinein, lässt es in der Kruppe nach außen (also in Stellungsrichtung) weichen, um sicherzugehen, dass es durch den ganzen Körper gebogen ist. Nehmen wir einen Rechtszirkel als Beispiel, stellt man das Pferd nach links, lässt es über die rechte Schulter weichen, stellt die Kruppe nach links, um sicher zu sein, dass das Pferd auch wirklich den rechten Hinterfuß belastet – denn der Linksgalopp beginnt mit dem rechten Hinterfuß –, und treibt das Pferd mit dem rechten Schenkel in den Linksgalopp.

Geht das Pferd in Außenstellung im Außengalopp auf dem Zirkel – in diesem Beispiel also im Linksgalopp links gestellt auf dem Rechtszirkel – treibt man es über die rechte Schulter ein paar Sprünge in den Zirkel hinein, übernimmt es dort auf dem inneren, dem rechten Schenkel direkt hinter dem Gurt. Gleichzeitig lässt die äußere Hand los und hebt sich die innere Hand an. So kann das Pferd mit dem Rumpf nach außen gehen, während Kopf und Hinterhand nach innen schwingen. Dadurch kommt das Pferd auf den linken Hinterfuß (und mit diesem beginnt der Rechtsgalopp). Deswegen werden manche Pferde hier bereits wechseln, auch wenn es der Reiter lieber erst in der nächsten Sequenz hätte. Denn er nimmt als nächstes beide Hände angehoben nach außen, um die Schulter außen zu halten, und treibt das Pferd mit dem äußeren, dem linken Schenkel in den Travers. Im gleichen Moment wechselt das Pferd fliegend in einem Sprung den Galopp. Diese Art des Galoppwechsels ist die sicherste, weil der Reiter be-

vorwärts nach links. Dabei geht die Vorhand vor der Hinterhand, etwa um Hufbreite versetzt.

Auch wenn an dieser Stelle vor allem die Freunde barocker Pferde jubilieren: »Wie schön, dass sich das auch im bequemen Westernsattel reiten lässt!« seien alle Liebhaber der Seitengänge ordentlich verwarnt: Zuviel davon belastet Fesselträger und Karpalgelenke, vor allem in kaltem Zustand!

Seitengänge in Stellung sind nützlich zur Kontrolle des fliegenden Galoppwechsels, aber man soll es nicht übertreiben.

Denn eigentlich will die Westernreitweise das Bewegen des Pferdes in seinem natürlichen Gleichgewicht und seiner natürlichen Versammlung fördern.

Die »Feine Lösende Übung« und der fliegende Galoppwechsel

Dazu muss das Pferd im Außengalopp auf dem Zirkel gehen. Um das zu erreichen, gibt es zwei Möglichkeiten: 1. Man reitet im Innengalopp auf einem

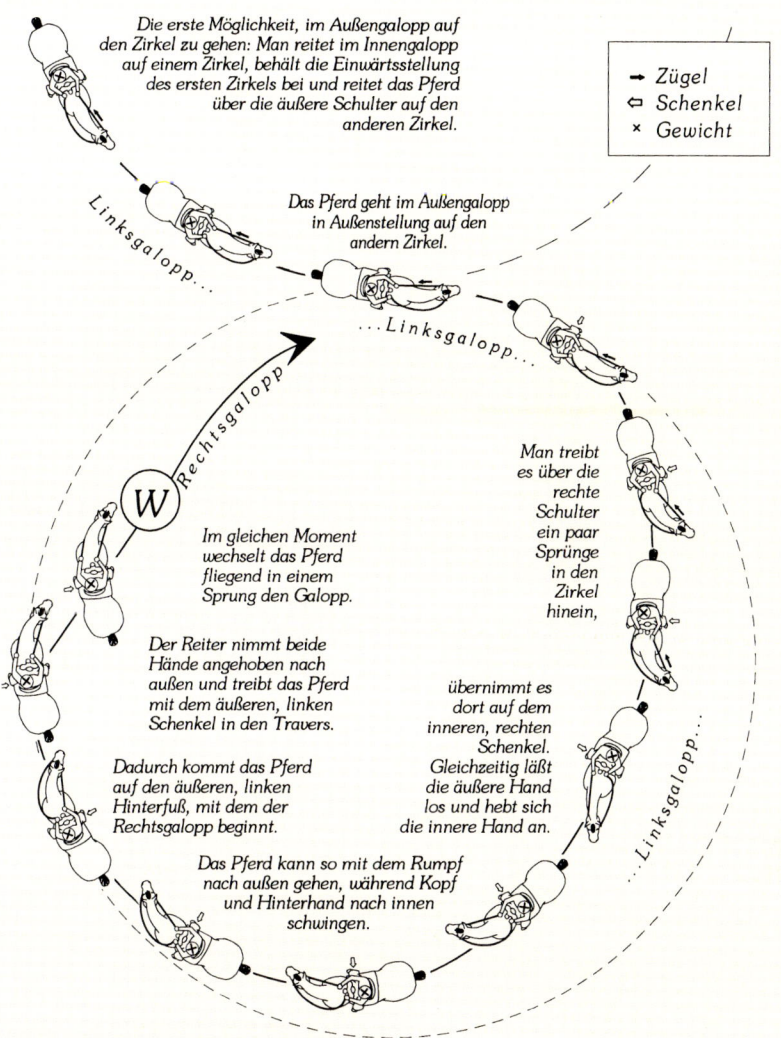

Die erste Möglichkeit, im Außengalopp auf den Zirkel zu gehen: Man reitet im Innengalopp auf einem Zirkel, behält die Einwärtsstellung des ersten Zirkels bei und reitet das Pferd über die äußere Schulter auf den anderen Zirkel.

→ Zügel
⇐ Schenkel
× Gewicht

Das Pferd geht im Außengalopp in Außenstellung auf den andern Zirkel.

Linksgalopp...

...Linksgalopp...

Rechtsgalopp

W

Im gleichen Moment wechselt das Pferd fliegend in einem Sprung den Galopp.

Der Reiter nimmt beide Hände angehoben nach außen und treibt das Pferd mit dem äußeren, linken Schenkel in den Travers.

Dadurch kommt das Pferd auf den äußeren, linken Hinterfuß, mit dem der Rechtsgalopp beginnt.

Das Pferd kann so mit dem Rumpf nach außen gehen, während Kopf und Hinterhand nach innen schwingen.

Man treibt es über die rechte Schulter ein paar Sprünge in den Zirkel hinein,

übernimmt es dort auf dem inneren, rechten Schenkel. Gleichzeitig läßt die äußere Hand los und hebt sich die innere Hand an.

...Linksgalopp...

Die »Feine lösende Übung« und der fliegende Galoppwechsel

stimmt, wann gewechselt werden soll. Im Gegensatz zum Galoppwechsel, der aus dem Gehen über die Schulter entwickelt wird, neigen Pferde dazu, im Wechsel aus dem Travers energischer und höher zu springen.

Das schafft zwar auf der einen Seite die Gewissheit, dass das Pferd die Laterale korrekt in der Luft wechselt, andererseits soll der Wechsel des Westernpferdes möglichst flach und »unbedeutend« aussehen. Wenn ihn der Reiter fast nicht bemerkt hat, war er bestimmt besonders gut.

Zum Nachschlagen

Die wichtigsten Zäumungen

▸ Trense

Die Trense ist die Grundlage aller Ausbildung! Dieser Grundsatz gilt auch für die Westernreiterei, wo sie *Snaffles* genannt werden. Die gängigste Form ist eine *Ringtrense* mit ca. 1,2 cm dickem, einfach gebrochenem, gebogenem Mundstück. Je größer die Ringe, desto länger und weicher der Anzugsweg. Auch *D-Trensen* sind sehr beliebt. Sie unterstützen die seitwärts weisenden Einwirkungen.
Da die Westerntrense in der Regel ohne Reithalfter verwendet wird, schnallt man ein Lederriemchen unterhalb der Zügel in die Trensenringe. Das verhindert ein Durchziehen des Gebisses durch das Pferdemaul und lässt die Ringe bei losgelassenem Zügel nicht herumfliegen. Zur Trense gehört immer ein Kopfstück mit Stirnband und Kehlriemen. Es verhindert ein seitliches Verrutschen des Gebisses bei einseitigem Zügelgebrauch.

▸ Gebisslose Zäumungen

Manche Pferde sind geradezu dankbar, wenn sie mit einer gebisslosen Zäumung geritten werden. Die sollte man allerdings zunächst ausgiebig in der Bahn ausprobieren, bevor man sich damit ins Gelände wagt.
Warnen möchte ich in diesem Zusammenhang vor den *mechanischen Hackamores*. Diese mächtigen Zäumungen, die man besser Außenkandaren nennen sollte, um ihre Wirkungsweise zu verdeutlichen, werden nur von wenigen Pferden akzeptiert. Dafür sind sie aber

Korrekte Zäumung
auf Trense

Sweetwater Snaffle,
Offset D-Snaffle,
Don Dodge Snaffle

Mechanische Hackamore

Sidepull

gut geeignet, um ein Nasenbein zu brechen. Bis auf die Renndisziplinen sind sie auf Westernturnieren nicht zugelassen.

Unter gebisslosen Zäumungen verstehe ich die *Klassische Hackamore, Cowboy's Hackamore* und das *Sidepull*. Die klassische Hackamore ist hierzulande eher unter dem Namen »Bosal« bekannt. »Bosal« ist eigentlich nur der aus Rohhaut oder Leder geflochtene Ring, der um die Nase des Pferdes gelegt wird. Zusammen mit dem Haarseil (*Mecate*) als Zügel und dem Kopfstück heißt diese Zäumung »*Hackamore*«. Da

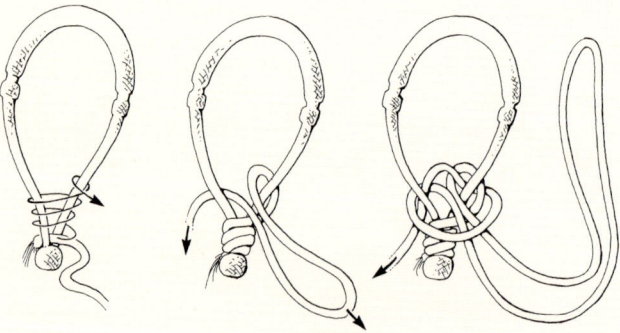

Klassische
Hackamore

Cowboy's Hackamore

bisschen schärfer, erheblich leichter, aber auch viel preiswerter macht.

Das Sidepull heißt übersetzt »Seitenzieher«. Es ist eine Zäumung, die über ein steifes Stück Nylonseil auf die Nase des Pferdes wirkt – eben indem man seitwärts daran zieht. Die Steifheit des Nylonseiles bewirkt, dass es sich jedesmal, wenn der Reiter den Zügel loslässt, von der Pferdenase entfernt, so dass das Pferd den Nulldruck deutlich wahrnehmen kann. Eigentlich ist das Sidepull eine Zäumung zum Anreiten junger Pferde. Seine Verwendung erhält das Pferdemaul zart und unverbraucht, wenn nach dem Anreiten auf Trense umgestellt wird.

▶ Westernkandaren

dieser Begriff hierzulande aber bereits von der o.g. Außenkandare besetzt ist, nennt man sie »Klassische Hackamore«. Sie ist die traditionelle Ausbildungszäumung des California Style und wirkt in erster Linie auf das Verständnis des Pferdes; rein physikalisch gesehen liegt ihre Wirkungsweise im Bereich des Stallhalfters. Sie funktioniert allerdings nur, wenn man sie richtig, d.h. nicht ziehend anwendet. Ihren Gebrauch muss man sich schon unter fachkundiger Anleitung aneignen, um nicht nach kurzer Zeit frustriert zu sein. Aber sie ist sicherlich die ideale Zäumung, um ein Pferd extrem fein abzustimmen und die Reiterhand in gleicher Weise zu schulen. Im Verlauf der modernen Ausbildung von Westernpferden wird die Klassische Hackamore nach der Trense eingesetzt, zur Feinabstimmung vor der Umstellung auf die Kandare. Man kann aber auch auf sie verzichten. Cowboy´s Hackamore ist die vereinfachte Variante der Klassischen Hackamore texanischen Ursprungs. Ihr Nasenband besteht aus einem alten Stück Lasso, was die ganze Sache ein

Der Westernreiter nennt die Kandare einfach Bit. Sie wird immer ohne Reithalfter und ohne Unterlegtrense geritten. Ein weiterer Unterschied zur Kandarenzäumung der konventionellen Reiterei besteht darin, dass es sie in unendlicher Vielfalt und Unterschiedlichkeit gibt. Um den Rahmen dieses Buches nicht zu sprengen, beschränke ich mich auf grundsätzliche Aussagen und zeige ein paar gängige, bewährte Modelle.

Die meisten Westernkandaren haben zurückgebogene Anzüge. Das macht sie in ihrer Hebelwirkung schwächer und lässt sie gleichzeitig so ausbalanciert hängen, dass das Pferd sie nur mit dem Genick tragen kann, ohne Druck im Maul oder am Unterkiefer zu spüren – vorausgesetzt natürlich, dass der Zügel durchhängt.

Kandaren mit geraden Anzügen können unter Umständen so viel Druck ausüben, dass die Zunge zerquetscht oder der Unterkiefer gebrochen wird. Das kann mit einer Westernkandare mit zurückgebogenen Anzügen nicht passieren, da man sie auch mit Gewalt nicht bis in die Waagerechte ziehen kann. Aber auch eine solche Western-

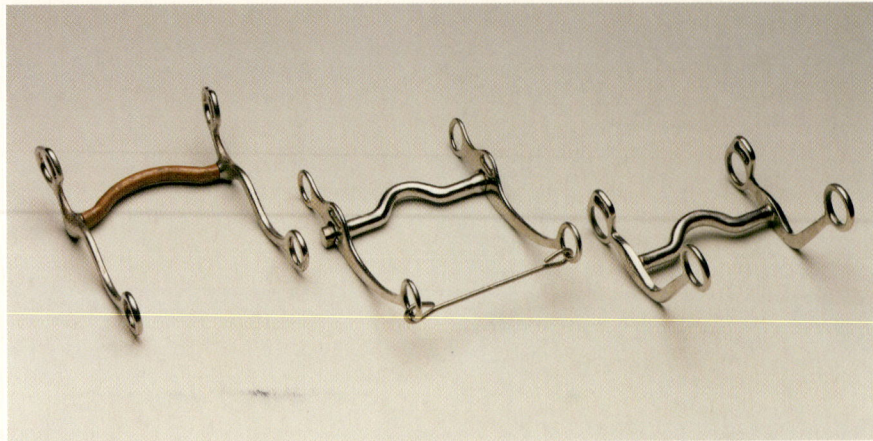

Grazer Bit,
Stockhorse Bit,
Curb Bit

kandare vervielfacht den Druck, der auf das Pferdemaul ausgeübt wird. Das kann man ausrechnen, indem man die Länge des Oberbaums (das ist das Stück über dem Mundstück) und des Anzuges misst und die Maße in Form einer Verhältnisgleichung gegenüberstellt. Westernkandaren gibt es mit vielen verschiedenen Mundstücken. Das richtige Mundstück wählt man nach der Maulform des Pferdes: ein Pferd mit breitem Unterkiefer und einer Zunge, die flach darin eingebettet ist, bekommt ein flaches Mundstück; ein Pferd mit schmalem Unterkiefer und einer dicken Zunge bekommt ein Mundstück mit

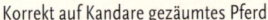

Korrekt auf Kandare gezäumtes Pferd

Die Kinnkette wirkt erst unter Anzug

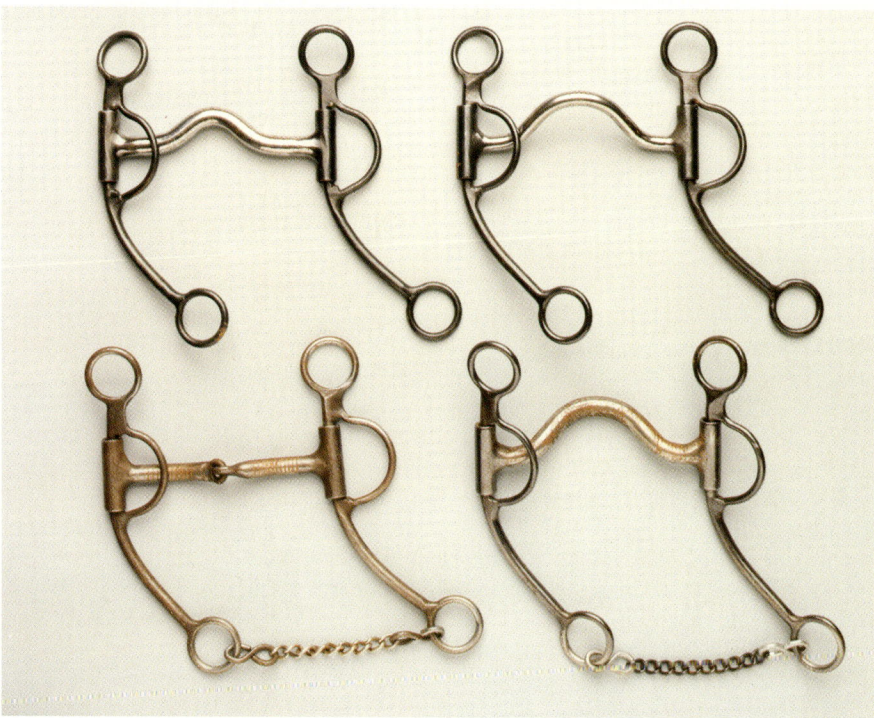

Greg Darnell Bits

großer, weiter Zungenfreiheit. Denn der Zügeldruck soll sich möglichst gleichmäßig im Maul verteilen. Wird die Zunge eingequetscht, weil sie nicht genug Platz hat, wird das Pferd versuchen, sie über das Gebiss zu nehmen, oder das Maul aufreißen. Ist der Druck auf den Kieferästen zu groß, wird das Pferd die Zunge abpolsternd auf die Seite des stärkeren Druckes legen (bei rechtshändigen Reitern rechts), so dass sie seitlich aus dem Maul herausschaut oder -hängt. Oder das Pferd versucht, sich anderweitig dem Druck zu entziehen, indem es sich auf das Gebiss legt, mit dem Kopf schlägt, sich aufrollt...

Die Westernkandare wird je nach Mentalität des Pferdes mit einem ledernen Kinnriemen oder mit einer Kinnkette versehen, was so verschnallt wird, dass es bei vollem Zügelzug gut anliegt. (Das entspricht in etwa der Faustregel, dass in losem Zustand zwei Finger Platz zwischen Pferd und Kinnriemen sein sollten.)

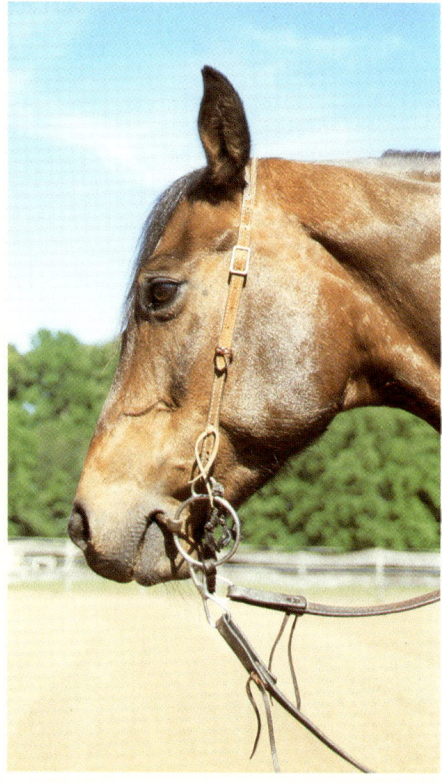

Wonder Snaffle

▶ Pelhams

Hier finden sich die zur Zeit am meisten verwendeten Bits wieder. Der Westernreiter nennt sie *Snaffle with Shanks*, also Trense mit Anzügen, wenn sie ein gebrochenes Mundstück haben. Es gibt sie jedoch mit allen nur denkbaren Mundstückformen. Die beliebtesten gehen auf das Design des Bitmakers Greg Darnell zurück und werden einfach nach ihm benannt. Pelhams kann man mit zwei Zügelpaaren gleichzeitig reiten, indem man einen Zügel in die Durchlässe in Höhe des Mundstücks und einen in die Ringe am unteren Ende der Anzüge einschnallt. Das ist den meisten Reitern allerdings viel zu umständlich. Sie beschränken sich lieber darauf, die Zügel im Bit langsam und vorsichtig zu benutzen. Das ständige, völlige Loslassen des Zügels verhindert, dass die Pferde abstumpfen.

▶ Wonder Snaffle oder Gonzales Bit

Das ist eine *Ringtrense mit Anzügen*. Tief verschnallt und mit loser Kinnkette stellt es eine hervorragende Trainingszäumung dar, die allerdings nur funktioniert, wenn man auch loslässt, denn dann fällt das lang verschnallte Mundstück im Pferdemaul herunter und veranlasst das Pferd, es mit der Zunge wieder in die Lage zu befördern, in der es ihm am liebsten ist. Das löst das Pferdemaul und fördert das Einspeicheln des Gebisses. Sein Anzugsweg ist länger als auf Trense. Man kann also vorsichtiger einwirken und das Pferd auf feineren Druck einstellen. Außerdem hilft es, bei gehobener Hand das Fallen auf die Vorhand entscheidend zu verhindern. Es ist allerdings auf den meisten Turnieren nicht zugelassen, da man es auch sehr scharf machen kann, indem man das Kopfstück kurz schnallt, und den Kinnriemen straff anzieht. Sollte man nicht tun, wenn man das Pferd nicht gründlich verärgern will!

Zügel und Zügelführung

▶ Der Trainingszügel

Im Training wird der Zügel entweder beidhändig oder einhändig geführt, je nachdem ob man »trainieren« oder »genießen« möchte (vgl. Seite 33). Der Großteil der Westernreiter verwendet im Training *Splitreins* aus dickem Harness-Leder. Das sind zwei etwa 2,10 m lange, geteilte Zügel aus US-Geschirrleder, das besonders dick und weich ist. Wie breit der Zügel ist, entscheidet der persönliche Geschmack des Reiters. Bewährt haben sich Zügel von 1,6 cm (= 5/8") oder von 1,9 cm (= 3/4"), deren herabhängendes Ende etwas dicker im Leder ist. Das sorgt dafür, dass der Zügel gut herunterhängt, ohne dem Reiter schwer in der Hand zu liegen und ohne herunterzufallen. Gutes Harnessleder ist sehr pflegeleicht. Zügel aus diesem Leder sind gebrauchsfertig; man muss sie nicht erst fetten oder ölen. Sollte man auch besser nicht, denn dann quillt das Leder, wird stumpf und wabbelig und gleitet nicht mehr durch die Hand des Reiters. Warum gerade das beim Reiten mit zweihändiger Zügelführung so wichtig ist, wird gleich erklärt. Gute Zügel aus Harnessleder erkennt man daran, dass beide Seiten ganz glatt und die Kanten abgerundet sind. Sie fühlen sich gleich beim Kauf »sympathisch« an. Selbst bei jahrelangem, hartem Gebrauch kommen Harnesszügel mit ein wenig Sattelseife zum Reinigen und ganz wenig Lederöl aus.
Beim Kauf sollte man darauf achten, dass die Zügel zur Befestigung an der Zäumung große Schlaufen aus Leder (»*Loops*«) haben, die mit Lederbändern an den eigentlichen Zügel geknotet werden. Sie sorgen dafür, dass der

Zügel sich ganz leicht im Trensenring bewegt, dass er niemals hakt, wenn der Reiter den Zügel annimmt oder loslässt. Die Lederbändchen sehen vielleicht nach Billiglösung aus. Sind sie aber nicht, denn sie stellen eine Sollbruchstelle im Zügel dar: Tritt das Pferd versehentlich auf den Zügel, reißt das Bändchen und vielleicht auch die dazugehörigen Löcher im Zügelleder. Beides ist schnell ersetzt, der Zügel bleibt gebrauchsfähig und man muss sich keinen neuen kaufen!

Darüber hinaus gibt es auch Trainingszügel aus geflochtener Baumwolle oder Nylon. Sie werden hauptsächlich in den USA zur Rancharbeit verwendet, weil sie im nassen Zustand nicht glitschig werden. Ihr Nachteil ist, dass sie dem Reiter nicht so leicht durch die Hand gehen wie Zügel aus Leder.

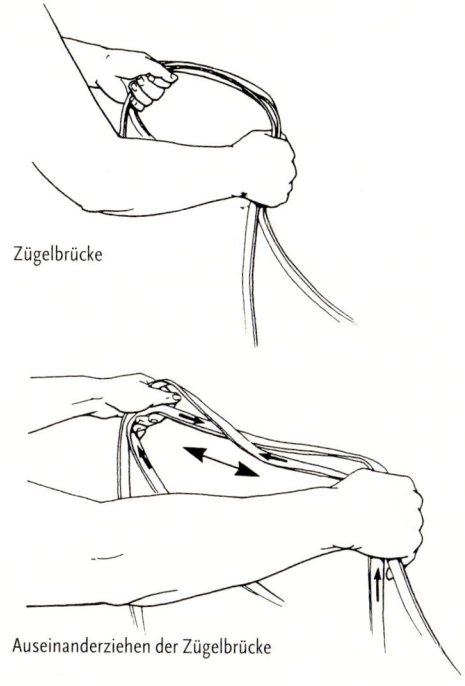

Zügelbrücke

Auseinanderziehen der Zügelbrücke

▸ Beidhändige Zügelführung: die Zügelbrücke

Die Verwendung von *Splitreins* hat den Vorteil, dass man sie beliebig verlängern und verkürzen kann, um sie den jeweiligen Anforderungen an das Pferd anpassen zu können.

Hier liegt der größte Unterschied zum deutschen Gurtzügel. Der wird immer an der gleichen Stelle angefasst und benutzt, bis diese Stelle durchgewetzt ist. Westernreiter verändern dagegen die Länge ihrer Zügel ständig, bis das Pferd so weit ausgebildet ist, dass das Zaumzeug eigentlich nur noch als »Verzierung« auf dem Pferdekopf getragen wird.

Um den Zügel ständig situationsangepasst verlängern und verkürzen zu können, führt man die Zügel über Kreuz. Das Ende des rechten Zügels hängt auf der linken Seite des Pferdes herunter, das Ende des linken Zügels auf seiner rechten Seite. Der dicke Harness-Zügel hat dabei den Vorteil, dass man ihn auch mal einfach aus der Hand fallen lassen kann. Der Zügel

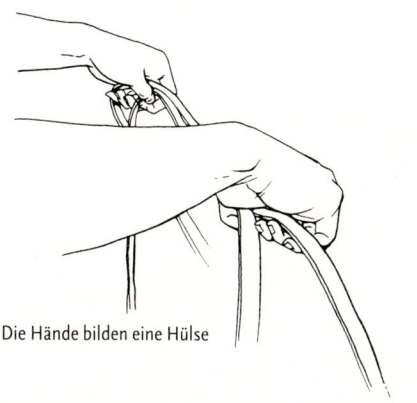

Die Hände bilden eine Hülse

landet auf dem Pferdehals, ohne herunterzufallen, um dort jederzeit griffbereit zu sein.

Beim Reiten werden die Zügel niemals übers Horn gelegt! Da sind sie nämlich im Zweifelsfall nicht griffbereit.

Um den Zügel jederzeit verlängern und verkürzen zu können, nimmt der Reiter beide Zügel in beide Hände. So bildet sich die »Zügelbrücke«. Um die Zügel zu verlängern, hält man die vorderen Stücke fest (das sind die, die vom Pferd zur Hand verlaufen) und zieht die

Zügelbrücke auseinander. Da man die hinteren Stücke (das sind die, die aus der Reiterhand herunterhängen) dabei nicht aus der Hand fallen lässt, ziehen sie sich durch die Hände des Reiters. Dann bilden die Hände eine Art Hülse um die vorderen Stücke, halten die hinteren fest und schieben sich zusammen. Die vorderen Stücke schieben sich dadurch unter der Handkante aus den Händen Richtung Pferdemaul heraus: Der Zügel wird verlängert. Genauso verfährt man, um die Zügel zu verkürzen, nur dass man dazu beim Zusammenschieben der Hände am Ende die vorderen Stücke festhält. Dann schieben sich die hinteren unter der Handkante aus den Händen: Die herabhängenden Zügelenden werden länger, die Verbindung zum Pferdemaul kürzer. Im Training kann man den Zügel verkürzen, in dem man mit der linken Hand auch den rechten Zügel fasst. So hat man die rechte Hand frei, um verkürzend vor die linke zu fassen. Dann fasst man beide Zügel mit der rechten Hand und verkürzt, in dem man mit der linken vorgreift.

▶ Einhändige Zügelführung im Training: Cross-Reins

Um im Training den »Stand der Dinge« überprüfen zu können (und weil Westernreiter so faul sind), führt man das Pferd bereits vom Anfang seiner Ausbildung an immer wieder einhändig.
Wie bereits gesagt, liegen die Splitreins über Kreuz auf dem Pferdehals. Greift man mit einer Hand diese Kreuzung, so dass die Zügel übereinander in der Hand liegen, nennt man das »*Squaw Reins*« oder »*Cross Reins*«. Mit dieser Zügelführung kann man Pferde gefahrlos einhändig reiten, weil man jederzeit in der Lage ist, mit der zweiten Hand in die Zügel zu greifen, um die Zügelbrücke zu bilden und beidhändig zu reiten.
Auch für das einhändige Reiten im Gelände sind Cross Reins die ideale Lösung. Fallen sie dem Reiter aus der Hand, liegen sie griffbereit auf dem Pferdehals. Von der einhändigen Zügelführung auf dem Turnier wird später noch die Rede sein.

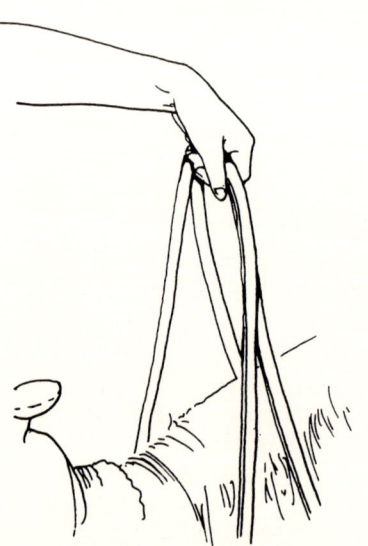

Die linke Hand hebt den Zügel...

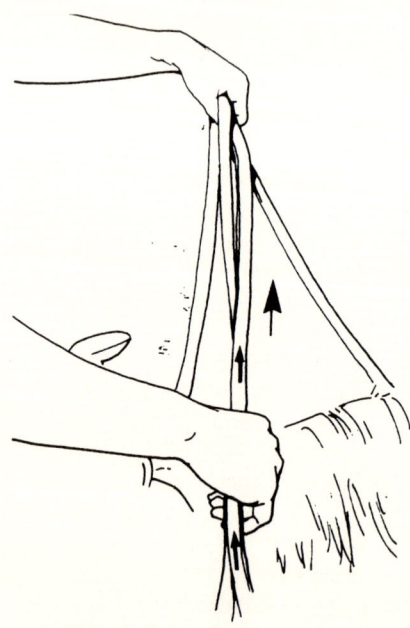

... und zieht ihn durch die rechte

▸ Wenn nur ein Zügel gebraucht wird – die weichste Zügelführung der Welt

In vielen Übungen wird nur ein Zügel benutzt, vor allem beim fortgeschrittenen Pferd: in der direkten Biegung, beim Gehen über die Schulter, in den Wendungen, in der Einwärtsstellung. Man kann also beide Zügel »Cross Reins« aufnehmen, aber man muss es nicht immer, sondern kann den zweiten Zügel auch mal auf dem Hals liegen lassen, vorausgesetzt, dass er so beschaffen ist, dass er dort auch liegen bleibt (siehe oben).

Angenommen, wir reiten eine Wendung gegen den Zaun nach rechts. Die linke Hand hebt den rechten Zügel vom Hals, die rechte bildet eine Hülse um den Zügel. Die linke Hand zieht den Zügel durch die rechte, bis Kontakt zum Pferdemaul entsteht. Zum Loslassen öffnet der Reiter die rechte Hand, so dass der Zügel herausfällt und nur noch von der linken gehalten wird. Weicher kann man einen Zügel nicht wirken lassen!

Natürlich kann man die rechte Hand auch um den Zügel schließen, nachdem die linke ihn auf passende Länge durchgezogen hat, wenn man eine stärkere Einwirkung braucht. Auf jeden Fall hat der Zügel bei dieser Art der Anwendung immer die richtige Länge, und unschöne, unpraktische Bilder eines Reiters, der sich die Zügel bis hinter die Ohren zieht, werden vermieden.

▸ Zügelführung bei Klassischer Hackamore und Cowboy´s Snaffle Bit

Die *Klassische Hackamore* hat ein 6,60 m (22 feet) langes Seil, aus dem ein geschlossener Zügel und ein Führseil geknüpft werden. Eigentlich besteht dieses Seil aus gedrehtem Pferdehaar (Mecate). Gute Mecates bestehen aus

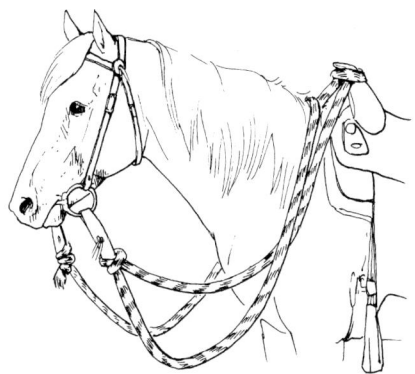

Cowboy´s Snaffle Bit

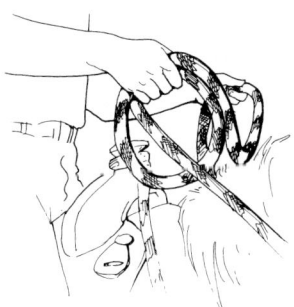

Zügelführung mit Schlaufe

Zügel wie ein Blumenstrauß gefaßt

Mähnenhaar und sind sündig teuer. Außerdem werden sie im feuchten Zustand steif und unangenehm rau, und sie verrotten in unserem feuchten Klima recht schnell. Deswegen bieten sich weitaus günstigere, rundgeflochtene Polyseile fürs Training besonders an. Idealerweise haben sie einen Durchmesser von 1,6 bis 1,9 cm (5/8" bis 3/4") und sind schön glatt und schwer.

Denselben Zügel kann man auch am Trensengebiss verwenden. Dann wird er mit sog. *Slobber Leathers* (Sabber-Ledern) an den Trensenringen befestigt. Diese Lederstücke haben den Vorteil, dass der Speichel des Pferdes das teure Haarseil nicht ruiniert, und sie stellen gleichzeitig eine Sollbruchstelle dar. Denn diese Zügelseile sind weitaus stabiler als Lederzügel, so dass es besser ist, wenn die Slobber Leathers reißen, als dass sich das Pferd verletzt, wenn es dummerweise mal in den Zügel tritt.

Die Zügelschlaufe beider Zäumungen kann der Reiter individuell kürzer oder länger knüpfen. Entspricht sie in ihrer Länge etwa dem Pferdehals, wird sie wie ein konventioneller Zügel aufgenommen. Ist sie deutlich länger, bildet man in einer Hand eine Schlaufe, um den Zügel auf die richtige Länge zu

Gute Zügelführung im Bit

bringen. Die längere Zügelschlaufe hat den Vorteil, dass man dem Pferd mehr »Leine« lassen kann, wenn man den Zügel hingibt.

Auch die Mecate kann man sehr gut einhändig führen. Auf diese Art stellt sie einen idealen Übergang von der beidhändigen zur einhändigen Zügelführung dar, indem man den Zügel mit einer Hand anhebt und mit der anderen Hand beide Zügelseiten wie einen Blumenstrauß umfasst. Die dabei entstehende Schlaufe kann man mit der freien Hand leicht verkürzen. Oder mit der zweiten Hand in den Zügel greifen, um das Pferd beidhändig zu führen.

Auch für das Reiten im Gelände hat sich die Mecate als Zügel gut bewährt. Auf Turnieren ist sie am Trensengebiss nicht überall erlaubt.

Wer die *Mecate* doof findet, kann im Training auch seine Klassische Hackamore mit Splitreins reiten. Auf Turnieren ist das nur selten erlaubt.

▶ *Turniergerechte Zügelführung*

▶ 1. Beidhändig
Junge Pferde kann man sowohl im *Snaffle Bit*, als auch in der *Klassischen Hackamore*, als auch im *Bit* vorstellen. Ebenso dürfen Einsteiger bei einigen Turnieren unter diesen drei Zäumungsarten wählen.
Snaffle Bit und *Klassische Hackamore* müssen beidhändig geführt werden.

▶ 2. Einhändig
Pferde, die älter als fünf Jahre sind, müssen einhändig im *Bit* vorgestellt werden. Bei Splitreins darf die freie Hand den Zügel nicht berühren. Die Zügelfaust schließt sich so um den Zügel, dass beide Zügel zwischen Daumen und Zeigefinger in die Hand hineinlaufen und zusammen zwischen Handrücken und kleinem Finger aus ihr herauskommen. In der Regel ist der Ringfinger zwischen den Zügeln er-

laubt. Beide Zügelenden hängen auf der Seite der Zügelfaust herunter. Da in der Regel der Zügel mit der linken Hand geführt wird, hängen die Zügel also auch auf der linken Seite herunter. Wenn auch der Ursprung der linkshändigen Zügelführung in der Tradition zu finden ist – der Cowboy braucht die rechte Hand für das Lasso –, hat das Benutzen der linken Hand darüber hinaus zwei ganz praktische Vorteile. Zum einen ist der Rechtshänder in der linken Hand gefühlvoller, zum anderen muss man den Zügel nach dem Aufsteigen nicht erst auf die rechte Seite sortieren.

▶ 3. Romal Reins

Für die einhändige Vorstellung im Bit kommt aus der kalifornischen Tradition ein ganz eigenartiger Zügel, die Romal Reins. Sie bestehen aus einem geschlossenen Zügel mit eingeknoteter, peitschenartiger Verlängerung. Hier wird die Zügelhand wie ein Blumenstrauß um den Zügel geschlossen, wobei kein Finger zwischen den Zügeln erlaubt ist. Die freie Hand hält das (aufgerollte) Romal. Sie darf nicht zum Verkürzen der Zügel gebraucht werden. Romal Reins sind auf fertig ausgebildeten Pferden ein angenehmer Zügel beim Reiten im Gelände. Für alle anderen Pferde sind sie ungeeignet.

▶ Zügelpositionen: Wie die Hand, so der Sitz

▶ **Die Hand des Reiters bewirkt nichts, wenn sie nicht vom Sitz begleitet wird.**

Dazu muss der Reiter nichts weiter tun, als seinen Körper locker zu halten, so dass sich jede Handbewegung in den Körper fortsetzen kann. Sicherlich ist gerade das Lockersein in jeder Situation die Kunst, die man jeden Tag neu üben muss...

Korrekte Zügelführung mit Romal Reins

1. Je schlechter das Pferd, desto höher die Hand!

Die erhobene Hand – Höhe Pferdehalsmitte bis über seinen Ohren – verhindert, dass das Pferd sich auf den Zügel legt, um auf die Vorhand zu drücken. Bei Pferden, die zuvor mit hoher Hand schlecht behandelt worden sind, so dass sie Angst davor zeigen, lässt man die jeweils äußere Hand unten.

Die hohe Hand wirkt auf die Maulwinkel des Pferdes. Die sind im Gegensatz zum Unterkiefer elastisch und nachgiebig. Das Pferd kann sich bei langsamer Steigerung des Zügeldruckes aussuchen, wieviel Druck es wirklich braucht.

Die hohe Hand lässt den Reiter immer aufrecht sitzen – er fällt niemals vornüber. So bleibt der Reiterkörper im Gleichgewicht und kann dem Pferd helfen, seinerseits ins Gleichgewicht zu finden.

Das Gegenteil ist nur bei steigenden Pferden sinnvoll: Oberkörper zur Seite neigen, gleichseitige Hand tief und seitwärts weisend (Siehe Abbildung).

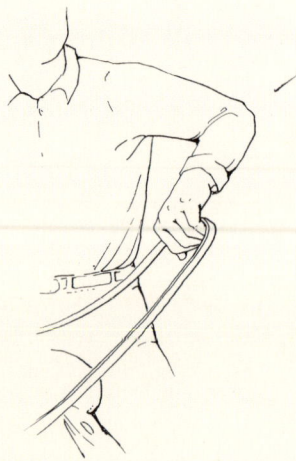
Daumen nach unten

Hilfszügel

Hilfszügel sind wie Medikamente. Selbst wenn sie helfen, sind die Nebenwirkungen oft schlimmer als der therapeutische Nutzen. Deswegen möchte ich an dieser Stelle auch nur besprechen, was nach meiner Erfahrung die geringsten Nebenwirkungen zeigt: German Reins – in der konventionellen Reiterei auch als Köhlerzügel, Springkombination oder Jagdzügel bekannt. Dabei handelt es sich um einen Schlaufzügel, der nicht in der Reiterhand endet, sondern an den Seiten des Trensenzügels eingehakt wird. Dadurch ist die beizäumende Wirkung eingeschränkt. In der Westernreitweise wird diese Hilfszügelkonstruktion oft aus Nylonkordel geknüpft und ohne Verwendung eines Halsriemens in die dicken Harness-Zügel gehakt oder geknotet. Das hat zwei entscheidende Nachteile. Erstens hängt der Hilfszügel ohne Halsriemen sehr tief durch, so dass sich das Pferd unter Umständen darin verheddern und durch das reißfeste Material erheblich verletzt werden kann. Zweitens sind die Harness-Zügel so steif, dass sie dem

2. Je besser das Pferd, desto weniger Hand!

Um feststellen zu können, wie weit ein Pferd in der Lage ist, selbständig zu arbeiten, weil es sich selbst tragen kann, senkt der Reiter die Hand – bis sie auf dem Mähnenkamm liegt. Niemals tiefer, sonst zieht man das Pferd auf die Vorhand. Vorsicht! Die tiefe Hand verleitet den Reiter gern, sich nach vorn zu neigen. Deshalb reitet man hier besser einhändig mit Cross Reins: die innere Hand im Zügel, die äußere griffbereit.

3. Auswärts gedrehte Handkante.
 Das kann jeder gleich beim Lesen ausprobieren: Dreht man die Handkante vom Körper weg nach außen, folgt ihr zwangsläufig der Ellenbogen, die Schulter hebt sich. Das Pferd bewegt sich in Richtung der Handkante = diese Zügelbewegung weist nach innen (innen ist da, wo das Pferd hinschaut).

4. Daumen nach unten (wie im Alten Rom!).
Das Pferd biegt sich auf der gleichen Seite im Genick.
Fingernägel nach oben – einwärts gedrehte Faust. Der Ellenbogen drückt sich an den Körper und bringt das Gewicht des Reiters auf den äußeren Sitzbeinknochen. Wieder bewegt sich das Pferd in Richtung der Handkante nach außen (innen ist da, wo das Pferd hinschaut).

German Reins

Pferd kaum Erleichterung verschaffen können, wenn es sich vorwärts-abwärts dehnt. Deswegen ist es besser, wenn zumindest die vordere Hälfte der Trensenzügel aus einem weichen Material gefertigt ist, das sich zusammenschiebt, wenn sich das Pferd dehnt. Grundsätzlich muss man vor der Verwendung eines Hilfszügels mit dem Pferd an der Hand trainieren, dass es Kopf und Hals senkt, wenn man die Hand mit sanftem Druck in seinen Nacken legt. Wehrt sich das Pferd dagegen, liegt unter Umständen ein Problem in der Halswirbelsäule des Pferdes vor, das so schmerzhaft ist, dass das Pferd unter dem Sattel steigt, wenn man versucht, es mit einem Hilfszügel zu reiten. Und steigt ein Pferd aufgrund von Schmerzen, ist die Gefahr groß, dass es sich nach hinten überschlägt. Deswegen probiert man die Wirkung eines Hilfszügels auch immer zuerst an der Hand aus.

Im Turniersport sind Hilfszügel und Reithalfter nicht erlaubt. Auf dem Abreiteplatz dürfen sie korrekt verschnallt und mit vorgeschriebenen Mindestmaßen verwendet werden. Nur in den Renndisziplinen, Team Penning und Roping können sie erlaubt sein. Inter-

essenten mögen dies in den jeweils aktuellen Regelbüchern nachlesen.

Sporen

Wenn der Reiter in der Lage ist, seinen Sitz so auszubalancieren, dass er sich in keiner Gangart mit den Waden anklammern muss um nicht herunterzufallen und wenn er in der Lage ist, gezielt taktmäßig zu treiben, darf er Sporen benutzen. Er muss nicht, »weil das so stylisch ist«; er darf!

Sporen bringen die Sache auf den Punkt: Sie berühren das Pferd auf wesentlich kleinerer Fläche als die Wade des Reiters und können so dem Pferd gezielter treibende und verwahrende Einwirkungen vermitteln.

▶ Kriterien zur Wahl der Sporen

In der Trainingsweise, die dieses Buch vorstellt, wird sehr viel mit Schenkelkontakt gearbeitet. Dem entspricht ein kurzer bis mittlerer Sporenhals mit glattem oder weich gezacktem Rad am ehesten. Oft fällt dem Reiter der Gebrauch eines mittellangen Sporens leichter als der eines kurzen, mit dem er vielleicht eher dazu neigt, die Absätze hochzuziehen – vor allem, wenn er ein vergleichsweise kleines Pferd reitet. Andererseits behindert ein längerer Sporenhals auf einem dicken, tonnigen Pferd den Einsatz der Wade ohne Sporn. Da hilft letzten Endes nur Ausprobieren!

Westernsporen sind in der Regel Radsporen. Es gibt aber auch Modelle mit Kugelkopf. Sie bieten sich für kitzlige Pferde an und solche, die das Klingeln der Radsporen nervös macht. Da Westernsporen normalerweise nur mit einem Riemen über dem Stiefelspann befestigt werden, der mit Strupfe und Schnalle eingestellt wird, neigen sie zum Klappern. Wenn Pferd oder Reiter sich dadurch gestört fühlen, kann man

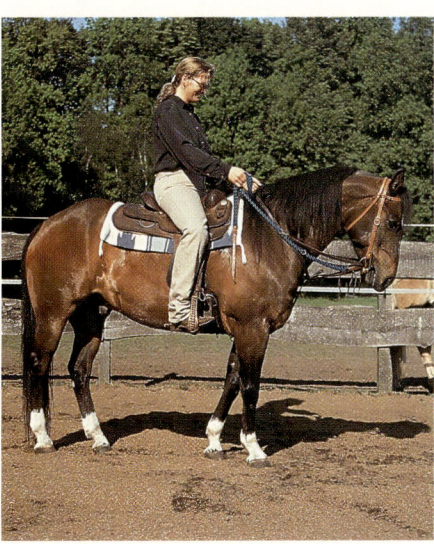
Das vordere Ende des Zügels zieht sich zusammen

Gut sitzende Sporen
mit weichem Rad

sie mit so genannten »Under Spur Straps« auch unter dem Absatz fixieren. Das sind vorgefertigte Gummistrippen, die man unter dem Sporenriemen an den Knöpfen befestigt. Dann ist Ruhe, und der Sporn sitzt richtig fest.

Westernsporen trägt man direkt über dem Absatz. Bei guten Westernstiefeln steht dafür der Absatz ein bisschen über. Außerdem haben sie eine feste Kappe, damit sich die Sporen nicht schmerzhaft gegen die Reiterferse durchdrücken.

▶ Wie man das Pferd an Sporen gewöhnt

Dass man sein Pferd überhaupt mit Sporen reiten möchte, wünscht sich der Reiter spätestens, wenn seine

Schenkeleinwirkungen immer mehr einer sizilianischen Eselsreiterei ähneln.

Bevor man frohgemut gestiefelt und gespornt auf sein Ross klettert, und dann eine böse Überraschung erlebt, befragt man das Pferd besser beim Putzen über seine Meinung zu Sporen, indem man das Rad etwa in einem 45-Grad-Winkel hinter der Gurtlage des Pferdes an seinen Leib legt und mit sanftem Druck durch das Fell streicht. Aber nicht kitzeln! »Verkaufen« Sie Ihrem Pferd die Sporen als neues Putzzeug! Es soll sie akzeptieren und ertragen können, aber nicht fürchten. Der erste Einsatz von Sporen findet am besten nach dem Warmreiten statt, wenn das Pferd schon etwas fauler geworden ist. Bevor man die Sporen an die Stiefel schnallt, erinnert man das Pferd nochmal an das »neue Putzzeug«, indem man den Sporn wieder mehrmals durch das Fell streicht. Außerdem rappelt und klappert man mit dem Sporn in der Hand und am Stiefel, damit sich das Pferd an das neue Geräusch seines Reiters gewöhnen kann.

Im Sattel legt man die Waden am Gurt ans Pferd und streicht die Sporen mit tiefem Absatz wieder durchs Pferdefell. Dazu erzählt man dem Pferd etwas Nettes und kann es zusätzlich mit kräftigem Griff am Hals kraulen. War das Pferd zuvor den Einsatz der Wade gewohnt und hat es beim »Sporen als Putzzeug« auch nicht irritiert reagiert, wird es auch jetzt nicht in Panik davonstürmen. Kennt es auch das Treiben in die Dehnungshaltung (siehe Seite 119), wird es wahrscheinlich nicht mal vorwärts gehen, sondern mit tiefer Nase und »Putzgesicht« die Massage genießen. Erst ein paar auffordernde Worte und Schnalzer werden es in Gang setzen.

▶ Wie man Sporen einsetzt

Grundsätzlich legt der Reiter zuerst die Wade an das Pferd und entscheidet dann, ob er ihre Einwirkung durch den Sporn unterstützen möchte. Die ersten Versuche im Reiten mit Sporen unternimmt man am besten auf einem ruhigen Pferd, das den Einsatz der Sporen bereits kennt. Dann kann der Reiter in Ruhe ausprobieren, wann er wieviel Gegendruck an der eigenen Ferse spürt, damit er lernen kann, die Sporen dosiert einzusetzen. Außerdem kann er das Rollen, Streichen, Schieben und vor allem das gleichmäßige Anlegen am Pferdeleib üben – und auch das Heben und Spreizen seiner Zehen. So kann man nämlich den Absatz nicht mehr hochziehen und das Pferd pieken! Wer seine Sporen bei flach ausgedrehter Wade mit gleichmäßigem, konstantem Druck an der Pferderippe anlegt, hat seine Sporen besser unter Kontrolle, als wenn man sie betont vom Pferd ab-

spreizt. Das trainiert außerdem die korrekte Lage der Reiterbeine und wird mit zunehmender Geschwindigkeit immer schwerer.

Pieken tut weh und irritiert das Pferd; Zustechen schmerzt erheblich, macht das Pferd ängstlich oder böse – und ist Tierquälerei.

In diesem Zusammenhang: Konventionelle Reiterkollegen verwenden in der Regel eher so genannte Stoßsporen ohne Rad und reagieren manchmal negativ beim Anblick von Westernsporen.

Wer sich mit ihnen darüber auseinandersetzen möchte, bekommt hier zwei schlagkräftige Argumente. Dass der Radsporn abrollt und das nicht wehtut, kann man anschaulich demonstrieren, indem man den Sporn sich selbst im Stand über die Innenseite des Standbeins rollt. Und außerdem sieht man wegen des Pferdefells die blauen Flecke nicht, die der Stoßsporn verursachen kann. Ansonsten hilft noch Sporen in die Hand nehmen und Radsporn und Stoßsporn mit gleichem Druck über die Handfläche ziehen lassen. Dann ist Ruhe!

▶ Warum verwenden manche Reiter lange Sporen?

Noch gibt es in der Westernreitweise keinen einheitlichen Stil und erst recht keine einheitlichen Trainingsmethoden. Der lange und unter Umständen auch noch scharfe Sporn wird gern von Reitern verwendet, die mit sehr langen Bügeln reiten und Schenkel und Sporn nur punktuell signalartig einsetzen. Im Turniersport wird ein harter Sporeneinsatz mit Abzügen betraft. Auch das Ausschlagen der Pferde, was ja oft die Folge eines Sporenstichs ist, wird mit so empfindlichen Punktabzügen bestraft, dass eine Platzierung nicht mehr in Frage kommt. Pferde, die – aus welchen Gründen auch immer – im Einwirkungsbereich des Reiters frisches Blut aufweisen, werden disqualifiziert.

Anmerkungen zum Treiben

Wenn man – nach entsprechender Vorbereitung – zum ersten Mal in den Sattel eines Jungpferdes steigt, wird es sich freiwillig kaum vorwärts bewegen. Selbst wenn man es zu einigen Tritten vorwärts überreden kann, bleibt es doch schnell wieder stehen, um sich mit der ungewohnten Last auf seinem Rücken auszubalancieren und ersteinmal in Ruhe über diese seltsame, neue Situation nachdenken zu können. Die Lust an der Vorwärtsbewegung kommt erst mit dem Zutrauen in die eigenen Kräfte, sich mit dem Reiter auf dem Rücken auch wirklich bewegen zu können.

Das junge Pferd versteht von der treibenden Wirkung der Reiterschenkel so viel wie die Kuh vom Tanzen, nämlich gar nichts.

Es folgt zunächst der aufmunternden Stimme des Menschen im Sattel und dessen Erwartungshaltung, die sich in Stimme und Körperbewegungen ausdrückt. Wir machen immer unbewusste Körperbewegungen, wenn wir etwas sagen – und das versteht das Pferd. An den treibenden Schenkel und die Bedeutung seiner unterschiedlichen Positionen muss es erst gewöhnt werden. Westernpferde lernen vom ersten Tag an, dem treibenden Schenkel auszuweichen.

Da es hierfür keine bindende Reitlehre gibt, kann der Reiter heutzutage auf fremden Westernpferden noch manch unliebsame Überraschung erfahren: Die Pferde stürmen los, sobald der Schenkel sie berührt. In der Zukunft werden solche Pferde sicherlich seltener werden, da sich die moderne Westernreiterei aufgeschlossen für die konventionelle Dressurreiterei interessiert, um hier zu entlehnen, was zur Verbesserung der eigenen Pferde sinnvoll erscheint. Dazu gehört vor allem der gezielte Einsatz des treibenden Schenkels.

Dass es trotzdem immer ein bisschen anders als auf einem Dressurpferd ist und sein wird, liegt daran, dass die Anlehnung am Zügel fehlt.

Drei einschneidende Erfahrungen machen Umsteiger immer wieder, wenn sie zum ersten Mal auf einem gut gerittenen Westernpferd sitzen:

Erstens: Man ist in den Sattel gestiegen und will vorwärts losreiten, aber das Pferd läuft rückwärts. Solche Pferde haben gelernt, sich ohne Zügeleinwirkung rückwärts treiben zu lassen. Damit sie vorwärts gehen, muss man sich völlig entspannen und ganz leicht die Beine anlegen. Auf jedes Quentchen Spannung mehr im Reiterkörper reagieren solch fein gerittene Pferde rückwärts.

Zweitens: Endlich läuft das Tier vorwärts, da hält es auch schon wieder an! Wieder sitzt man auf einem besonders fein abgestimmten Pferd! Die kleinste Verlagerung des Oberkörpers nach vorne oder auch energisches Schließen beider Schenkel veranlassen das Pferd zum Anhalten. Der Westernreiter macht sich darüber keine Gedanken, weil er es gewohnt ist, seinen Körper locker und absolut auszubalancieren. Seine »Faulheit«, sich nicht mehr zu bewegen als unbedingt notwendig, lässt das Pferd auf jede Körperbewegung

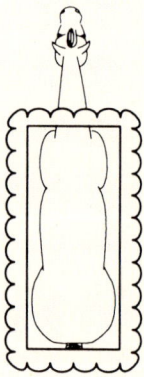

Das Pferd im Rahmen

reagieren. Ist sie nicht eindeutig, hält es vorsichtshalber lieber an. Solch ein Pferd fängt im Gelände niemals an zu zappeln, wenn es sich in einem heimtückisch aufspringenden Stück Stacheldraht verfangen hat, sondern wartet ruhig ab, bis sein Reiter es aus dieser Gefahr befreit hat.

Drittens: Man ist glücklich in den bequemen Galopp gekommen, da reagiert das Pferd völlig irritiert auf die »Schenkelzange«, mit der sich der Reiter festhalten will. Die einen Pferde stoppen hart, die anderen geben Gas ohne Ende. Westernpferde gehen selbstständig; einen ihren Leib umklammernden Schenkel kennen sie nicht. Man denkt sich das Pferd wie in einem ganz kleinen Paddock eingezäunt. Man kann dazu auch sagen: Das Pferd bleibt im Rahmen.

Immer wenn das Pferd mit einem Korperteil versucht, diesen Rahmen zu verlassen (und das versuchen sie ständig), werden sie vom Reiter begrenzt: durch die Zäumung oder durch die treibenden Schenkel. Man muss sich das so vorstellen, als ob das Pferd, immer wenn es den »Rahmen« verlässt, gegen eine Mauer anläuft oder vom Gleis fällt.

Das Pferd fällt vom Gleis

Sobald es sich in den »Rahmen« zurückbegibt, ist der Widerstand der Mauer, ist die Gefahr, dass der Zug abstürzt, weg.

Sobald das Pferd der reiterlichen Einwirkung nachgibt, hört sie auf.

Die treibenden Einwirkungen im Einzelnen:

1. Vorwärts

Manche Westernreiter lehnen sich leicht nach vorne, andere setzen sich schwer in den Sattel, wieder andere entspannen sich total und berühren das Pferd leicht mit den Waden. Ich bevorzuge die letzte Variante. Grundsätzlich bedeutet das Umfassen des Pferdes mit beiden Waden: Bewege dich geradeaus! (Vorwärts oder rückwärts sig-

Das Pferd prallt gegen eine Mauer

nalisiert die Haltung und Spannung des Körpers). Die Schenkel liegen dabei direkt hinter dem Sattelgurt. Hier ist also das »Gaspedal«.

2. Rückwärts

Der Reiter sitzt schwer im Sattel, so als ob er stoppen will. Er treibt das Pferd am Gurt, wenn es auf ein leises Schnalzen (»Setz dich in Bewegung!«) nicht rückwärts gehen will. Tritt das Pferd vorwärts, läuft es gegen das Gebiss, das in diesem Fall die Mauer bildet. Gut ausgebildete Pferde lassen sich bei tiefem Sitz auch mit den Schenkeln direkt hinter dem Gurt rückwärts treiben.

3. Ausweichen in der Schulter

Alle Pferde neigen dazu, ständig auf die innere Schulter zu fallen. Sie versuchen auf diese Weise, ihr diagonales Hinterbein zu entlasten. Denn von Natur aus laufen alle Pferde mit dem Gewicht auf der Vorhand. Das fein gerittene Pferd weicht in der Schulter, wenn man es direkt hinter dem Sattelgurt treibt. Weniger einsichtige Pferde kann man auch am Ellenbogen treiben. Dazu eignet sich besonders die Innenseite der Steigbügel. Voraussetzung ist jedoch ein Sattel, der die notwendige Freiheit in der Aufhängung der Bügelriemen gewährleistet – und ein lockeres Reiterbein, das sich nicht verkrampft, wenn es sich gegen den Ellenbogen bewegen soll, und eine völlig verbogene Sitzposition nach sich zieht. Erfahrungsgemäß haben Neueinsteiger in die Westernreitweise damit überhaupt keine Probleme. Der Rest muss zunächst ausgiebig Altlasten bekämpfen.

4. Ausweichen in der Hinterhand

Dazu legt man den Schenkel zwei Handbreit hinter den Sattelgurt. Das Pferd weicht mit der Hinterhand dem treibenden Schenkel aus. Das funktioniert beim fein gerittenen Pferd in beide Richtungen, also sowohl nach außen als auch nach innen, sowohl vorwärts als auch rückwärts. Immer dort, wo man den Schenkel zwei Handbreit hinter den Gurt legt, weicht das Pferd mit der Hinterhand in die andere Rich-

tung aus. Ist das nicht der Fall, schlägt man unter »Dem Schenkel ausweichen« nach und übt das, bis es sitzt! Die Schulterkontrolle steht immer vor der Kontrolle der Hinterhand! Wenn das Pferd in der Hinterhand weicht, darf es nicht gleichzeitig auf die diagonale Schulter fallen (und das versuchen diese Tiere immer wieder).

5. Antraben

Beide Waden schließen sich um den Pferdeleib, bis das Pferd im Trab ist. Zur Beeinflussung des Trabtaktes schwingen beide Schenkel gleichzeitig locker aus dem Sitz an den Rippenbogen des Pferdes.

6. Angaloppieren

Im Vergleich zur konventionellen Dressur ist der Westernreiter sehr faul. Er setzt sich einfach auf die Außenseite, um den äußeren Hinterfuß des Pferdes zu belasten, weil mit ihm der Innengalopp beginnt. Dazu treibt er mit dem äußeren Schenkel direkt am Gurt oder eine Idee dahinter. Legt er den Schenkel weiter zurück, wie es die Unsitte vieler konventioneller Reiter ist, gibt das Pferd die Kruppeherein oder es bockt, denkt aber überhaupt nicht daran, anzugaloppieren.

7. Richtungsänderung

Das fein gerittene Westernpferd benötigt zur Änderung der Richtung überhaupt keine Zügeleinwirkung, sondern »nur« den treibenden Schenkel, von dem es weggehen soll, und das Reitergewicht, unter das es treten soll. Das »nur« steht deswegen in Anführungszeichen, weil es vom Reiter eine lange Zeit der Übung verlangt, bis er in der Lage ist, sein Gewicht in die Bewegungsrichtung des Pferdes zu bringen, ohne sich in den Schultern zu verlehnen, was das Gegenteil erreicht.

▶ Knieschluss

Damit bezeichnet man das Zusammendrücken der inneren Oberschenkelmuskulatur, was die Knie an den Pferdekörper herandrückt. Konventionelle Reiter machen daraus gern ein Gesellschaftsspiel, das wie Armdrücken funktioniert.

In der Westernreitweise ist der Knieschluss völlig unbrauchbar, weil allein aus der Balance heraus geritten wird. Das bedeutet, dass man auf dem Westernpferd völlig entspannt und losgelöst sein Gleichgewicht sucht, um daraus mit so wenig Muskelanspannung wie möglich auf das Pferd einzuwirken. Deswegen hat der Westernsattel auch keine Kniepolster (=Pauschen). Wer sich also die Knie wund reitet, trägt entweder die falsche Jeans oder drückt die Knie ans Pferd. Leider weist der untrainierte Mensch heutzutage Muskelverkürzungen auf, die ihm einen derart lockeren Sitz auf dem Pferd unmöglich machen. Dazu kommt noch die Angst vor der unkontrollierten Bewegung des Pferdes, die die Muskeln zusammenzieht und verkrampft. Erstaunlicherweise haben Neueinsteiger in die Westernreitweise damit weniger Probleme als Umsteiger.

▶ Der tiefe Absatz

Wer jetzt gehofft hat, dass in der Westernreitweise auf den Sitz wenig Wert gelegt wird, weil der Westernreiter doch so faul ist, wer also bislang gedacht hat, dass er sich im Westernsattel herumlümmeln kann, wie er will, der wird hier mit einer nüchternen Tatsache konfrontiert: Auch in der Westernreitweise wird der Absatz niemals hochgezogen!!!

Der natürliche Mensch ist der irrigen Ansicht, dass er das Pferd besser treiben kann, wenn er den Absatz hochzieht. Das macht jedoch nicht nur die Wade – das eigentliche treibende Element des Reiterbeins – zu Pudding, sondern es zieht auch das Knie nach oben, lässt den Unterschenkel zurückrutschen und den Oberkörper nach vorn kippen, womit jede sinnvolle Ein-

wirkung auf das Pferd zunichte wird. Zur Bekämpfung dieser irrigen Ansicht muss man sich vorstellen, dass man in den Steigbügeln auf dem Fußboden steht. Anders ausgedrückt muss man immer seine Verbindung zum Erdmittelpunkt suchen – und die ist nunmal senkrecht aufgrund der Erdanziehungskraft.

Wer sich jetzt mit tiefem Absatz total in die Bügel stellt, hat zumindest erreicht, dass sich sein Bein nach unten streckt. Leider gibt er dabei den Sitz auf, weil er die Beine steif macht.

Westernhut oder Sturzhelm?

Auch wenn man aus dem tiefen Sitz eines Westernsattels nicht so schnell vom Pferd fällt und auch wenn der Westernhut die traditionelle und zur Zeit auch noch übliche Kopfbedeckung des Westernreiters ist, sollte sich kein Reiter »doof« vorkommen, wenn er zu seinem eigenen Schutz einen Sturzhelm trägt. Selbstverständlich ist auch im Turniersport das Tragen eines funktionalen Sturzhelms jederzeit erlaubt. Es wird auch kein Reiter schlechter bewertet, wenn er seine Sicherheit über Konvention und Mode stellt. Es gibt aber auch Sturzkappen, die in einen Westernhut integriert sind.

Tipps zum Kauf eines Westernsattels

Ein Westernsattel ist nicht nur ein Sattel mit einem Horn am vorderen Ende... – und seitdem die Westernreitweise auch außerhalb der USA viele Anhänger findet, wird er auch in Län-

dern mit niedrigen Lohnkosten hergestellt. Dies sind Mexiko vorneweg, Süd-
amerika und neuerdings auch Indien.
Die Herkunft eines Westernsattels
festzustellen, ist heutzutage selbst für
den Fachmann kein Kinderspiel, da
sogar sehr teure und hochwertige US-
Sättel in Mexiko teilgefertigt werden,
einfach weil dort handwerkliches Ge-
schick – vor allem im Bereich der Hand-
punzierung (Hand-tooled) – zu wesentlich günstigeren Stundenlöhnen zu
bekommen ist als in den Staaten selbst.
Um einen Westernsattel als Billigpro-
dukt oder schlichtweg als unbrauchbar
zu verurteilen, reicht das Reizwort
»Mexiko« heute nicht mehr aus.
Trotzdem ist es für den Fachmann auch
heute noch sehr leicht, Schrott von
Brauchbarem zu unterscheiden.
Wer dagegen seinen ersten Westernsattel kauft, fällt leider oft auf die Un-
brauchbaren herein. Wenn er dann mit
dieser Erwerbung an einem Western-
reitkurs teilnimmt, erfährt er mit fas-
sungslosem Kopfschütteln, dass er
Schrott gekauft hat.
Denn die Problematik dieser Sättel ist
die gleiche wie bei anderen Sätteln ori-
entalischer Herkunft: Sie passen nicht

aufs Pferd, lassen den Reiter nicht
richtig sitzen und weisen darüber hinaus noch gravierende Mängel auf, die
die Sicherheit des Reiters gefährden.
Rausgeworfenes Geld!

▶ Zum Reizwort »Mexiko«

Die Mexikaner verfügen über eine
lange Tradition in der Anfertigung von
Sätteln. Sie selbst verwenden bis heute
den sog. Charroo-Sattel, der aus einem
rohhautbezogenen Holzbaum ohne
Lederüberzug mit ebensolchem, niedrigen, breiten Horn und mit reich echt-
silberverzierten Steigbügelriemen und
einer direkt auf dem Baum befestigten
Gurtaufhängung besteht.
Solch ein echter Charroo-Sattel ist hierzulande ohne Silber für ca. 2.300   zu
haben.
Darüber hinaus fertigen die Mexikaner
schon seit sehr langer Zeit Westernsättel für den US-Markt an. Sie werden
unter dem weiten Begriff »Ranchsättel«
gehandelt. Sie sind qualitativ recht
hochwertig und langlebig, passen jedoch aufgrund ihres eigenwilligen
Baumes nur auf wenige Pferde; z.B.
Warmblüter mit viel Widerrist. Selbst
der Fachmann erkennt diesen Sätteln
ihre mexikanische Herkunft nur selten
an. Sie gelten eben als texanische
Ranchsättel.
Darüber hinaus stellen die Mexikaner
eine endlose Zahl von Billigsätteln her,
sowohl Charroo- als auch Gringo-Style.

▶ Oldtimer

Das gleiche kann dem unerfahrenen
Käufer mit alten US-Sätteln passieren,
deren Gurtungsposition weit hinter der
Fork liegt. Diese Sättel wurden für sog.
»Hundefutter-Pferde«, »Broomsticks«
(= Besenstiele) gebaut, wie sie jahre-
lang als billige Arbeitsmittel auf den
Ranches verwendet wurden. Das waren
eingebrochene Mustangs, klein und

Echter Texaner

dürr, die geritten wurden, bis es nicht mehr ging.

Auf unseren weidebäuchigen Freizeitpferden rutschen diese Sättel auf die Schulter, wo kein vernünftiges Reiten mehr möglich ist.

Solche Sättel eignen sich hierzulande höchstens für Distanzreiter, deren Pferde kein Gramm Fett am Leibe haben.

Zum Glück werden sie hierzulande kaum noch angeboten, da sich auch in den Staaten ein eigener Markt für solche Oldtimer entwickelt hat, der sie zu beliebten Sammlerstücken hat werden lassen.

Von »modernen Oldtimern«, also neugebauten Sätteln, wird später noch die Rede sein.

▶ Der Western-Freizeitsattel

Wer ein wirklich dickes Pferd mit breiter Schulter sein eigen nennt, hat gute Aussichten, für wenig Geld einen einfachen US-Westernsattel zu erstehen. Denn diese Sättel werden als Massenproduktion zu möglichst geringen Kosten hergestellt, auf einem einheit-

Einfacher Freizeitsattel

lichen Kunststoffbaum, der in den Staaten auf die Mehrzahl der Quarter Horses im Ranch-Typ passt. Solch ein Sattel wird von fast allen großen Herstellern angeboten und kostet zur Zeit etwa 520,- Euro. Er hat einen Wildledersitz von 38 cm Sitzlänge, ist komplett mit Blumenmuster verziert, hat einfache Doppeldornschnallen an den Steigbügelriemen und häufig unbezogene Kunststoffsteigbügel. Seine weit vorn angebrachte Gurtanhängung lässt viel Platz für den dahinter liegenden Weidebauch.

Um am Wochenende ein bisschen spazieren zu reiten, reicht dieser Sattel auch für größere Reiter vollkommen aus, denn er ist recht robust. Voraussetzung ist jedoch, dass er auf das Pferd passt. Und das trifft hierzulande nur auf Haflinger und ähnliche Pferde zu. Schwergewichtige Reiter seien allerdings gewarnt: ein Kunststoffbaum schwarzer Farbe ist nicht besonders haltbar. Er weist auf ein US-Billigprodukt hin, das leichtgewichtigen Sonntagsreitern auf dicken Pferden gute Dienste leistet – aber mehr auch nicht.

Wer eben nur am Wochenende so ein bisschen ausreitet, ist auch in der Lage, die verhältnismäßig kleine Sitzfläche von 38 cm = 15 inches durch Längerschnallen der Bügelriemen auszugleichen.

Diese US-Billigsättel sind erstaunlich haltbar. Das liegt am der scharfen US-Gesetzgebung bezüglich der Produkthaftung: wer in den Staaten einen Unfall aufgrund mangelnder Qualität der Ausrüstung erleidet, kann den Hersteller dafür belangen.

Deswegen weisen US-Produzenten solche Sättel als Pleasure- oder Show-Sättel aus, d.h. sie eignen sich nicht für die Lasso-Arbeit mit Rindern. Aus dem gleichen Grund weisen US-Hersteller mit anhängenden Schildern immer wieder daraufhin, dass Leder reißen kann und dass man seine Ausrüstung vor jedem Ritt auf Schwachstellen kontrollieren soll.

Westernsättel werden nur nach ihrem Verwendungszweck unterschieden. Deswegen gibt es in allen folgenden Kategorien einfache, preiswerte Gebrauchsversionen, ein solides Mittelmaß und sündig teure Einzelstücke. – Und ebenfalls unbrauchbare Billigproduktionen...

▶ Pleasure- oder Showsättel

In diesem Bereich ist die Unterscheidung ganz besonders schwierig. Denn unter diesen Begriff fallen zunächst einmal alle Sättel, mit denen man nicht ropen darf, d.h. also alles, was kein Arbeitssattel sein kann, weil man um das Horn dieser Sättel kein Lasso wickeln darf, an dessen Ende ein Rind hängt, weil das Horn oder sogar der vordere Teil des Sattels sonst abreißt. Die Begriffsverwirrung entsteht dadurch, dass »Pleasure« einerseits Freizeitvergnügen, andererseits eine weit verbreitete Turnierdisziplin meint. Und in Western Pleasure, der Turnierdisziplin, ist es angesichts der großen Konkurrenz besonders wichtig, »professionell« auszusehen, d.h. im

Pleasure-Showsattel

Klartext eine besonders wertvolle Ausrüstung zu verwenden und sehr viel Wert auf die Kleidung zu legen. Das bedeutet, dass solche Turniersättel sehr viel »Silber« aufweisen, wobei es sich in der Regel bei diesem glitzernden Schmuck um einen Hauch von elektrolytisch aufgebrachtem Sterlingsilber auf einer andersartigen Metallgrundlage handelt.

Allerdings lässt sich der Richter von der mehr oder weniger prachtvollen Aufmachung des Teilnehmers kaum beeindrucken. Da Western Pleasure aber eine große Anzahl von Reitern gleichzeitig in die Arena bringt, ist es sinnvoll, mit einem guten Pferd optisch aufzufallen, damit man vom Richter in der Masse möglichst schnell wiedergefunden werden kann – und mit dem Eindruck eines möglichen Siegers während der Prüfung in seiner Erinnerung bleibt.

Dabei spielt die Aufmachung des Sattels die geringste Rolle...

Ob solch ein Sattel auf einem rohhautbezogenen Holzbaum oder auf einem weitaus preiswerteren Kunststoffbaum aufgebaut ist, spielt nur eine untergeordnete Rolle. Denn der Richter einer Western Pleasure Class achtet auch überhaupt nicht darauf, ob der Sattel handgefertigt ist oder nicht. D.h. der Sattel muss nur dem aktuellen Aussehen eines Turniersattels entsprechen, damit man nicht unangenehm auffällt. Es ist überhaupt eher die Konkurrenz, die auf das Aussehen des Sattels achtet, als der Richter, der sich mehr auf das vorgestellte Pferd konzentriert, der ein schlampiges Allgemeinbild andererseits auf keinen Fall dulden wird. Western Pleasure ist eine Show-Disziplin, ein Jahrmarkt der Eitelkeit. Nirgendwo wird soviel Geld für Ausrüstung und Bekleidung ausgegeben wie in den reinen Show-Classes. Dazu gehören auch Western Riding und Western Horsemanship.

Ein guter Pleasure-Turniersattel weist einen nach vorn verlegten Schwerpunkt auf, der eher dem konventionellen Dressursattel entspricht als einem klassischen Western-Arbeitsattel. Gleichzeitig befindet sich die Bügellaufhängung unter dem Schwerpunkt des Reiters, um ihm das gestreckte Positionieren des modernen Equitation-Seats zu erleichtern.

Das Rigging, d.h. die Gurtungsweise des modernen Pleasure-Sattels richtet sich in erster Linie nach dem Pferd, da in den Pleasure Classes in der Regel Halter Horses und im Vollblut-Typ stehende Quarter Horses vorgestellt werden, die aufgrund ihrer Unterschiedlichkeit völlig verschiedene Sättel verlangen. So ist das moderne Halter Horse, also ein Pferd, das am Halfter zur Exterieur Beurteilung vorgestellt wird, sehr muskulös und leider häufig überbaut. Das erfordert einen anderen Sattelbaum und eine andere Gurtungsposition als ein reines Pleasure Pferd, das heute mehr im Vollblut-Typ steht, also größer und schmaler ist.

Da der Pleasure-Reiter nicht die Beinfreiheit eines Reiners oder Cutters benötigt, wählt er gern eine aufgelegte Rigging in Full Double Dee Position. Sie sorgt dafür, dass der Sattel nicht auf die Schultern des Pferdes rutscht. Das Fehlen eines Fender-Gleitleders kommt ihm entgegen, weil es ihm hilft, die Beine mehr senkrecht zu halten. Gleichzeitig eignet sich ein solcher Pleasure-Sattel überhaupt nicht für Reining. Das wird bei der Besprechung des Reining-Sattels und seiner besonderen Eigenschaften deutlich.

Um ein Hochkippen und Schwanken der hinteren Sattelhälfte auf den schwierigen Rücken der Halter Horses zu verhindern, gibt es nicht nur speziell geformte Sattelbäume, wie sie in sehr modernen Showsätteln zu finden sind, sondern auch zurückgelegte Three-Way-Inskirt-Riggings, d.h. 3-Wege-Gurtungen, die in die Auflage des Sattels eingearbeitet sind, um das hintere Ende des Sattels herunterziehen zu können. Zwar eignet sich dazu die sog.

Reiningsattel

Cowboy's Rigging besser, aber da sie aus einem doppelt genähten, auf die Auflage des Sattels aufgelegten Lederbogen mit eingearbeiteter Metallöse besteht, empfinden Pleasure Reiter sie als störende Masse zwischen sich und dem Pferd. Sie macht den Sitz breiter, d.h. sie drückt die Oberschenkel des Reiters weiter auseinander, was den Equitation-Seat behindert.

Den Cowboy in seiner harten Alltagsarbeit interessiert es kaum, ob er »schön« auf dem Pferd sitzt. Er bevorzugt diese Gurtungsform, weil sie den Arbeitssattel auf nahezu jedem Pferd gut, sicher und schmerzfrei positioniert, so dass er mit einem Sattel alle Arbeitspferde reiten kann.

▶ *Reiningsättel*

Hier in Deutschland fragen die turnierambitionierten Westernreiter heutzutage in erster Linie nach Reiningsätteln. Denn der Reiningsattel erlaubt dem Reiter aufgrund seiner Freiheit in der Beweglichkeit der Bügelriemen ebenso, das Pferd in den Show Classes »Western Pleasure«, »Trail«, »Western Riding« oder »Western Horsemanship« vorzustellen. Aber er ermöglicht ihnen vor allen Dingen einen korrekten Sitz in den in Reining geforderten Spins und Sliding Stops. Denn verbunden mit einem tief ausgelegten Sitz ermöglicht er unbegrenzte Beinfreiheit nach vorn durch frei schwingende, vor dem Schwerpunkt des Reiters angebrachte Bügelriemen. In einem guten Reiningsattel kann man eben alles reiten, sogar »Working Cowhorse« und »Cutting«, weil das Training des modernen Reiningpferdes ein Höchstmaß an Rittigkeit und damit an Training voraussetzt.

Ein guter Reiningsattel ermöglicht dem Reiter deswegen ebenso Bestandteile konventioneller Dressur zu reiten. Er ist der Vielseitigkeitssattel der Westernreiterei schlechthin, solange man nicht ropen will. Den guten Reiningsattel zeichnet ein exzellent ausgearbeiteter, tiefer Sitz in Verbindung mit einer vor dem Schwerpunkt des Reiters angebrachten, frei schwingenden Bügelriemenaufhängung aus.

Das macht ihn für die Verwendung als Geländesattel dringend gewöhnungsbedürftig. Die Aufhängung der Bügelriemen so weit vor dem Schwerpunkt des Reiters erschwert das Leichttraben und Ausstehen auf langer Strecke und fördert Schmerzen in den Knien.

Wer also in erster Linie ausreiten und lange Strecken bewältigen will, wählt lieber einen guten Roping- oder Ranchsattel – oder zieht für diesen Zweck die Bügelriemen seines Reiningsattels ein gutes Stück zurück. Dass dies möglich ist, scheint den wenigsten Westernreitern bekannt zu sein.

Reiner legen sehr viel Wert darauf, dass möglichst wenig Leder zwischen ihnen und dem Pferd ist. Deswegen haben viele Reiningsättel eine Full-Leather-Inskirt-Rigging, d.h. eine in die Auflage des Sattels eingearbeitete, metalllose Gurtung, der durch eingenähte Rohhaut die notwendige Stabilität verliehen wird, und die es ermöglicht, den

Tie Strap (den Gurtungsriemen) auf eine breite Fläche zu verteilen. Ebenso wählen sie gern einen Bügelriemen, der nicht unter den Fendern weiter verläuft, sondern an dessen oberem und unterem Ende befestigt wird. All das vermindert »Bulks«, zu deutsch »Ledergeknubbel« zwischen Reiter und Pferd. Dass es auf Kosten der Langlebigkeit des Sattels geht, interessiert den Reiner weniger. Er ist gern bereit, viel Geld für eine stabile Gerbung des Leders zu investieren und auch häufiger neue Bügelriemen und Tiestraps (Gurtungsleder oder -nylons) zu kaufen, wenn er dafür näher am Pferd sitzt. Dass seine Bügelriemen und Tiestraps immer noch wesentlich länger halten als die vergleichbaren Teile eines konventionellen (englischen) Sportsattels, erscheint in diesem Zusammenhang von einiger Wichtigkeit.

Der Reiningsattel ist ein moderner Sportsattel für Hochleistungs-Turniersport – und nicht für die alltägliche Cowboy-Arbeit auf der offenen Fläche bei jedem denkbaren Wetter.

▶ *Cuttingsättel*

Cutting ist eine Spezial-Disziplin im modernen Western-Turniersport, die sich von allen anderen Disziplinen dadurch unterscheidet, dass das Pferd im entscheidenden Moment, nämlich beim Cutting, völlig selbstständig arbeiten muss, so dass jede sichtbare Hilfe des Reiters vom Richter mit Fehlerpunkten bestraft wird.

Um die enorm athletischen Bewegungen des Pferdes, welches das Rind selbstständig von der Herde fernhalten muss, ausbalancieren zu können, muss der Reiter möglichst fest und tief im Sattel sitzen, ohne die Bewegungen des Pferdes zu stören. Dabei darf er sich mit der freien Hand am Horn seines Sattels festhalten.

Cuttingsättel sind Spezialsättel für eine Spezial-Disziplin, die mit nichts anderem in der Welt des Reitens zu vergleichen ist. Die Bars (Auflagen) ihrer Bäume sind besonders flach und lang, damit das Gewicht des Reiters auf die größtmögliche Fläche auf dem Rücken des Pferdes verteilt werden kann, eben damit der Reiter das Pferd nicht stört. Das macht sie leider anfällig für Brüche im Sattelbaum.

Ihr vorderer Aufbau, bestehend aus der Fork und dem Horn ist besonders steil und hoch. Dabei fällt das Horn besonders auf, weil es sehr dünn und lang ist, damit der Reiter es bequem mit der Faust umfassen kann. Der Sitz des Cuttingsattels ist der längste unter allen Westernsätteln; dazu ist er sehr flach, so dass der Reiter viel Platz hat, um seinen Sitz den Bewegungen des Pferdes anpassen zu können. Die Bügelriemenaufhängung ist so weit vorn wie möglich, damit der Reiter bei vergleichsweise kurzen Bügelriemen tief und weit hinter dem Schwerpunkt des Pferdes sitzen kann, um derart all die extrem athletischen Bewegungen des Pferdes mitmachen zu können. Das Pferd bewegt sich so gleichzeitig mit dem Rind, dass die Cutter sagen: es »tanzt« mit ihm »Boogiewoogie« – und Rinder können verdammt schnell sein... Aufgrund ihrer sehr speziellen Form eignen sich Cuttingsättel eigentlich nur für Cutting, darüber hinaus noch für Team Penning, eine Prüfung gegen die Stoppuhr, in der drei Reiter versuchen, so schnell wie möglich drei Rinder mit der gleichen Rückennummer aus einer Herde auszusortieren, um sie in einen Pferch zu treiben. Sicherlich eignete sich der Cuttingsattel auch für Reining, wäre da nicht das lange, dünne Horn der Reiterhand im Wege.

▸ *Veränderung der Bügelriemen-Position*

Im Gegensatz zum konventionellen (englischen) Sattel sind die breiten Bügelriemen des Westernsattels nicht in Sturzfedern oder schmalen Metallösen eingehängt, sondern verlaufen um die Bars, die Auflagen des Sattelbaums. Deswegen kann man bei fast allen Westernsätteln die Position der Bügelriemen verändern, indem man sie um mehrere Zentimeter nach vorn oder hinten zieht. Sollte das nicht möglich sein, kann ein geschickter Sattler diesen Zustand schnell ändern. Er ist auch in der Lage, die Bügelriemen in einer vom Reiter gewünschten Position zu fixieren. Dieser Freiheit werden nur durch die vorhandene Gurtung und die Befestigung des Sitzes am Sattelbaum Grenzen gesetzt. Nicht möglich ist dies bei einigen wenigen Westernsätteln, deren Bügelriemen durch eine im Baum verankerte Metallöse verlaufen. Die sind aber sehr selten. Schwierig, aber nicht unmöglich, ist die Veränderung der Bügelriemen-Position bei Sätteln mit Kunststoffbaum, die speziell ausgesparte Bereiche für die Bügelriemen haben. Ein fähiger Sattler wird dieses Problem lösen.

Je weiter die Bügelriemen unter dem Schwerpunkt des Reiters angebracht sind, desto senkrechter kann er seine Haltung auf dem Pferd ausbalancieren – und desto länger kann er seine Bügelriemen verschnallen, und desto kleiner wird die Sitzfläche sein, die ihm Halt gibt.

Entsprechend ihrer Verwendung findet sich diese Bügelriemenaufhängung bei Western-Sportsätteln für Western Pleasure usw., Barrel Race und Pole Bending – und bei Distanzsätteln; bei Western-Arbeitssätteln für das Reiten im Gebirge (Mountain-Saddles), für die Jagd im Gebirge (Hunting-Saddles) und bei Sätteln des Buckaroo-Styles, sog. Oldtimer-Sätteln.

Je weiter die Bügelriemenaufhängung vor dem Schwerpunkt des Reiters angebracht ist, desto tiefer und fester sitzt der Reiter im Rücken des Pferdes. Desto schwerer fällt ihm gleichzeitig das Einnehmen eines Entlastungssitzes. Diese Aufhängung der Bügelriemen findet sich bei Western-Sportsätteln für Reining, Working Cowhorse, Cutting und Team-Penning; bei handgemachten Arbeitssätteln für die Rinderarbeit auf den Ranches und dem Rodeo – in erster Linie texanischer Herkunft – und bei den sog. Bronc-Saddles, hornlosen Sätteln, die beim Rodeo zum Reiten wilder Pferde verwendet werden.

▶ Sattelzubehör

▶ Back Cinch
Der hintere Bauchgurt gehört zu allen Roping-, Arbeits-, Ranch- und Cutting-sätteln beim Kauf dazu. Viele andere Sättel haben Ringe oder Durchlässe, um einen Back Cinch zu befestigen. Wirklich notwendig ist er nur beim Ropen und beim Reiten im Gebirge. Zur Befestigung auf heftig bockenden Pferden kann er hilfreich sein. Auf keinen Fall lässt sich die schlechte Lage eines Sattels durch einen Back Cinch korrigieren.

▶ Vorderzeug
Im Gegensatz zum Back Cinch bietet das Vorderzeug auch dem Flachlandreiter einen entscheidenden Vorteil: ein V-förmig geschnittenes Vorderzeug verhindert, dass der Sattel seitlich vom Pferd rutscht. Man muss den Bauchgurt also nicht knalleng anziehen. Dafür sind besonders Wanderreit- und Distanzpferde sehr dankbar. Auch auf verfetteten Freizeitpferden ist ein Vorderzeug sehr hilfreich. Wer vom Sattel aus Äste, Weidepfähle oder Feuerholz schleppen will, kommt ohne ein Vorderzeug nicht aus. Im Gebirge hält es den Sattel beim Klettern in Position.
Es korrigiert jedoch auf keinen Fall die Lage eines schlecht passenden, nach hinten rutschenden Sattels.

▶ Sattelunterlagen
Man unterscheidet sie in Pads und Blankets. Während Blankets sehr leicht als doppelt oder einfach gelegte,

gewebte Decken aus unterschiedlichen Garnen zu identifizieren sind, bestehen Pads aus allen nur denkbaren Materialien und deren Kombinationen. Dünne Blankets legt man auf ein Pad, dickere, doppelt gelegte verwendet man direkt auf dem Pferderücken. Die billigsten sind aus Nylon oder gemischten Fasern, die gängigsten sind aus Baumwolle, die wertvollsten sind aus reiner Wolle. Dicke Baumwoll-Blankets nehmen sehr viel Schweiß auf, werden dadurch aber umso schwerer. Der Nachteil von Blankets ist, dass sie sich bei windigem Wetter draußen nur schlecht satteln lassen, dass sie schlecht trocknen und dass sie nur selten maschinenwaschbar sind.
Pads bestehen aus allem, was sich mit dem Pferderücken verträgt.
Besonders beliebt sind so genannte Kodelpads, deren Plüsch aus mehr oder weniger hochwertiger Kunstfaser oder aus Schurwolle besteht. Hochwertige Kodelpads haben den Vorteil, dass sie antiallergisch, antistatisch und antibakteriell sind. Zudem trocknen sie innerhalb kurzer Zeit an der Sonne, und sie lassen sich einfach in der Waschmaschine waschen. Dass sie keinen Schweiß aufnehmen, scheint die Pferde auch auf langen Strecken ebenso wenig zu stören, wie die Tatsache, dass es unter diesen Kunstfasern recht heiß auf dem Pferderücken wird. Das sind jedenfalls meine Erfahrungen auf unzähligen Distanzkilometern; das Kodelpad hatte keine negativen Einflüsse auf die Puls- und Atemwerte, dafür zeigten sich keinerlei Beeinträchtigungen der Haut, wie ich sie bei der Verwendung anderer Sattelunterlagen beobachten konnte.
Der Reiter wird also die Sattelunterlage danach auswählen, wofür er sie verwenden will. Deswegen seien an dieser Stelle nur Grundsätze genannt.

> ▶ Je dünner das Pferd, desto dicker die Sattelunterlage.

Umgekehrt kommt ein fettes Pony mit einer dünnen Navajo-Decke aus; auf dem Wanderritt mit zwei dünnen Navajo-Decken oder mit einer solchen Decke und einem dünnen Kodelpad auf dem Rücken.

Auf dem Wanderritt gleichen zwei Unterlagen die Eigenbewegung des Sattels gegen den Pferderücken besser aus, weil hier Textil gegen Textil reibt und nicht direkt gegen die Haut des Pferdes. Außerdem werden Pferde auf dem Wanderritt schlanker.

Ein steifes Pad lässt sich am schnellsten satteln, trocknet aber unter Umständen schlechter.

Neopren-Unterlagen verhindern ein Blankscheuern des Pferderückens im Fellwechsel; dass die Pferde darunter stark schwitzen, scheint sie nicht zu beeinträchtigen.

Filz wirkt stoßdämpfend, scheuert jedoch im Fellwechsel.

High Tech-Pads können zu weite Sättel ausgleichen und wirken enorm stoßdämpfend – nicht nur für die Pferde, auch für den Reiter.

Im Turniersport sind zur Zeit übergroße Blankets, von denen man unter dem Sattel auch noch etwas sieht, die Mode. Darunter passt jedes Pad, das man im täglichen Training verwendet. Für die wertvolle Webung interessieren sich die Richter weniger, es hilft ihnen jedoch, ein Pferd-Reiter-Paar anhand der Farbwahl von Pad und Reiterkleidung aus der Masse heraus zu identifizieren.

▸ Wie man sattelt

Im Gegensatz zum konventionellen Sattel stülpt man den Westernsattel tunlichst nicht auf den Pferderücken, wenn man nicht Schaden an der eigenen Wirbelsäule davontragen will. Denn selbst der leichteste Westernsattel ist immer noch schwerer als ein konventioneller Sportsattel. Mit folgender Anweisung schaffen es sogar rücken-

Oben: Satteldecke auf dem Pferderücken
Unten: So fasst man den Westernsattel.

geschädigte Frauen, einen schweren Arbeitssattel gezielt auf den Pferderücken zu bringen:

Man legt die Sattelunterlage zu einem Drittel auf den Pferdehals.

Man fasst durch beide Steigbügel – oder zumindest durch den linken, wenn man von links satteln will – mit der rechten Hand in das Griffloch vor der Fork und legt sich den Sattel auf den rechten Oberschenkel. Die linke Hand greift von vorn unter die Fork. Der rechte Oberschenkel gibt dem Sattel Schwung und lässt ihn auf das untere Drittel des Pferdehalses fliegen, wo die Sattelunterlage liegt. Der Schwung wird vom linken Unterarm gebremst, so dass der Sattel weich auf dem Pferd landet. Die Unterlage wird zurechtgezogen, und dann werden Sattel und Unterlage zusammen langsam nach hinten in die Sattellage gezogen. Die Unterlage wird unter der Fork

So »fliegt« der Sattel auf das Pferd

Der Sattel wird in Position gebracht

eingekammert, also gegen die Fork hochgezogen. Dann rückt man den Sattel durch Druck auf das Horn in die richtige Position. Wenn der Sattel dort nicht unverrückbar liegen bleibt, passt er nicht aufs Pferd. Dazu muss man allerdings berücksichtigen, dass sich fast alle Pferde aufplustern, wenn sie den Sattel auf ihrem Rücken spüren. Der Sattel gehört hinter den Widerrist, so dass er die Schultern des Pferdes nicht behindert.

Pferde, die das Anziehen des Sattelgurtes nicht mögen, lässt man ein paar Schritte vorwärts gehen, bevor man den Gurt nachzieht.

Bei Pferden mit Sattelzwang – das sind solche, die sich gern hinwerfen, wenn man den Gurt anzieht, gurtet man langsam nach, während das Pferd im kleinen Kreis herumgeht. Die Gurt-aufhängung des Westernsattels sieht nicht vor, dass man vom Pferd aus nachgurtet, wie es bei konventionellen Sätteln möglich ist.

Man muss sich zum Angurten des Westernsattels vor dem Aufsteigen unter Umständen etwas mehr Zeit lassen.

So löst man den Gurt vom Cinch Carrier (Carrier)

Tie Strap durch die Gurtschnalle ziehen...

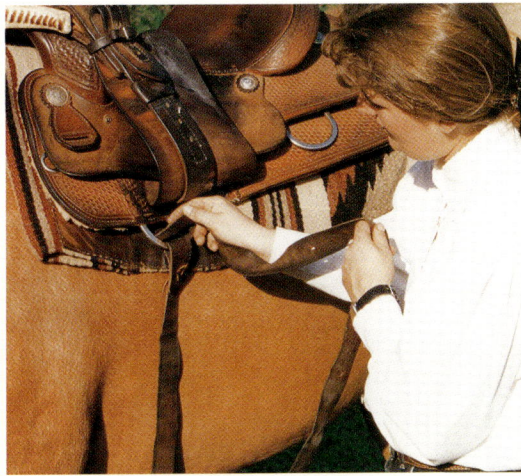

... dann durch das Rigging ziehen ...

... wieder durch die Gurtschnalle

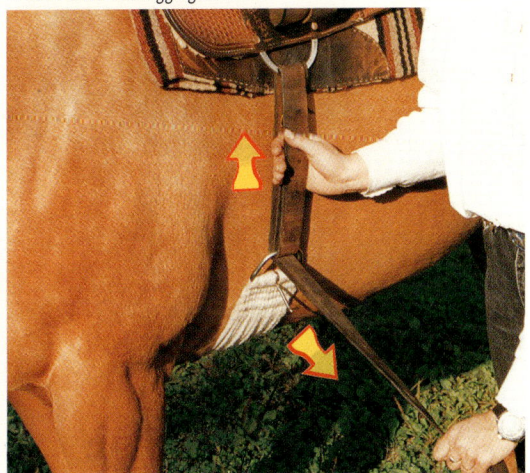

Die rechte Hand zieht aufwärts, die linke abwärts

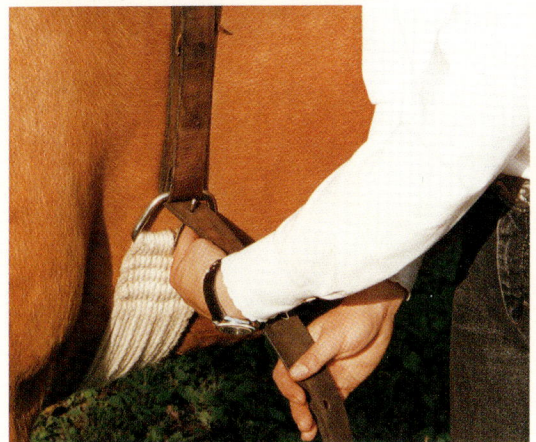

Den Schnallendorn in den Tie Strap einhängen, dass er fest anliegt

Das »überschüssige« Ende des Tie Straps durch den Tie Strap Holder ziehen

► *Wie man aufzäumt*

Es kann mich wirklich wild machen, wenn ich sehe, wie manche Reiter ihren Pferden das Kopfstück überstülpen und über die Ohren würgen! Entweder geschieht es aus Gedankenlosigkeit oder solche Reiter sehen in der Zäumung ein Zwangsinstrument, das auch entsprechend auf den Kopf des Pferdes gezerrt werden muss. Wenn das Pferd dann auch noch auf der Stallgasse bereits ausgebunden wird, um gut gefesselt und geknebelt die Reitbahn zu betreten, damit es »nicht die Haltung verliert«, erscheint es mir dringend an der Zeit, dass sich in der Einstellung dieser Reiter zum Pferd etwas ändert.

Die nachstehende Bilderfolge ist nicht gestellt, sonder gängiger Alltag: Pferde, die ihre Nase gern und völlig freiwillig in das Zaumzeug stecken, die

ihr Gebiss selbstständig aufnehmen,
das Genick senken, damit man bequem
das Leder über die Ohren streifen kann,
die dem Menschen am losen Zügel gelassen folgen.

Sicherlich braucht das im Anfang etwas
Zeit, ganz gleich, ob man mit einem
grünen Jungpferd oder mit einem
durch schlechte Erfahrungen miss-
trauisch gewordenen, alten Hasen
arbeitet.

Aber man schafft vom ersten Moment
eine angenehme Arbeits-Atmosphäre.
Ich verlange von meinen Pferden sehr
viel Leistung, aber ich achte darauf,
dass um sie herum eine Situation
besteht, die ihnen Lust an der Arbeit
und an der Leistung verschafft.

Links: So streift man
das Genickstück über
die Ohren: erst das
rechte Ohr...
Rechts: ...dann das
linke Ohr...

Turniere und Abzeichen im Westernsport

Western-Turniersport

▶ Warum überhaupt Turniere?

Werfen wir einen Blick auf die anderen Reiter, die die Westernreiter so gern als Englisch-Reiter bezeichnen, obwohl das eigentlich eine Beleidigung für deutsche Turnierreiter ist, stellen sie doch Olympia-Sieger und Weltmeister in ihren Disziplinen.

Der Begriff des Englisch-Reitens stammt aus den USA. English Style bedeutet in den USA zuerst einmal nichts anderes als ein Reiten in Nicht-Western-Ausrüstung, d.h. im Sportsattel und dazugehöriger Zäumung - eben so wie es in Deutschland »normal« ist. Interessanterweise werden seit einigen Jahren sogar die als klassische Westernpferderasse geltenden Quarter Horses in eigenen, sog. English Classes turniermäßig vorgestellt.

Die deutsche Reiterei bezieht ihre Tradition aus der militärischen Verwendung des Pferdes.

Als die Kavallerie an Bedeutung verlor, entwickelte sich der bis dahin einer Elite vorbehaltene Turniersport zum Sport für jedermann. (Ich vermeide hier absichtlich den Begriff »Breitensport«, weil der zur Zeit für die Masse der nicht turnierstartenden Reiter verwendet wird.)

Der Turniersport gelangte als Exportware – zusammen mit Warmblutpferden vornehmlich hannoverscher und westfälischer Abstammung – auch in die USA.

▶ California – contra Texas Style – eine Stilfrage?

In den USA bezieht sich die hierzulande gern zitierte Unterscheidung zwischen California Style und Texas Style der Westernreiterei nur auf die Ausrüstung und einige Traditionselemente, die sich in der modernen Western-Turnierreiterei aufgelöst haben.

Zum California Style, auch Buckaroo Style genannt, gehören u.a. der Sattel mit runder Auflage, schmaler A-Fork und hohem Cantle ohne Cheyenne Roll, Romal Reins und scharfe Kandaren mit Silberauflage; eine langfristige Ausbildung in der klassischen Hackamore (hierzulande in der Regel einfach »Bosal« genannt) – oft aus extrem feingeflochtener Rohhaut und entsprechend sündhaft teuer –, die Umstellung des Pferdes auf Kandare über die Doppelzäumung aus Kandare und Klassischer Hackamore und die Verwendung einer Mecate am Trensengebiss. Der Reiter trägt vorzugsweise Chinks, das sind befranste Chaps, die nur bis zu den Knien reichen, darunter hochschäftige Stiefel, in die die Jeans gestopft werden, und silberverzierte Sporen mit Jingle Bobs, klirrende Anhänger an den Sporen.

Zum Texas Style gehören der Sattel mit eckiger Auflage, einer Fork mit Swells und flachem Cantle mit Cheyenne Roll, dazu Splitreins und vergleichsweise milde Kandaren. Hier wird das Pferd vornehmlich auf Trense ausgebildet, die mit Splitreins geritten wird. Wenn ein Bosal verwendet wird, geschieht dies nur kurzzeitig zu Ausbildungszwecken; es besteht dann in der Regel nicht aus Rohhaut, sondern aus einem Stück Lasso, Strick oder anderen

Materialien. Auch die relativ früh eingesetzte Kandare – in der Regel ein schlichtes Grazer Bit ohne Verzierungen – wird mit Splitreins geritten. Der Reiter trägt kurze Stiefel, die Jeans darüberfallend und lange, weite Batwing-Chaps.

Der California Style beruht auf spanischer Tradition und zeigte u.a. ein gebogenes, eher traditionell dressurmäßig gerittenes Pferd, das z.B. den Spin eher wie eine Pirouette sprang und das im Stop entlastet geritten wurde.

Der Texas-Style kam völlig ohne Biegung des Pferdes aus, zeigte einen getrabten Spin und einen ausgesessenen, harten Stop.

In der heutigen Western-Turnierreiterei haben sich diese Stilrichtungen völlig aufgelöst, da das Pferd im Training gebogen wird und sich auch auf den Zirkeln leicht gebogen darstellen soll, der Spin rasant schnell getrabt wird und der Stop eher einem Schlindern gleicht, bei dem das Pferd in der Hinterhand blockierend untersetzt und mit der Vorhand weitertrabt.

So stellt sich das Westernpferd im Turnier nicht nur als perfektes Arbeitspferd, sondern auch als Kunstform dar – genauso wie andere Turnierpferde auch. Die Verwendung traditioneller Ausrüstungsgegenstände der einen oder anderen Stilrichtung richtet sich heutzutage nach dem Gesetz der Mode und dem Diktat des Geldbeutels. So erfreuen sich gerade die sündhaft teuren Rohhaut- und Silberarbeiten des California Styles vornehmlich in Show Classes großer Beliebtheit.

▶ Westernreiten und Freizeitsport

Die Westernreiterei bezieht ihre Tradition aus der amerikanischen Verwendung des Pferdes zum Rinderhüten. Mit der Gründung der American Quarter Horse Assocation entwickelte sich die Bandbreite des modernen Western-Turniersports, der vor allem die vielseitige Verwendung des amerikanischen Quarter Horses dokumentiert. Da aber auch heute noch das Pferd bei der Arbeit mit Rindern in den USA unerlässlich ist, bleibt die Beziehung zwischen Arbeits- und Turnierpferd lebendig. Dadurch gestaltet sich gerade die Westernreitweise als ideale Grundlage einer modernen Verwendung des Pferdes zur Freizeitgestaltung auch in unserer beschränkten europäischen Landschaft, die auf die Weiten der US-Ranges verzichten muss, aber dennoch das Pferd außerhalb von Reitbahn und Reithalle einsetzen möchte – zum Vergnügen und zur Entspannung des Menschen.

Und dieser Mensch möchte seinem Pferd möglicherweise mehr abverlangen, als es das reine Ausreiten zur Entspannung erfordert, und sei es auch nur, um die langen, dunklen Monate zu überbrücken, in denen man auf eine Reithalle angewiesen ist, weil es die Arbeitszeit des Menschen nicht anders ermöglicht.

Aus dem Turniersport – sei es deutsch oder Western – bezieht der Reiter seine Impulse zur Arbeit mit dem Pferd, auch wenn er sich vielleicht niemals auf einem Turnier sehen lässt. Das sollte man nicht vergessen, auch wenn man das harte Training der Turnierpferde, gleich welcher Richtung, ablehnt und als Pferdeschinderei verurteilt.

Ohne die Turnierveranstaltungen, auf denen Westernpferde und -reiter seit vielen Jahren sich dem Urteil der Öffentlichkeit stellen, hätte die moderne Westernreitweise sicherlich nicht den Zuspruch gefunden, dessen Tendenz weiterhin steil aufwärts führt. Westernreiten ist eben nicht nur die sicherste und zwangloseste Möglichkeit, sich mit einem Pferd durchs Gelände zu bewegen, sondern auch ein faszinierender Umgang mit dem Pferd im Training.

Die Westernreiterei bietet dem Reiter,

dem bisher nur Springen, Dressur, Vielseitigkeit und neuerdings vielleicht auch Breitensportveranstaltungen bekannt waren, ein weites Feld turniermäßiger Betätigung.

Die Turnierklassen

Sie werden als Erstes nach dem Alter der startenden Pferde unterschieden: Drei- bis fünfjährige Pferde starten in den Junior Classes; ältere Pferde starten in den Senior Classes.
In All Ages Classes starten Junior und Senior Pferde zusammen.
Zweitens werden sie nach dem Status der Reiter unterschieden:
Einsteiger dürfen noch keine Erfolge erzielt haben. Das wird von den verschiedenen Westernreitverbänden unterschiedlich festgelegt. Sie werden auch Rookies oder Novice Amateur genannt.
Amateure dürfen kein Geld (oder nur ganz wenig) mit Pferdeausbildung und Unterricht verdienen. Bei einigen Verbänden dürfen sie auch nur ihre eigenen Pferde in der Amateurklasse vorstellen. Fast alle Verbände geben Amateurkarten heraus, ohne die man in dieser Klasse nicht starten darf. Jugendliche (bis 18 Jahre) haben ihre eigenen Klassen. Sie werden auf größeren Veranstaltungen in die Altersgruppen 13 Jahre und jünger und 14 Jahre und älter unterteilt.
In der Offenen Klasse müssen alle Profis starten. Amateure dürfen hier auch starten.

▸ Western Pleasure

Vergleichbar mit Materialpferdeprüfungen der FN ist die Western Pleasure eine Reitpferdeprüfung. Pleasure heißt übersetzt Vergnügen, und es soll ein reines Vergnügen sein, ein Westernpferd mit langsamen und extrem

Western Pleasure
Pferd im Jog

bequemen Gängen zu reiten. Dabei wird auch das Exterieur (der Körperbau) des Pferdes mitbewertet.
Die Pferde werden im Walk (Schritt), Jog (abgekürzter Trab) und Lope (abgekürzter Galopp) nach Weisung des Richters vorgestellt, d.h. dieser lässt die geforderte Gangart oder Wendung auf die andere Hand bekanntgeben.
Im Walk wird ein natürlicher, flach auffußender, taktreiner Schritt verlangt, im Jog ein weicher, raumgreifender, langsamer und taktreiner Trab, der den Reiter überhaupt nicht wirft. Auch wenn der Richter »extended trot« (verstärkten Trab) verlangt, ist damit – ähnlich wie in der FN-Materialprüfung – nur eine Trittverlängerung gefordert, die immer noch bequem zu sitzen ist.
Der Lope ist ein leichter, langsamer und rhythmischer Galopp im deutlichen Dreitakt.
Die Geschwindigkeit in allen Gangarten soll zwar langsam und daher bequem, aber auch natürlich und zum Pferd passend sein, wobei sich das Pferd in extremer Losgelassenheit präsentiert, Kopf und Hals natürlich strecken soll, sie aber nicht so tief tragen darf, dass die Ohrspitzen tiefer als der Widerrist sind. Ebenso darf seine Nasenlinie nicht hinter der Senkrechten sein. Beides wird so hart mit Fehler-

punkten bestraft wie ein Außen- oder Vierschlag-Galopp.

Das Pferd soll nämlich in einer Haltung vorgestellt werden, die zu seinem Exterieur passt, also möglichst natürlich und auf keinen Fall in versammelter Aufrichtung.

Außerdem soll sich das Pferd ohne Widerstand rückwärts richten lassen. Der Reiter führt sein Pferd dabei an einem angemessen losen Zügel bei möglichst unsichtbarer Einwirkung.

▶ Western Horsemanship

Ähnlich dem FN-Reiterwettbewerb beurteilt die Western Horsemanship den Reiter nach Sitz und Einwirkung auf das Pferd. Dazu entwirft der Richter eine Einzelaufgabe, die er vor Turnierbeginn bekanntgeben lässt. Sie kann beispielsweise so aussehen: 1/2 Zirkel

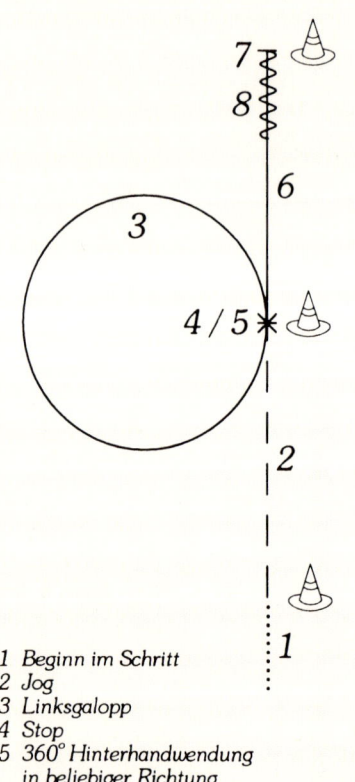

1 *Beginn im Schritt*
2 *Jog*
3 *Linksgalopp*
4 *Stop*
5 *360° Hinterhandwendung*
   in beliebiger Richtung
6 *Rechtsgalopp*
7 *Stop*

Beispiel eines Western Horsemanship Patterns

Rechtsgalopp, Stop, Rollback, geradeaus Linksgalopp, Stop, Rückwärtsrichten – oder 360 Grad Hinterhandwendung oder ähnlich. Dabei beurteilt er, ob der Reiter in der Lage ist, sein Pferd bei möglichst unsichtbarer Einwirkung an den markierten Punkten in das geforderte Manöver zu bringen.

Nach Beendigung der Einzelaufgabe ruft der Richter die besten Reiter zur Railwork (Abteilungsreiten) in die Bahn und verlangt von ihnen die Vorstellung des Pferdes in Walk, Jog und Lope – wie in der Western Pleasure, nur dass hier der Reiter im Vordergrund steht.

▶ Trail

Trail ist Geschicklichkeitsreiten um, über und durch Hindernisse, die einem kniffligen Gelände entlehnt sind. Im Vordergrund der Bewertung steht das Pferd und seine ruhige, aufmerksame und vorsichtige Bewältigung der Hindernisse. Wiederum sollen die Einwirkungen des Reiters möglichst unsichtbar bleiben. Auch hier soll die gesamte Vorstellung natürlich, ja selbstverständlich wirken. Es geht nicht um Geschwindigkeit, sondern um Präzision.

Pflichthindernisse in jedem Trailparcours sind das Öffnen und Schließen eines Tores, wobei sich der Richter hinter dem Tor eine Herde Rinder und rechts und links daneben einen Stacheldraht denkt, ein Überreiten von mindestens vier Stangen im Schritt, Trab oder Galopp und rückwärts durch ein Stangen-L, -U, Zickzack oder um Pylonen. Darüber hinaus ist alles möglich, sofern es die Sicherheit von Reiter und Pferd nicht gefährdet: Transport eines Gegenstandes, Seitengänge über eine Stange, Ground Tying (Stehenlassen des Pferdes ohne Reiter) usw. Der Phantasie des Parcours-Chefs sind hier nur in puncto Sicherheit Grenzen gesetzt.

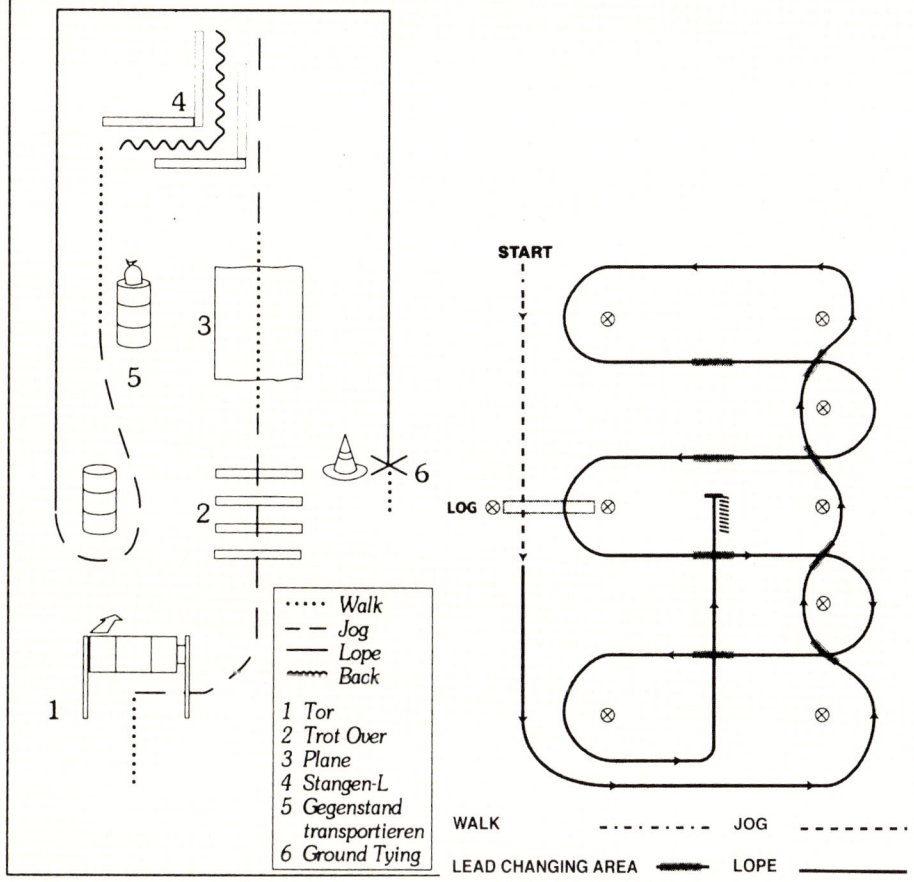

Beispiel eines Trailparcours

Beispiel eines Western Riding Patterns

▶ Western Riding

Das ist eine Kunstform der Western-Dressur: ein sensibles, sich frei und leicht bewegendes Pferd, das nach seinen Gängen, Galoppwechseln und seiner Leichtigkeit bewertet wird. Das wird natürlich durch die möglichst unsichtbaren Einwirkungen des Reiters unterstrichen.

Die Aufgabe für Western Riding: Öffnen und Schließen eines Tores an der linken Reitbahnseite, geradeaus im Jog über eine Stange am Boden, danach angaloppieren und an der nächsten langen Seite mit vier fliegenden Galoppwechseln um fünf Pylonen, nach der kurzen Seite in Schlangenlinien durch

die ganze Bahn mit zwei fliegenden Galoppwechseln um eine Pylone, danach im Linksgalopp über die Stange, danach weiter in Schlangenlinien durch die ganze Bahn mit zwei fliegenden Galoppwechseln um eine Pylone, danach auf die Mittellinie abwenden, anhalten und rückwärtsrichten. Dabei soll das Pferd möglichst genau zwischen den Pylonen fliegend wechseln, alles andere zieht Strafpunkte nach sich.

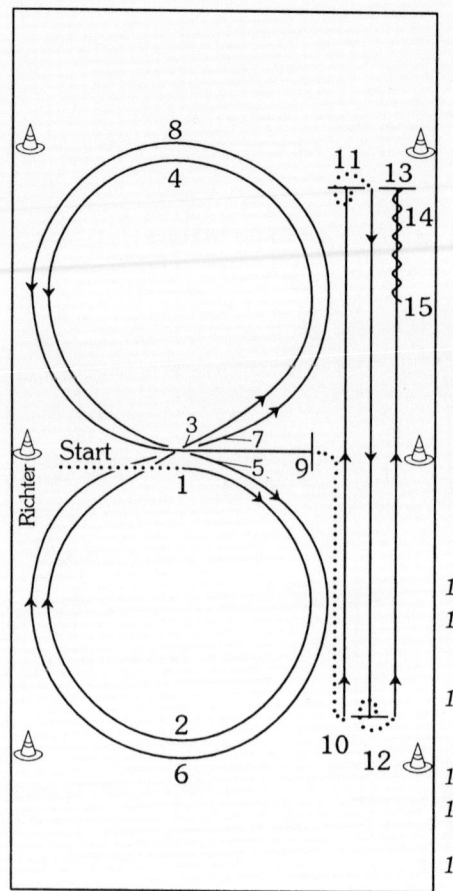

Schritt vom Start zu 1
Beginn aus dem Stand oder Schritt

1 Rechtsgalopp

2 schwungvoller, großer Zirkel nach rechts

3 einfacher oder fliegender Galoppwechsel

4 schwungvoller, großer Zirkel nach links

5 einfacher oder fliegender Galoppwechsel

6 schwungvoller, großer Zirkel nach rechts

7 einfacher oder fliegender Galoppwechsel

8 schwungvoller, großer Zirkel nach rechts

9 klares, konsequentes Halten mit deutlichem
   Verharren, ruhiges Stehen; im Schritt zu 10

10 Linksgalopp, geradeaus zu 11

11 Stop und Verharren, Hinterhandwendung
   1 1/2 mal nach rechts, ruhiger
   Rechtsgalopp zu 12

12 Stop und Verharren, Hinterhandwendung
   1 1/2 mal nach links, ruhiger
   Linksgalopp zu 13

13 Stop, 10 s Verharren und ruhiges Stehen

14 8-10 Tritte gerade und flüssig
   rückwärtsrichten

15 zur Inspektion von Gebiß und Zaumzeug
   zum Richter kommen

Beispiel eines
Einsteiger Reining
Patterns

▶ Reining

Das ist die andere Form der Western-Dressur. Während die Western Riding langsam geritten wird, ist Reining eine atemberauschende Kombination aus Perfektion und Tempo.
Sie besteht aus Spins (schnellen Drehungen um die Hinterhand, bis zu viermal herum), Sliding Stops (das Pferd schliddert auf der Hinterhand, während die Vorderbeine weiterlaufen), Rollbacks (schnellen, präzisen Hinterhandwendungen in den Galopp), schnellen und langsamen Zirkeln, perfekt rund und mit unsichtbar gerittenem Tempounterschied (= Speed Control), dazwischen fliegende Galoppwechsel und rasantem Back up

(Rückwärtsrichten). Der Sitz des Reiters ist Nebensache, wichtig ist, dass das Pferd jedes Manöver punktgenau einhält, sonst gibt es Fehlerpunkte, ebenso natürlich auch für grobe Einwirkung des Reiters, die Maulaufsperren oder Schweifschlagen verursachen.

▶ Superhorse (Abb. s. S. 212)

Superhorse ist eine Kombination aus Pleasure, Trail, Western Riding und Reining in einem. Tor, Stangen-L rückwärts und seitwärts, Lope over, fliegende Wechsel um Pylonen, 2 Diagonalen extended trot, Galoppzirkel, Spins, Stop und Back up. Superhorse gibt es nur bei der EWU.

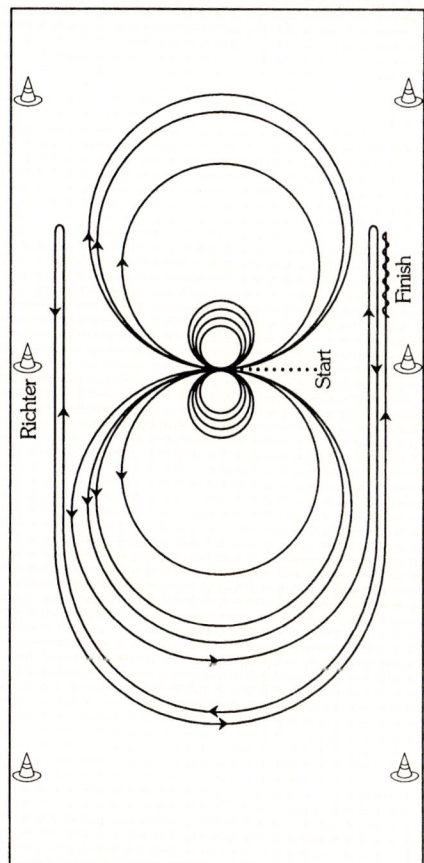

Beginn des Manövers
aus dem Stand oder Schritt

1. *Im Schritt zur Bahnmitte und*
   4 Spins nach rechts. Verharren.

2. *4 Spins nach links. Verharren.*

3. *3 Zirkel auf der linken Hand:*
   2 große, schnelle Zirkel, 1 kleiner
   langsamer Zirkel. Galoppwechsel.

4. *3 Zirkel auf der rechten Hand:*
   2 große, schnelle Zirkel, 1 kleiner
   langsamer Zirkel. Galoppwechsel.

5. *Einleiten eines großen, schnellen Zirkels*
   nach links. Vor Abschluß des Zirkels
   Run down entlang der langen Seite
   über den Mittelmarker hinaus und Rollback
   nach rechts mindestens 3 m von der Bande
   entfernt.

6. *Weiter im Verlauf der Zirkellinie. Run down*
   an der gegenüberliegenden langen Seite
   über den Mittelmarker hinaus und Rollback
   nach links mindestens 3 m von der Bande
   entfernt.

7. *Zurück im Verlauf der Zirkellinie.*
   Vor Abschluß des Zirkels Run down
   entlang der langen Seite über den
   Mittelmarker hinaus und Sliding Stop.
   Gerades Rückwärtsrichten bis zur
   Bahnmitte oder mindestens 3 m.

8. *Verharren, um den Abschluß der*
   Aufgabe anzuzeigen.

9. *Zur Inspektion von Gebiß und Zaumzeug*
   zum Richter kommen.

Beispiel eines
Reining Patterns

▶ Working Cowhorse

Hier sind wir zum ersten Mal in einer Rinder-Disziplin. Hier ist Westernreiten seinem Ursprung in der Arbeit des Cowboys noch fühlbar nahe. Working Cowhorse besteht aus zwei Elementen: 1. Dry Work = eine vereinfachte Reining Aufgabe. 2. Fence Work = Arbeit mit einem Rind in der Bahn. Dabei soll das Pferd zunächst an der kurzen Seite der Bahn unter Beweis stellen, dass es in der Lage ist, ein Rind an der Stelle zu halten (= Boxing). Danach lässt der Reiter dem Rind Gelegenheit, die lange Seite der Bahn entlangzulaufen, um es rechtzeitig vor Erreichen der kurzen Seite abzustoppen. Dies tut er mehrmals, bis das Rind so gefügig ist,

dass er es zirkeln kann, um es mit dem Pferd auf einer runden Linie zu halten – einmal rechtsrum, einmal linksrum oder umgekehrt.
Dabei muss der Reiter unter Beweis stellen, dass er das Rind jederzeit unter Kontrolle hat, alles andere zieht Fehlerpunkte oder sogar den Abbruch der Vorstellung nach sich.

▶ Cutting

Die andere Rinder-Disziplin. Der Reiter geht tief in die Rinderherde hinein und löst ein Rind heraus. Danach darf er das Pferd nicht mehr beeinflussen, es muss selbstständig das Rind von der Herde fernhalten = cutten (abschneiden). Das

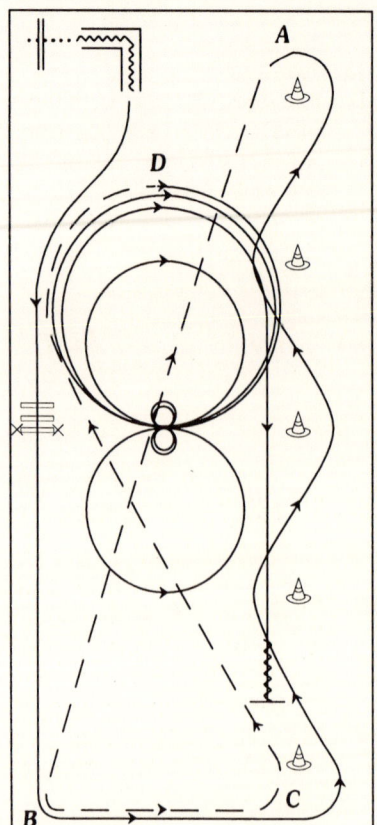

.... Walk
— — Jog
——— Lope
wwww Rückwärtsrichten

Trail - Abschnitt

1 Öffnen, Durchreiten und Schließen
  des Tores

2 Rückwärtsrichten durch ein Stangen-L

3 Angaloppieren zum Linksgalopp,
  Lope Over und Sprung über eine
  max. 35 cm erhöhte Stange

Western Riding - Abschnitt

4 Fliegende Galoppwechsel auf der
  langen Seite

Western Pleasure - Abschnitt

5 Starker Trab von A nach B
  Jog von B nach C
  Starker Trab von C nach D

Reining - Abschnitt

6 1 1/2 große, schnelle, 1 kleiner,
  langsamer Zirkel nach rechts

7 Stop, 2 Spins rechts

8 1 kleiner, langsamer Zirkel nach links,
  Stop, 2 Spins links

9 3/4 Zirkel rechts und gerader Run down,
  zwischen vorletzter und letzter Pylone
  Sliding stop, 10 Tritte rückwärtsrichten,
  im Schritt zum Richter zur Inspektion
  von Gebiß und Zaumzeug

Beispiel eines
Superhorse Pattern

erfordert nicht nur ein sehr athletisches
Pferd es muss auch selbst, das Rind
kontrollieren wollen (= cow sense). Jede
Einflussnahme des Reiters mit Zügel
oder Sporen wird als Fehler bewertet.

▶ Jungpferdeprüfungen

Als »Jungpferde Basis-«, »-Trail« und
»Jungpferde-Reining« werden bei der
EWU speziell Prüfungen für drei- und
vierjährige Pferde angeboten, um sie
schonend an den Turniersport her-
anzuführen. Im Sinne einer Material-
prüfung werden die im Snaffle oder
klassischer Hackamore vorgestellten
Pferde nicht nur in der Ausführung der
Aufgabe, sondern auch nach ihren
Exterieur- und Interieur-Eigenschaften
beurteilt.

Abzeichen im Westernreitsport

Wie bei allen Sportarten besteht auch
im Westernreiten die Möglichkeit,
Urkunden und Abzeichen zu erwerben.
Grundlage für alle anderen ist der
Erwerb des Basispasses Pferdekunde.
Hier sind keine reiterlichen Fertigkei-
ten gefragt, es geht lediglich darum,
Kenntnisse und Fähigkeiten im
Umgang mit dem Pferd unter Beweis
zu stellen. Die Prüfung, die von zwei
Richtern abgenommen wird, besteht
aus einem praktischen und einem theoretischen Teil. Die Kenntnisse hierfür
werden in einem Lehrgang, der mindestens von einem Trainer C durchgeführt werden sollte, vermittelt.

Nach bestandener Prüfung wird der Basispass Pferdekunde ausgehändigt. Bei dem Hufeisen Westernreiten wird neben der Theorie und dem Umgang mit dem Pferd auch das Reiten einer einfachen Horsemanship-Aufgabe verlangt.

Nach bestandener Prüfung, die von einem EWU-Richter abgenommen wird, bekommt der Reiter im Auftrag der FN/EWU eine Urkunde und das Abzeichen.

Das Hufeisen Westernreiten kann man auch ohne Basispass erwerben. Dieser und auch die Mitgliedschaft in der EWU (Erste Westernreiter Union Deutschland e.V.) oder in der FN (Reiterliche Vereinigung) sind Voraussetzung für der Erwerb des Deutschen Westernreitabzeichens Klasse III (Bronze).

Um zu dieser Prüfung zugelassen zu werden, ist die Absolvierung eines Kurses, der aus theoretischem und praktischem Unterricht besteht, erforderlich. Die Theorie muss mindestens 14 Unterrichts-Einheiten (je 45 min) betragen. Sie können auf längere Abschnitte verteilt werden oder aber auf einen Lehrgang von zwei Tagen. Zu diesem Unterricht sollten spezielle Fachkräfte (Hufschmied, Tierarzt, etc.) hinzugezogen werden. Außerdem ist der Nachweis eines Erste-Hilfe-Kurses (mind. Sofortmaßnahmen am Unfallort, nicht älter als 2 Jahre) vorgeschrieben.

Die Kurse können von Reitbetrieben oder Vereinen durchgeführt werden. Innerhalb dieses Kurses werden auch die praktischen Prüfungsteile Trail, Horsemanship und Geländeritt geübt. Die Prüfung, die von je einem FN-Richter und einem EWU-Richter gemeinsam abgenommen wird, besteht aus drei Teilen:

Theorie schriftlich: von ausgewählten Fragen müssen mindestens 15 richtig beantwortet werden.

Theorie mündlich: Kenntnisse rund um das Pferd werden abgefragt.

Praktische Prüfung s.o. Hier müssen mindestens der Prüfungsteil Horsemanship und ein weiterer Prüfungsteil bestanden werden.

Nach bestandener Prüfung erhält der Reiter eine Urkunde und ein Abzeichen. Für ganz besonders ehrgeizige und darüber hinaus auch noch gute Reiter besteht dann noch die Möglichkeit, das Deutsche Westernreitabzeichen Klasse II (Silber) anzustreben und zu absolvieren. Das Deutsche Westernreitabzeichen in Gold wird nur an Personen, die das Westernreiten positiv repräsentieren, verliehen.

▶ *Ausbilderqualifikationen im Westernreitsport*

Wer Interesse an der Unterrichtserteilung für Reitanfänger, an der Ausbildung von Reiter und Pferd und ihrer systematischen Vorbereitung auf Wettbewerbe hat und auch Wanderritte planen und durchführen möchte, sollte den Erhalt des „Trainer C-Westernreiten" anstreben.

Voraussetzung für die Zulassung zur Prüfung sind zunächst Mitgliedschaft in einem der EWU oder der FN angeschlossenen Verein, Vollendung des 18. Lebensjahres, Vorlage eines polizeilichen Führungszeugnisses, Nachweis eines Erste-Hilfe-Kurses innerhalb der letzten zwei Jahre und der Besitz des Westernreitabzeichens Klasse III (Bronze). Alle anderen Voraussetzungen können in dem verbindlich vorgeschriebenen ca. 3-wöchigen Lehrgang mit mindestens 120 Unterrichtsstunden à 45 Minuten, wobei Wochen-, Wochenabend-, Wochenend- und Tageslehrgänge zulässig sind, erworben werden (z.B.: Besitz des Deutschen Longierabzeichens Klasse IV).

Der Lehrgang vermittelt praktisches Reiten mit Unterrichtserteilung, Erstellen einer Unterrichtsplanung, sportpädagogische Grundlagen des Bewegungslernens, Grundstrukturen des

Reitunterrichts und Gymnastik für Reiter. Zu den Themen Reitlehre und Organisation des Reit- und Fahrsports, Sport und Umwelt sowie Maßnahmen der Ersten Hilfe können Referenten hinzugezogen werden. Über Pferdehaltung und Veterinärkunde kann natürlich ein Tierarzt am besten berichten. Auch Sicherheit und Umgang mit dem Pferd werden eingehend besprochen. Die Prüfung, die vor einer von der EWU oder FN bestellten Prüfungskommission erfolgt, umfasst: Praktisches Reiten, Unterrichtserteilung, Reitlehre (mündlich und schriftlich) und sportbezogenes Basiswissen.

Nach bestandener Prüfung stellen die EWU und FN ein Zeugnis aus, das zur Führung der Bezeichnung „Trainer C-Westernreiten" berechtigt.

Reitlehrer und Trainer, die für die Unterrichtserteilung Lohn erhalten, gelten als „Profis" und sind auf Turnieren in der Gruppe „Amateur" in der Regel nicht startberechtigt. Deshalb sollten Trainer C, die Wert auf den Amateurerhalt legen, ihre Tätigkeit möglichst in Vereinen und ehrenamtlich ausüben. Wenn sie Inhaber einer gültigen DSB-Lizenz sind, kann der Verein beim Deutschen Sportbund Zuschüsse für ihre Tätigkeit beantragen. Wer als Trainer C eine mindestens einjährige Ausbildertätigkeit nachweisen kann, hat die Möglichkeit, sich zum Trainer B (Reitwart) weiter zu qualifizieren. Mit mindestens dreijähriger, nachgewiesener Ausbildertätigkeit nach der Trainer C-Prüfung und mindestens einjähriger Ausbildertätigkeit nach der Trainer B-Prüfung und Erwerb des Westernreitabzeichens II kann die Prüfung zum Trainer A (Amateurreitlehrer) ablegen.

Eine Berufsausbildung »Pferdewirt-Schwerpunkt Westernreiten« gab es bei Drucklegung dieses Buches nicht.

Welches Pferd zu welchem Zweck? Welches Pferd passt zu mir?

Ein paar ganz persönliche Gedanken zu Pferderassen und zur Auswahl des geeigneten Pferdes:

Beginnen werde ich mit dem Ehrgeiz: Mit welchem Pferd kann man Europameister in einer Westerndisziplin werden?

In Cutting, Reining, Working Cowhorse, Pleasure: mit einem Top-Pferd der Rassen Quarter Horse oder Paint Horse, das schon aufgrund der Abstammung für eine dieser Disziplinen spezialisiert und qualifiziert ist.

Dabei ist Western Pleasure eine ganz spezielle Disziplin. Keine andere Pferderasse der Welt wurde derart auf »Slow and Flat Motion« selektiert, wie spezielle Zuchtlinien der Quarter Horses und Paints. Sicherlich können das auch Appaloosas und Araber, aber wenn es um die Meisterschaft geht, wird wohl immer ein Quarter Horse vorn liegen. Cutting: die Athletik, ein Rind selbständig von der Herde fernzuhalten, bringen in der heutzutage geforderten Rasanz nur Quarter Horse-Spezialisten und wenige Paint Horses mit sich.

In den USA gibt es eigene Shows (= Turniere) für Araber, Appaloosas und viele andere Rassen, auf denen auch Cutting Prüfungen ausgeschrieben werden; hierzulande wird es wohl noch einige Zeit dauern, bis solche Vergleichswettkämpfe speziell für einzelne Rassen zustande kommen.

Aber auch wenn NCHA, NRHA und NRCHA für alle Rassen offen sind, ist eigentlich immer ein Quarter Horse der Sieger.

In Working Cowhorse zeigt hierzulande seit vielen Jahren der Warmblüter Chip, über dessen Abstammung die wildesten Gerüchte kursieren, dass man kein Quarter Horse braucht, um vorn mithalten zu können.

Aber Chip lief in seiner Glanzzeit auch in den Renndisziplinen Barrel Race und Pole Bending so manchem Quarter Horse davon. Chip ist eine Ausnahme. Und genauso mag es immer wieder Ausnahmen geben unter anderen Pferderassen, die grundsätzlich fürs Westernreiten geeignet sind, aber selten bis nach ganz oben gelangen.

Fazit: Wer den ganz großen Ehrgeiz befriedigen muss, wird tief in die Tasche greifen müssen, um einen Spezialisten für seine Lieblingsdisziplin erwerben zu können.

Ganz anders sieht das in Superhorse, Western Riding und Trail aus:

Hier gewinnen vielfach Pferde anderer Rassen, denen entweder der fliegende Galoppwechsel und die geradezu wissenschaftliche Ernsthaftigkeit für Hindernisse und Geschicklichkeit in die Wiege gelegt sind: Araber und deren Kreuzungen, Appaloosas, moderne Fjordpferde, und im Trail insbesondere auch Haflinger und Reitponys.

Und wenn es nicht gegen die ganz große Konkurrenz geht, brillieren solch »normale« auch in Reining, wenn sie aufgrund ihrer Rittigkeit und Ausbildung ein fehlerfreies Pattern am losen Zügel zeigen.

Alle folgenden Äußerungen über einzelne Pferderassen sind wirklich rein subjektiv, sollen keine Rasse diffamieren, sondern nur mit ihnen gemachte Erfahrungen wiedergeben. Ganz allgemein möchte ich noch eine These aufstellen, die mancher Pferdebesitzer als provokant empfinden wird, in der mich aber bestimmt jeder Pferdezüchter und jeder, der etwas von Pferden versteht, unterstützen wird: Ein gutes Pferd, gleich welcher Rasse, kann alles leisten.

Es ist also falsch zu glauben, dass ein Pferd, welches den Standards seiner Rasse aufgrund von Exterieurmängeln oder psychischen Problemen nicht entspricht, vielleicht ein brauchbares Westernpferd werden kann.

Ausgenommen von dieser These sind hervorragende Warmblüter und Kleinpferde, die aufgrund ihres Stockmaßes die vorgegebene Norm nicht erfüllen, weil erstere zu klein und letztere zu groß geraten sind.

Knallhart: Pferde, die sich nicht taktklar und kraftvoll in ihren Grundgangarten bewegen können, und Pferde, die psychisch nicht belastbar sind, werden niemals brauchbare Westernpferde!

Trailreiter am Hindernis

Serviceteil

Zum Weiterlesen

Bartz, Jürgen:
Bis der Tierarzt kommt.
Erste Hilfe für Pferde,
Stuttgart 2001.

Binder, Sibylle / Kärcher, Gabriele:
Horse Feelings.
Die Welt der Pferde frei,
geheimnisvoll, faszinierend,
Stuttgart 2002.

Borelles, Bea / Braun, Gudrun:
Bea Borelle Pferdetraining.
Bewusst, befähigt, begeistert
Stuttgart 2002.

GaWaNi Pony Boy:
Indianisches Pferdetraining.
Step by step, Stuttgart 2002.

Kreinberg, Peter:
Grundausbildung für Western-
und Freizeitpferde,
Stuttgart 2001.

Ludwig / Breuer:
Das Quarter Horse,
Stuttgart 2001.

McBane, Susan / Davis, Caroline:
Alternative Heilmethoden für Pferd
und Reiter,
Stuttgart 2002.

Penquitt, Claus:
Die neue Freizeitreiter-Akademie;
Reiten nach altklassischen, altkali-
fornischen und iberischen Vorbildern,
Stuttgart 2001

Rakow, Michael:
Die homöopathische Stallapotheke,
Stuttgart 2002.

Rashid, Mark:
denn Pferde lügen nicht.
Neue Wege zu einer vertauten Mensch-
Pferd-Beziehung, Stuttgart 2002.

Rau, Burkhard u. Gisela:
Der richtige Hufschutz für mein Pferd,
Stuttgart 2001.

Schacht, Christian:
Pferdekrankheiten.
Vorbeugen, erkennen und richtig
handeln, Stuttgart 1999.

Schmid-Neuhaus, Angelika:
Das große Fitnessprogramm für Pferde.
Die drei Elemente zum Erfolg,
Stuttgart 2000.

Tietje, Ute:
Kosmos Lexikon Westernreiten,
Stuttgart 2000.

Tellington-Jones, Linda:
TTouch und TTeam für Pferde. Der
sanfte Weg zu Gesundheit, Leistung
und Wohlbefinden.
Das Praxisbuch, Stuttgart 2002.

Welz, Heinz:
Pferdeflüstern kann jeder lernen.
Die erfolgreichsten Joining-Techniken
Schritt für Schritt,
Stuttgart 2002.

Videos

Tellington-Jones, Linda:
Die Persönlichkeit Ihres Pferdes,
Stuttgart 2000.

Kreinberg, Peter:
Grundausbildung für Western- und
Freizeitpferde,
Stuttgart 2001.

Register

Umschlag von eStudio Calamar unter Verwendung von 4 Farbfotos von Gabriele Boiselle (großes Motiv) und Klaus-Jürgen Guni / Kosmos (kleine Motive).

Mit 143 Farbfotos von Dabrock-Werbung, Heiko Schröder (S. 13, 14, 20, 48 l., 119, 173 u., 174 o., 175, 176, 177, 192, 193, 194, 195, 199, 200, 201, 202 o., 209 o., 216, 217) sowie alle weiteren Fotos von Birgitta Raulf und Oliver Schönfeld.
103 Illustrationen von Ina Dransfeld (S. 37 u., 38 u., 50, 51 o., 54 o., 57, 58 o., 63, 76, 89, 94, 96, 104, 130, 139, 154, 166, 168, 169 o., 171, 208, 209 u., 211, 212, 213), Jeanne Kloepfer (S. 8, 24, 25, 26, 36, 37 o. r., 38, 39, 47, 54 u., 55, 70, 71, 77 o., 83, 85, 88, 92, 93 o., 95, 97, 118, 122 u., 128, 131, 132, 133, 134, 152, 153, 173 o., 174 u., 179, 180, 181, 184 o., 188, 189) und Dirk Seipelt (S. 37 o. l., 45, 52, 53 l., 87 u., 101, 106 o., 108 r., 110, 111 o., 115 u., 145 u., 150, 151, 157, 210).

Die Deutsche Bibliothek – CIP-Einheitsaufnahme

Ein Titelsatz für diese Publikation ist bei der Deutschen Bibliothek erhältlich

Gedruckt auf chlorfrei gebleichtem Papier

2., völlig überarbeitete und erweiterte Auflage 2002
© 1996, 2002, Franckh-Kosmos Verlags-GmbH & Co., Stuttgart
Alle Rechte vorbehalten
ISBN 3-440-09393-X
Redaktion: Katja Metzler
Gestaltungskonzept: eStudio Calamar
Gestaltung & Satz: Die Herstellung, Stuttgart
Produktion: Kirsten Raue, Markus Schärtlein
Printed in Czech Republic / Imprimé en Republique Tchéque
Druck und Buchbinder: Tesínska Tiskárna, Cesky Tesín

Informationen senden wir Ihnen gerne zu

Bücher · Videos · Kalender · Experimentierkästen · Spiele · Angeln & Jagd · Astronomie · Eisenbahn & Nutzfahrzeuge · Garten & Zimmerpflanzen · Heimtiere · Kinder & Jugend · Natur · Pferde & Reiten

KOSMOS

Postfach 10 60 11
D-70049 Stuttgart
TELEFON +49 (0)711-2191-0
FAX +49 (0)711-2191-422
WEB www.kosmos.de
E-MAIL info@kosmos.de

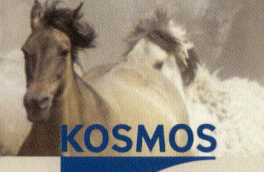

Buch und Video:
Nachlesen und Vertiefen

Peter Kreinberg
**Grundausbildung für
Western- und Freizeitpferde**

140 S., 133 Abb., geb.
ISBN 3-440-08460-4

▸ Wesen und Lernvermögen
des Pferdes

▸ Step-by-step-Training im
Round Pen

▸ Artgerechte, konsequente
und sinnvolle Erziehung
des Pferdes Schritt für
Schritt

VHS-Video
Laufzeit ca. 58 Min.
ISBN 3-440-08461-2

Peter Kreinberg
Grundkurs Westernreiten

140 S., 134 Abb., geb.
ISBN 3-440-08869-3

▸ Reiten nach Westernart,
mühelos und bequem

▸ Lernen Sie locker und
harmonisch Reiten – im
Einklang mit Ihrem Pferd!

▸ Schenkel, Zügel und
Gewicht fein, aber effektiv
einsetzen

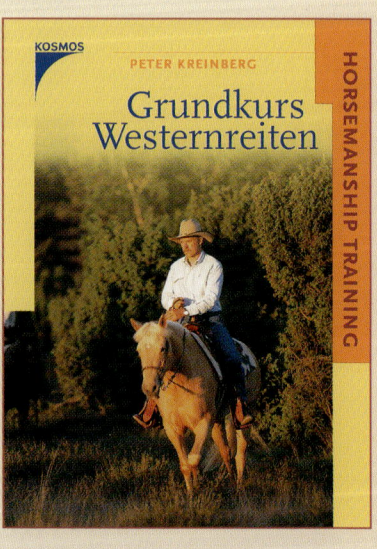

VHS-Video
Laufzeit ca. 55 Min.
ISBN 3-440-08462-0